PAY TAXES AND FEES

ACCURATELY

黄德荣 | 著

精准缴纳税费

第2版

中国铁道出版社有限公司
CHINA RAILWAY PUBLISHING HOUSE CO., LTD.

图书在版编目（CIP）数据

精准缴纳税费 / 黄德荣著 . —2 版 . —北京：中国铁道
出版社有限公司，2022.5
ISBN 978-7-113-28810-5

Ⅰ．①精… Ⅱ．①黄… Ⅲ．①纳税 – 税收管理 – 基本
知识 – 中国 Ⅳ．① F812.423

中国版本图书馆 CIP 数据核字 (2022) 第 015845 号

书　　名：**精准缴纳税费**
　　　　　JINGZHUN JIAONA SHUIFEI
作　　者：黄德荣

策划编辑：王　佩
责任编辑：王　宏　　　编辑部电话：（010）51873038　　　邮箱：17037112@qq.com
封面设计：宿　萌
责任校对：孙　玫
责任印制：赵星辰

出版发行：中国铁道出版社有限公司（100054，北京市西城区右安门西街 8 号）
印　　刷：三河市宏盛印务有限公司
版　　次：2022 年 5 月第 1 版　2022 年 5 月第 1 次印刷
开　　本：710 mm×1 000 mm　1/16　印张：25.5　字数：353 千
书　　号：ISBN 978-7-113-28810-5
定　　价：98.00 元

再版说明

2020年8月，《精准缴纳税费》由中国铁道出版社有限公司出版，次年1月第2次印刷。第2版与第1版相比，有三个变化：

一、调整4个税种的表述。该书自出版以来，城市维护建设税、契税、印花税暂行条例相继升格为法，资源税法施行。尽管立法采用平移方式，但表述已是不同。

二、调整税费申报表。该书自出版以来，企业所得税等14个税种、教育费附加等2项政府非税收入的申报表发生变化。2020年6月29日，国家税务总局修订了2018年版A类、B类企业所得税月（季）度预缴纳税申报表，以及《减免所得税优惠明细表》等5张报表。同年12月30日，对《企业所得税年度纳税申报表填报表单》、《企业所得税年度纳税申报基础信息表》等11个表单样式进行修改。

2021年6月1日起，纳税人申报缴纳城镇土地使用税、房产税、车船税、印花税、耕地占用税、资源税、土地增值税、契税、环境保护税和烟叶税等10个税种，使用《财产和行为税纳税申报表》、《财产和行为税减免税明细申报附表》。

2021年8月1日起，增值税、消费税分别与城市维护建设税、教育费附加、地方教育附加申报表整合。《增值税及附加税费申报表（一般纳税人适用）》在原《增值税纳税申报表（一般纳税人适用）》基础上增加第39至41列，附列资料由4项增加为5项，增加《增值税及附加税费申报表附列资料（五）》。《增值税及附加税费申报表（小规模纳税人适用）》在原《增值税纳税申报表（小规模纳税人适用）》基础上增加第23至25列，附列资料由1项增加为2项，分为服务、不动产和无形资产扣除项目明细，以及附加税费情况表。《增值税及附加税费预缴表》取代原《增值税预缴税款表》，同时增加《增值税及附加税费预缴表附列资料》（附加税费情况表）。

启用整合后的《消费税及附加税费申报表》，及《本期准予扣除税额计算表》、《本期准予扣除税额计算表（成品油消费税纳税人适用)》、《本期减（免）税额计算表》、《本期委托加工收回情况报告表》、《卷烟批发企业月份销售明细清单(卷烟批发环节消费税纳税人适用)》、《卷烟生产企业合作生产卷烟消费税情况报告表（卷烟生产环节消费税纳税人适用）》、《消费税附加税费计算表》7张附表。

三、充实税务部门征收的政府非税收入项目。该书自出版以来，10项政府非税收入划转税务部门征收。2021年1月1日起，水土保持补偿费、地方水库移民扶持基金、排污权出让收入、防空地下室易地建设费划转税务部门征收。2021年7月1日起，土地闲置费、城镇垃圾处理费划转税务部门征收，国有土地使用权出让收入、矿产资源专项收入、海域使用金、无居民海岛使用金在河北、内蒙古等7省（市、区）划转试点，2022年1月1日起其他省（市、区）全面划转。

政策、报表已经变化，书的内容相应调整，以满足读者的需要。

序

税收是国家为满足社会公共需要，凭借公共权力，按照法律所规定的标准和程序，参与国民收入分配，强制地、无偿地取得财政收入的一种方式。如何参与国民收入的分配，利用好税收这一杠杆？这就牵涉税种的设计。国民经济围绕着生产、销售，然后进入消费，生产的产品要流转，因此而征收的税种属于流转税。生产的结果产生所得、收益，进而征收的税种属于所得税。生产企业有大量的动产或者不动产，征收的税种属于财产税。对企业的一些特定的行为加以征税，属于行为税。当下，中国有18种税，可以按上述各类，各有归属。

目前全国开征的18个税种，除关税、船舶吨税、进口环节的增值税和消费税由海关征收外，其余皆由税务机关征收。此外，从2019年1月1日起，税务机关还承担了社会保险费5个，以及26项政府非税收入的征收任务。

缴纳税费涉及规定多，比较复杂。本书进行梳理，力求让纳税人、缴费人清清楚楚地缴纳，税务机关、海关明明白白地征收。双方有很高的法律遵从度，以充分发挥税收在国家治理中的基础性、支柱性、保障性作用。

书中结合具体案例、申报表的填报，使用通俗而又精辟的语言，加以分析，可读性强，相信对纳税人、缴费人以及征收机关的同志有所裨益。

黄德荣

2020年1月16日

目录

第四篇　行　为　税

第五篇　社会保险费

第六篇　政府非税收入

第一篇

流 转 税

流转税又称流转课税、流通税，指以纳税人商品生产、流通环节的流转额或者数量以及非商品交易的营业额为征税对象的一类税收，包括增值税、消费税、关税和资源税。

第一章 增值税

　　增值税是以商品、劳务、服务等在流转过程中产生的增值额为计税依据而征收的一种税。实行价外税，即由消费者负担，有增值才征税，没增值不征税。1917年，美国耶鲁大学经济学教授托马斯·亚当斯在美国国家税务学会《营业税》报告中首先提出对销售额减进货额之营业毛利课税的构想，该营业毛利（增值额）相当于工资薪金、租金、利息和利润之和。1954年，莫里斯·洛雷积极推动法国增值税制的制定与实施，并取得了成功，被誉为增值税之父。截至2019年3月31日，世界有167个国家和地区施行增值税，但美国没有实施增值税。我国增值税征收的主要依据是《中华人民共和国增值税暂行条例》（以下简称增值税暂行条例）、《中华人民共和国增值税暂行条例实施细则》（以下简称增值税暂行条例实施细则）、《财政部 国家税务总局关于全面推开营业税改征增值税试点的通知》（财税〔2016〕36号）等行政法规、规章、规范性文件。日常缴纳时，准确计算应纳税额，用好优惠政策，服从征收管理。

一、纳税人

　　《增值税暂行条例》第一条规定：在中华人民共和国境内销售货物或者加工、修理修配劳务，销售服务、无形资产、不动产以及进口货物的单位和个人，为增值税纳税义务人。增值税管理上按销售额将纳税人区分为一般纳税人和小规模纳税人。

（一）增值税一般纳税人。从1994年1月1日起，超过财政部规定的小规模纳税人标准的企业和企业性单位，符合会计核算健全等条件，认定为增值税一般纳税人。2018年2月1日起施行登记制度，适用《增值税一般纳税人登记管理办法》（国家税务总局令第43号）。自2018年5月1日起，按《财政部 税务总局关于统一增值税小规模纳税人标准的通知》（财税〔2018〕33号）之规定，年应征增值税销售额500万元以上，为增值税一般纳税人。

（二）增值税小规模纳税人。从1994年1月1日起，从事货物生产或提供应税劳务的纳税人，以及以从事货物生产或提供应税劳务为主，并兼营货物批发或零售的纳税人，年应征增值税销售额在100万元以下；从事货物批发或零售的纳税人，年应税销售额在180万元以下，认定为增值税小规模纳税人。

增值税小规模纳税人标准时有调整。财税〔2018〕33号文第一条规定："增值税小规模纳税人标准为年应征增值税销售额500万元及以下。"《增值税暂行条例实施细则》第九条第二款明确："条例第一条所称个人，是指个体工商户和其他个人。"其他个人包括自然人。显然，年应征增值税销售额500万元（含）以下的自然人为增值税小规模纳税人。

允许增值税一般纳税人有条件地转登记为小规模纳税人。《国家税务总局关于明确二手车经销等若干增值税征管问题的公告》（2020年第9号）第六条规定：转登记日前连续12个月（以1个月为1个纳税期）或者连续4个季度（以1个季度为1个纳税期）累计销售额未超过500万元的一般纳税人，在2020年12月31日前，可选择转登记为小规模纳税人。

个体户多为小规模纳税人，但也有增值税一般纳税人。小规模纳税人可能是小微企业也可能不是，月销售额15万元以下为小微企业。

二、起征点和不征税项目

（一）起征点。起征点是指税法规定对课税对象开始征税的最低界限，销售额未达到起征点的不纳税，超过起征点的才纳税。我国在1994年1月1日推行增值税，规定了增值税起征点的幅度。销售货物、应税劳务起征点分别为月销售额600～2 000元、200～800元。按次纳税的起征点为每次（日）销售额50～80元。随着经济社会的发展，在2009年1月1日起调整为销售货物、应税劳务分别为月销售额2 000～5 000元、1 500～3 000元。按次纳税的为每次（日）销售额150～200元。从2011年11月1日起，根据财政部令2011年第65号修改后的《增值税暂行条例实施细则》第三十七条规定：增值税起征点的幅度，销售货物或者应税劳务的均为月销售额5 000～20 000元；按次纳税的为每次（日）销售额300～500元。各省、自治区、直辖市基本上把起征点确定在财政部规定的上限，即20 000元、500元。

起征点以下的收入为不征税收入。例如，2021年12月某搬运工人劳务收入10 000元，2021年10月9日某自然人销售废旧书籍收入490元等都属于不征税收入，注意这不属于税收优惠。

（二）不征税项目。不征税项目是指不属于本税种征收对象。增值税的征税对象是境内销售货物或者加工、修理修配劳务，销售服务、无形资产、不动产以及进口货物的增值额。除进口货物外，增值税征税项目要同时满足两个条件：一是业务发生在境内，二是销售行为。显然，境外销售、境内非销售项目均不能作为增值税征税对象。

1. 境外销售项目。财税〔2016〕36号文附件1《营业税改征增值税试点实施办法》第十三条规定，境外单位或者个人向境内单位或者个人销售完全在境外发生的服务、使用的无形资产，出租完全在境外使用的有形动产。不属于在境内销售服务或者无形资产，不缴纳增值税。例如，美国公民彼得·史密斯向中国居民企业出租在西雅图的住房，月租金收入5 000美元，不缴纳中国增值税。

《国家税务总局关于营改增试点若干征管问题的公告》（2016年第53号）第一条规定，境外单位或者个人发生为出境的函件、包裹在境外提供的邮政服务、收派服务；向境内单位或者个人提供的工程施工地点在境外的建筑服务、工程监理服务，提供工程、矿产资源在境外的工程勘察勘探服务，提供会议展览地点在境外的会议展览服务。不属于在境内销售服务或者无形资产，不缴纳增值税。例如，美国公司向中国居民企业提供在纽约的会议展览服务费50 000美元，不缴纳中国增值税。

2. 境内非销售项目。

（1）单位内部业务。内部物资流转不属于销售，为增值税不征税项目。比如，《国家税务总局关于印发〈增值税若干具体问题的规定〉的通知》（国税发〔1993〕154号）第一条第（四）项规定，基本建设单位和从事建筑安装业务的企业附设工厂、车间在建筑现场制造的预制构件，凡直接用于本单位或本企业建筑工程，不征收增值税。《成品油零售加油站增值税征收管理办法》（国家税务总局令第2号）第四条第二款规定："对统一核算，且经税务机关批准汇总缴纳增值税的成品油销售单位跨县市调配成品油的，不征收增值税。"按《增值税暂行条例实施细则》第四条第（三）项规定，单位或者个体工商户设有两个以上机构并实行统一核算的纳税人，将货物从一个机构移送同一县（市）其他机构用于销售，不作视同销售货物。

企业内部服务不属于销售，为增值税不征税项目。比如，财税〔2016〕36号文附件1《营业税改征增值税试点实施办法》第十条第（二）（三）规定，单位或者个体工商户聘用的员工为本单位或者雇主提供取得工资的服务，单位或者个体工商户为聘用的员工提供服务，不属于销售服务。

（2）代收代付款项。比如，《增值税暂行条例实施细则》第十二条规定，销售货物的同时代办保险等而向购买方收取的保险费，收取的承运部门的运输费用发票开具给购买方、纳税人将该项发票转交给购买方的代垫运输费用。受托代理销售二手车代收的价税，《国家税务总局关于二手车经营业务有关增值税问题的公告》（2012年第23号）规定，纳税人受托代理销售二手车，凡同时具备受托方不向委托方预付货款、委托方将《二手车销售统一发票》直接开具给购买方、受托方按购买方实际支付的价款和增值税额（如系代理进口销售货物则为海关代征的增值税额）与委托方结算货款，并另外收取手续费者。财税〔2016〕36号文附件2《营业税改征增值税试点有关事项的规定》第一条第（二）项规定，房地产主管部门或者其指定机构、公积金管理中心、开发企业以及物业管理单位代收的住宅专项维修资金。《财政部 国家税务总局关于供电工程贴费不征收增值税和营业税的通知》（财税〔1997〕102号）规定，供电企业收取的供电工程贴费。

（3）会员费收入。会员费收入是指通过正式手续加入会社或专业组织的收取的钱财。不属于销售行为，不属于增值税征收对象。比如，《财政部 国家税务总局关于增值税若干政策的通知》（财税〔2005〕165号）第十三条规定："对增值税纳税人收取的会员费收入不征收增值税。"《财政部 税务总局关于租入固定资产进项税额抵扣等增值税政策的通知》（财税〔2017〕90号）第八条规定："社会团体收取的会费，免征增值税。"但笔者认为"免税"的表述不准确，作为不征收增值税项目更为合适。《财政部 国家税务总局关于进一步明确全面推开营改增试点有关再保险、不动产租赁和非学历教育等政策的通知》（财税〔2016〕68号）第五条规定："各党派、共青团、工会、妇联、中科协、青联、台联、侨联收取党费、团费、会费，以及政府间国际组织收取会费，属于非经营活动，不征收增值税。"例如，某工会2020年收取工会会员费10万元，为增值税不征税项目。

（4）视同销售服务（货物）。国内非销售项目本作为增值税不征税项目，但财税〔2016〕36号文附件1《营业税改征增值税试点实施办法》第十四条规定，视同销售服务、无形资产或者不动产情形。法律规定了排除法，将视同服务作为增值税不征税项目。比如，财税〔2016〕36号文附件2《营业税改征增值税试点有关事项的规定》第一条第（二）项规定，根据国家指令无偿提供的铁路运输服务、航空运输服务。《国家税务总局关于土地价款扣除时间等增值税征管问题的公告》（2016年第86号）第七条规定，纳税人出租不动产租赁合同中约定免租期的，不属于视同销售服务。

《增值税暂行条例实施细则》第四条规定了视同销售货物的情形。比如，第四条第（八）项规定，单位或者个体工商户将自产、委托加工或者购进的货物无偿赠送其他单位或者个人，作为视同销售货物。法律规定了排除法。比如，《财政部 国家税务总局关于创新药后续免费使用有关增值税政策的通知》（财税〔2015〕4号）第一条规定，药品生产企业销售自产创新药而提供给患者后续免费者。《国家税务总局关于中国移动有限公司内地子公司业务销售附带赠送行为征收流转税问题的通知》（国税函〔2006〕1278号）规定，中国移动有限公司内地子公司开展的以业务销售附带赠送实物业务（包括赠送用户SIM卡、手机或有价物品等实物）。《国家税务总局关于中国电信集团公司和中国电信股份有限公司所属子公司业务销售附带赠送行为征收流转税问题的通知》（国税函〔2007〕414号）规定，中国电信子公司开展的以业务销售附带赠送实物业务（包括赠送用户小灵通手机、电话机、SIM卡、网络终端或有价物品等实物）。《国家税务总局关于中国联通有限公司及所属分公司和中国联合通信有限公司贵州分公司业务销售附带赠送行为有关流转税问题的通知》（国税函〔2007〕778号）规定，中国联合通信集团有限公司及所属分公司开展的以业务销售附带赠送实物业务（包括赠送用户手机识别卡、手机、电信终端或有价物品等实物），均不征收增值税。

（5）特定金融业务。金融商品持有期间取得收益，非销售行为，不能作为增值税征税对象。比如，《财政部 国家税务总局关于明确金融、房地产开发、教育辅助服务等增值税政策的通知》（财税〔2016〕140号）第一条、第二条规定，金融商品持有期间（含到期）取得的非保本收益，纳税人购入基金、信托、理财产品等各类资产管理产品持有至到期收益。财税〔2016〕36号文附件2项《营业税改征增值税试点有关事项的规定》第一条第（二）规定，存款利息、被保险人获得的保险赔付。

融资性售后回租业务中，《国家税务总局关于融资性售后回租业务中承租方出售资产行为有关税收问题的公告》（2010年第13号）第一条规定，承租方出售资产的行为。

（6）与财政收支有关者。增值税、规费上缴财政，单位代收不得将此作为税基，否则重复征税。比如，《财政部 国家税务局关于罚没物品征免增值税问题的通知》（财税字〔1995〕69号）规定，执罚部门和单位查处的属于一般商业部门经营的商品，如数上缴财政的公开拍卖收入、变价收入、属于专管机关管理或专管企业经营的财物的如数上缴财政的收兑或收购价收入。《国家税务总局关于印发〈增值税问题解答（之一）〉的通知》（国税函发〔1995〕288号）第六条规定，国家管理部门行使其管理职能发放执照、牌照和有关证书等取得的工本费收入。《增值税暂行条例实施细则》第十二条规定，行政单位收取的同时符合由国务院或者财政部批准设立的政府性基金，由国务院或者省级人民政府及其财政、价格主管部门批准设立的行政事业性收费；收取时开具省级以上（含省级）财政部门监（印）制的财政票据；所收款项全额上缴财政者。受托加工应征消费税的消费品所代收代缴的消费税。销售货物的同时向购买方收取的代购买方缴纳的车辆购置税、车辆牌照费。均不征收增值税。

企业、单位取得的财政补贴本身来自纳税上缴税收、费。对财政补贴计入税基，等于又算回去，没有必要。比如，《国家税务总局关于卫生防疫站调拨生物制品及药械征收增值税的批复》（国税函〔1999〕191

号）规定，卫生防疫站调拨或发放的由政府财政负担的免费防疫苗。《国家税务总局关于燃油电厂取得发电补贴有关增值税政策的通知》（国税函〔2006〕1235号），各燃油电厂从政府财政专户取得的发电补贴。《国家税务总局关于取消增值税扣税凭证认证确认期限等增值税征管问题的公告》（2019年第45号）第七条规定：纳税人取得不与其销售货物、劳务、服务、无形资产、不动产的收入或者数量直接挂钩的财政补贴收入，均不征收增值税。例如，某公司通过PPP项目投资经营一座大桥，根据相关协议，运营期内如果项目年通行费收入超过6 000万元，全部归公司所有；如果不足政府补齐差额。该差额不属于征收增值税的项目。

（7）资产重组。财税〔2016〕36号文附件2《营业税改征增值税试点有关事项的规定》第一条第（二）项规定，国家税务总局公告2011年第13号、2013年第66号规定，在资产重组过程中，通过合并、分立、出售、置换等方式，将全部或者部分实物资产以及与其相关联的债权、负债和劳动力一并转让给其他单位和个人，其中涉及的不动产、土地使用权转让行为、货物（多次）转让行为，作为增值税不征税项目。

（8）预付卡业务。《国家税务总局关于营改增试点若干征管问题的公告》（2016年第53号）第三条规定，单用途卡发卡企业或者售卡企业销售单用途卡，或者接受单用途卡持卡人充值取得的预收资金。《单用途商业预付卡管理办法（试行）》（商务部令2012年第9号）第二条规定，单用途商业预付卡是指从事零售业、住宿和餐饮业、居民服务业的企业法人发行的，仅限于在本企业或本企业所属集团或同一品牌特许经营体系内兑付货物或服务的预付凭证，包括以磁条卡、芯片卡、纸券等为载体的实体卡和以密码、串码、图形、生物特征信息等为载体的虚拟卡。例如，2021年3月，某酒店集团公司发行发卡时不收费记名会员卡1万张，本项目作为酒店增值税不征税项目。同年4月，持卡单位或者个人在卡内充值500万元，该预收资金作为酒店增值税不征税项目，待将来持卡人消费的次月，申报增值税。

《国家税务总局关于营改增试点若干征管问题的公告》（2016年第53号）第四条规定，支付机构销售预付卡取得的等值人民币资金，或者接受持卡人充值取得的充值资金，不缴纳增值税。支付机构是指取得中国人民银行核发的《支付业务许可证》，获准办理"预付卡发行与受理"业务的发卡机构和获准办理"预付卡受理"业务的受理机构。支付机构预付卡是指发卡机构以特定载体和形式发行的，可在发卡机构之外购买货物或服务的预付价值。《非金融机构支付服务管理办法》（中国人民银行令〔2010〕第2号）第二条第二款规定："预付卡，是指以营利为目的发行的、在发行机构之外购买商品或服务的预付价值，包括采取磁条、芯片等技术以卡片、密码等形式发行的预付卡。"

中国人民银行《2019年7月非银行支付机构〈支付业务许可证〉准予续展公示信息》显示，西安长安通支付有限责任公司、山东飞银智能科技有限公司等两家企业，2019年7月10日至2024年7月9日为获准办理"预付卡发行与受理"机构。其中，西安长安通支付有限责任公司的"长安通卡"目前为止发行量1 800多万张，应用到交通、公用缴费、医药诊疗、连锁餐饮、便民商超、文化旅游、手机支付等领域。

例如，2021年3月，某获准办理"预付卡发行与受理"公司，发行卡2 000张，取得等值人民币资金100万元，当月收到充值资金60万元，均为增值税不征税项目。将来持卡人在自来水公司、地铁公司等单位消费后，再由收费单位申报缴纳增值税。

（9）已作免税或征税处理者。委托方已作免税处理的委托业务收入。比如，《国家税务总局关于明确二手车经销等若干增值税征管问题的公告》（2020年第9号）第三条规定，拍卖行受托拍卖文物艺术品，委托方按规定享受免征增值税，拍卖行对应的货物价款。

已经征税的项目。比如，《国家税务总局关于水资源费改税后城镇公共供水企业增值税发票开具问题的公告》（2017年第47号）规定，在水资源费改税试点期间，城镇公共供水企业缴纳的水资源税所对应的水费收入。

（10）未收费业务。《国家税务总局关于印发〈增值税若干具体问题的规定〉的通知》（国税发〔1993〕154号）第一条第（七）项规定，供应或开采未经加工的天然水，如水库供应农业灌溉用水，工厂用于生产自采地下水。

（11）与销售收入或者数量不直接挂钩的财政补贴收入。《国家税务总局关于取消增值税扣税凭证认证确认期限等增值税征管问题的公告》（2019年第45号）第七条第二款规定："不属于增值税应税收入。"

此外，税法没有列举属于或者不属于征收范围，但按现行税法意义不属于的也不能征收。比如，股权转让，自然人向其他单位或者个人无偿提供服务、转让无形资产或者不动产，权益投资分配，解除合同收取的违约金或赔偿金，未履行合同而没收客户的款项等。

三、应纳税额

应纳税额是指纳税人依税法规定应该缴纳的金额。增值税应纳税额包括一般方法计税、简易方法计税下应纳税额，以及进口货物应纳税额。

（一）增值税一般纳税人一般方法计税的应纳税额。增值税一般纳税人的应纳税额是指销售货物、劳务、服务、无形资产、不动产的当期销项税额抵扣当期进项税额后的余额。

$$应纳税额 = 当期销项税额 - 当期进项税额$$

1. 销项税额。纳税人发生的应税销售行为，按照销售额和规定的税率计算收取的增值税额为销项税额。

$$销项税额 = 销售额 \times 税率$$

销售额为纳税人发生应税销售行为收取的全部价款和价外费用，但是不包括收取的销项税额。纳税人发生应税销售行为的价格明显偏低并无正当理由的，由主管税务机关核定其销售额。销售额除了一般意义的销售额，还有视同销售货物、混合销售的销售额。

增值税一般纳税人税目税率表

税 目		税 率
销售或者进口货物；销售劳务		（2016年5月1日至2018年4月30日）　17% （2018年5月1日至2019年3月31日）　16% （2019年4月1日至今）13%
销售或者进口：粮食等农产品、食用植物油、食用盐；自来水、暖气、冷气、热水、煤气、石油液化气、天然气、二甲醚、沼气、居民用煤炭制品；图书、报纸、杂志、音像制品、电子出版物；饲料、化肥、农药、农机、农膜；国务院规定的其他货物		（2016年5月1日至2018年4月30日）　11% （2018年5月1日至2019年3月31日）　10% （2019年4月1日至今）9%
交通运输服务	陆路运输服务、水路运输服务、航空运输服务（含航天运输服务）和管道运输服务、无运输工具承运业务	同上
邮政服务	邮政普遍服务、邮政特殊服务、其他邮政服务	
电信服务	基础电信服务	
	增值电信服务	6%
建筑服务	工程服务、安装服务、修缮服务、装饰服务和其他建筑服务	同"交通运输服务"
销售不动产	转让建筑物、构筑物等不动产所有权	
销售无形资产	转让土地使用权	
	转让技术、商标、著作权、商誉、自然资源和其他权益性无形资产使用权或所有权	6%
现代服务业	有形动产租赁服务	同"销售货物"
	不动产租赁服务	同"交通运输服务"
	研发和技术服务、信息技术服务、文化创意服务、物流辅助服务、鉴证咨询服务、广播影视服务、商务辅助服务、其他现代服务	6%
金融服务	贷款服务、直接收费金融服务、保险服务和金融商品转让	
生活服务	文化体育服务、教育医疗服务、旅游娱乐服务、餐饮住宿服务、居民日常服务、其他生活服务	

（1）无偿转让股票以买入价为卖出价计算缴纳增值税。股票属于金融商品范畴，按财税〔2016〕36号附件1《营业税改征增值税试点实施办法》所附《销售服务、无形资产、不动产注释》第一条第（五）项解释，转让股票按金融商品转让征收增值税。《财政部 税务总局关于明确无偿转让股票等增值税政策的公告》（2020年第40号）第一条规定："纳税人无偿转让股票时，转出方以该股票的买入价为卖出价，按照'金融商品转让'计算缴纳增值税"。

例如，某增值税一般纳税人持有某股票1万股，当初买入价每股10.6元，共106 000元。2021年10月，股票全部无偿转让给李四。

应缴纳增值税＝106 000÷（1＋6%）×6%＝6 000（元）

注意，财税〔2016〕36号附件3《营业税改征增值税试点过渡政策的规定》第一条第（二十二）项第5目规定，个人从事金融商品转让业务免征增值税。

2. 进项税额。纳税人购进货物、劳务、服务、无形资产、不动产支付或者负担的增值税额为进项税额。包括从销售方取得的增值税专用发票上注明的增值税额。从海关取得的海关进口增值税专用缴款书上注明的增值税额。购进农产品，除取得前述发票或者专用缴款书外，按照农产品收购发票或者销售发票上注明的农产品买价和相应扣除率计算的进项税额（详见下表）。自境外单位或者个人购进劳务、服务、无形资产或者境内的不动产，从税务机关或者扣缴义务人取得的代扣代缴税款的完税凭证上注明的增值税额。

项　　目	时　间	扣除率
纳税人购进农产品	2016 年 5 月 1 日至 2018 年 4 月 30 日	11%
	2018 年 5 月 1 日至 2019 年 3 月 31 日	10%
	2019 年 4 月 1 日至今	9%
按照农产品收购发票或者销售发票上注明的农产品买价	2016 年 5 月 1 日至 2018 年 4 月 30 日	13%
纳税人购进用于生产销售或委托加工 16% 税率货物的农产品	2018 年 5 月 1 日至 2019 年 3 月 31 日	12%
纳税人购进用于生产或者委托加工 13% 税率货物的农产品	2019 年 4 月 1 日至今	10%

例如，某酒业有限公司生产粮食白酒，增值税一般纳税人，2021年1月5日，从农业生产者收购玉米110吨，每吨2 000元，自行开具增值税普通发票。款项通过微信或者支付宝支付。

借：原材料　　　　　　　　　　　　　　　　　　　198 000

　　应交税费——应交增值税（进项税额）　　　　　　22 000

　　　　　　　　　　　　　　　　　　　（＝220 000×10%）

贷：其他货币资金——微信或支付宝　　　　　　　　220 000

（1）取得不动产或者不动产在建工程的进项税额一次性扣除。1994年1月1日起，我国实施增值税改革，推行生产型增值税。从2009年1月1日起，实施消费型增值税。2016年5月1日起，全面推行营业税改征增值税，可能考虑税收收入的稳定性，对不动产或者不动产在建工程的进项税额分2年抵扣。自2019年4月1日起，《财政部 国家税务总局关于全面推开营业税改征增值税试点的通知》（财税〔2016〕36号）附件2《营业税改征增值税试点有关事项的规定》第一条第（四）项第1目、第二条第（一）项第1目之规定，《财政部 税务总局 海关总署关于深化增值税改革有关政策的公告》（2019年第39号）第五条明确停止执行，"纳税人取得不动产或者不动产在建工程的进项税额不再分2年抵扣。此前按照上述规定尚未抵扣完毕的待抵扣进项税额,可自2019年4月税款所属期起从销项税额中抵扣。"例如,某增值税一般纳税人,2018年1月1日购进不动产,原值(不含税)7 727.27万元,取得的增值税专用发票注明增值税额850万元。2018年度已作进项税额抵扣510万元(=850×60%),截至2019年3月31日,待抵扣进项税额尚有余额255万元(=850×40%×9÷12)。在2019年5月申报缴纳4月税款时,全额从销项税额中抵扣。

再如,该公司2019年7月购进不动产,原值(含税)5 450万元,取得的增值税专用发票注明增值税额450万元。一次性在本月申报抵扣。相关数据填入《增值税纳税申报表附列资料(三)》。

(2)购进国内旅客运输服务的进项税额允许抵扣。我国1994年1月1日起施行的是不完全的增值税,营业税的存在,导致抵扣链条的断裂和不完整。2016年5月1日,营业税改征增值税之后,这种瓶颈已经削除。

增值税进项税额抵扣主要依据是凭增值税专用发票上注明的增值税额抵扣,增值税电子普通发票也注明了增值税额,抵扣的条件已经成熟。2019年4月1日起,《财政部 税务总局 海关总署关于深化增值税改革有关政策的公告》(2019年第39号)第六条第(一)第1目规定:纳税人取得增值税电子普通发票的,以发票上注明的税额确定为进项税额。例如,福建A公司,增值税一般纳税人。2021年4月员工黄先生到北京出差,滴滴打车出行,取得《北京增值税电子普通发票》,注明"购买方"为A公司,"货物或应税劳务、服务名称"为运输服务·客运服务费。"金额"为146.11元,"税额"为4.38元,该税额可抵扣。注意未注明旅客信息的车票,如出租车车票、手撕定额车票,不能计算进项税额从销项税额中抵扣。

第39号公告第六条第(一)项第2目规定:纳税人取得注明旅客身份信息的航空运输电子客票行程单,可计算进项税额。例如,黄先生服务于某增值税一般纳税人，2021年4月乘坐飞机出差，《航空运输电子客票行程单》注明往返票价均为1 962元，建设发展基金往返均为50元，燃油附加费标明YQ exempt。

航空旅客运输进项税额＝（票价＋燃油附加费）÷（1＋9%）×9%＝（1 962×2＋0）÷（1＋9%）×9%＝3 600×9%＝324（元）

第39号公告第六条第（一）项第3目规定：纳税人取得注明旅客身份信息的铁路车票，可计算进项税额。例如，黄先生服务于某增值税一般纳税人，2019年4月乘坐普通动车组列车出差，取得注明黄先生身份信息往返车票，票价分别140元、122元。铁路旅客运输进项税额＝票面金额÷（1＋9%）×9%＝（140＋122）÷（1＋9%）×9%＝240.37×9%＝21.63（元）。

第39号公告第六条第（一）项第4目规定：纳税人取得注明旅客身份信息的公路、水路等其他客票，可计算进项税额。例如，黄先生服务于某增值税一般纳税人，2021年4月乘坐长途汽车出差，往返票价各为78元。公路、水路等其他旅客运输进项税额＝票面金额÷（1＋3%）×3%＝（78×2）÷（1＋3%）×3%＝156÷（1＋3%）×3%＝151.46×3%＝4.54（元）。

《国家税务总局关于国内旅客运输服务进项税抵扣等增值税征管问题的公告》（2019年第31号）第一条明确：旅客限于与本单位签订了劳动合同的员工，以及接受的劳务派遣员工。增值税电子普通发票上注明的购买方"名称""纳税人识别号"等信息，应与实际抵扣税款的纳税人一致。

（3）不得抵扣的进项税额。增值税进项税额从销项税额抵扣，必须同时具备增值税扣税凭证合法、采用一般计税、购进存货正常等条件。不得从销项税额中抵扣的进项税额包括纳税人购进货物、劳务、服务、无形资产、不动产取得的增值税扣税凭证不符合法律、行政法规或者国务院税务主管部门有关规定；用于简易计税方法计税项目、免征增值税项目、集体福利或者个人消费的购进货物、劳务、服务、无形资产和不动产；非正常损失的购进货物，以及相关的劳务和交通运输服务；非正常损失的在产品、产成品所耗用的购进货物（不包括固定资产）、劳务和交通运输服务等进项税额。

（4）期末留抵增值税额的处理。增值税进项留抵税额是增值税进项税额大于销项税额留作下期抵减的数额。当购进货物的税率或者扣除率大于企业适用的增值税税率等原因，出现期末留抵增值税大于零。一般情况下当期销项税额小于当期进项税额不足抵扣时，其不足部分可以结转下期继续抵扣。例如，某增值税一般纳税人，2021年5月取得不含税销售货物收入100万元，当期增值税进项税额20万元。应纳税额＝当期销项税额－当期进项税额＝100×13%－20＝－7（万元）。该7万元作为留抵增值税额，留转下期抵扣。

有三种特殊处理方式：

一是增值税期末留抵税额退税。期末留抵税额会加大纳税人的资金占用，不利于企业降低生产成本。让企业期末留抵税额按比例退税，并不是一种税收优惠，而是消化了部分的时间性差异，当然对纳税人有利。因此，2018年政策有了变化，装备制造等先进制造业、研发等现代服务业和电网企业退还增值税期末留抵税额。《财政部 税务总局关于2018年退还部分行业增值税留抵税额有关税收政策的通知》（财税〔2018〕70号）规定，可退还的期末留抵税额＝纳税人申请退税上期的期末留抵税额×退还比例。当可退还的期末留抵税额≤2017年底期末留抵税额时，该留抵税额可退还。当可退还的期末留抵税额＞2017年底期末留抵税额时，退还2017年底期末留抵税额。

自2019年4月1日起，增值税期末留抵税额退税扩大到所有增值税一般纳税人。《财政部 税务总局 海关总署关于深化增值税改革有关政策的公告》（2019年第39号）第八条规定，当纳税人同时符合自2019年4月税款所属期起连续六个月（按季纳税的连续两个季度）增量留抵税额均大于零，且第六个月增量留抵税额不低于50万元；纳税信用等级为A级或者B级；申请退税前36个月未发生骗取留抵退税、出口退税或虚开增值税专用发票情形；申请退税前36个月未因偷税被税务机关处罚两次及以上；未享受即征即退、先征后返（退）政策（不排除这两种情形，容易产生永久性差异）等条件时，向主管税务机关申请退还增量留抵税额。《财政部 税务总局关于明确部分先进制造业增值税期末留抵退税政策的公告》（2019年第84号）就部分先进制造业纳税人退还增量留抵税额，作出相应规定，自2019年6月1日起执行。

例如，某纳税信用等级为A级的增值税一般纳税人，按月申报纳税。2021年3月期末留抵税额40万元。同年4月至9月，连续六个月期末留抵税额分别50万元、55万元、60万元、50万元、56万元、100万元。此前未发生涉税违法违章行为。同年4月1日起未享受即征即退、先征后返（退）政策。10月份申请退还的增量留抵税额，进项构成比例为100%。

允许退还的增量留抵税额＝增量留抵税额×进项构成比例×60%＝（100－40）×100%×60%＝60×60%＝36（万元）

期末留抵税额调整为64万元（＝100－36）。

《财政部 税务总局关于民用航空发动机、新支线飞机和大型客机税收政策的公告》（2019年第88号）规定，2018年至2023年，对纳税人从事大型民用客机发动机、中大功率民用涡轴涡桨发动机研制项目而形成的增值税期末留抵税额予以退还。2019年至2020年，对纳税人从事大型客机研制项目而形成的增值税期末留抵税额予以退还。对纳税人生产销售新支线飞机暂减按5%征收增值税，并对其因生产销售新支线飞机而形成的增值税期末留抵税额予以退还。

《财政部 税务总局关于支持新型冠状病毒感染的肺炎疫情防控有关税

收政策的公告》（2020年第8号）第二条规定，疫情防控重点保障物资生产企业可以按月向主管税务机关申请全额退还与2019年12月底相比增值税增量留抵税额。

二是增值税进项留抵税额抵减查补税款欠税。增值税一般纳税人拖欠纳税检查应补缴的增值税税款，《国家税务总局关于增值税一般纳税人将增值税进项留抵税额抵减查补税款欠税问题的批复》（国税函〔2005〕169号）规定：可按《国家税务总局关于增值税一般纳税人用进项留抵税额抵减增值税欠税问题的通知》（国税发〔2004〕112号）的规定，用增值税留抵税额抵减查补税款欠税。

三是破产重整时，留抵增值税款，可以抵减其欠缴的税款。《国家税务总局关于增值税一般纳税人用进项留抵税额抵减增值税欠税问题的通知》（国税发〔2004〕112号）的规定，增值税留抵税额应当抵减增值税欠税。事实上，法院对此有不同解读。例如，上诉人国家税务总局大英县税务局因与被上诉人四川盛马化工股份有限公司（以下简称盛马公司）破产债权确认纠纷一案中，不服四川省大英县人民法院（2018）川0923民初2952号民事判决，向遂宁市中级人民法院提起上诉。

本案争议焦点是盛马公司增值税留抵税款8 686.07万元可否抵减其欠缴的增值税以外的税款。

法院认为，该笔增值税留抵税款是盛马公司的企业资产，实质上系盛马公司对税务机关享有的债权，故本案属于双方互负债务的情形，盛马公司管理人在《盛马公司破产重整债权审查意见书》（盛马债审〔2018〕第187号）中将该笔增值税留抵税款抵减了盛马公司所欠缴的税款本金，系主动行使抵销权，通过债务抵销使盛马公司财产受益，符合《最高人民法院关于适用〈中华人民共和国企业破产法〉若干问题的规定（二）》（法释〔2013〕22号）第四十一条第二款规定：管理人不得主动抵销债务人与债权人的互负债务，但抵销使债务人财产受益的除外。在不损害税务机关所享有的税收优先债权的同时，也提高了普通债权受偿率，维护了普通债权人的利益。

大英县税务局主张按照国税发〔2004〕112号文之规定在盛马公司未欠缴增值税的情况下，不能抵减其欠缴的其他税种的税款。法院认为，国税发〔2004〕112号文对一般纳税人用增值税留抵税额抵扣除增值税之外的税款并未有明确的禁止性规定。同时按照法律适用的基本原则，本案应当优先适用企业破产的相关法律法规及司法解释，盛马公司在税务机关留抵增值税款8 686.07万元可以抵减其欠缴的税款。《四川省遂宁市中级人民法院民事判决书》（〔2018〕川09民终1325号），依照《中华人民共和国民事诉讼法》第一百七十条第一款第一项的规定，判决："驳回上诉，维持原判。"①

笔者认为，法院的判决客观合理。

（5）增值税进项税额核定扣除。《财政部 国家税务总局关于在部分行业试行农产品增值税进项税额核定扣除办法的通知》（财税〔2012〕38号）第一条规定：自2012年7月1日起，以购进农产品为原料生产销售液体乳及乳制品、酒及酒精、植物油的增值税一般纳税人，纳入农产品增值税进项税额核定扣除试点范围，其购进农产品无论是否用于生产上述产品，增值税进项税额均按照《农产品增值税进项税额核定扣除试点实施办法》（附件1）的规定抵扣。自2013年9月1日起，《财政部 国家税务总局关于扩大农产品增值税进项税额核定扣除试点行业范围的通知》（财税〔2013〕57号）第一条规定，各省、自治区、直辖市、计划单列市税务部门可商同级财政部门，选择部分行业开展核定扣除。《国家税务总局福建省税务局 福建省财政厅就关于蔬菜水果加工、活性炭生产行业试行农产品增值税进项税额核定扣除办法的公告》（2019年第6号）第一条规定，从2019年9月1日起，以购进农产品为原料生产销售蔬菜水果加工产品和活性

①.案件资料来源：《国家税务总局大英县税务局、四川盛马化工股份有限公司破产债权确认纠纷二审民事判决书》，中国裁判文书网，2019年1月10日。

炭的增值税一般纳税人，纳入农产品增值税进项税额核定扣除试点范围。

（二）简易办法计税的应纳税额。简易办法计税适用于小规模纳税人和允许适用简易计税方式计税的一般纳税人。实行按照销售额和征收率计算应纳税额的简易办法，并不得抵扣进项税额。

$$应纳税额＝销售额×征收率$$

其他个人征收率为3%。

一般纳税人收取试点前开工（合同开工日期在2016年4月30日前）的一级公路、二级公路、桥、闸通行费，以及房地产开发企业中的一般纳税人购入未完工的房地产老项目继续开发后，以自己名义立项销售的不动产，属于房地产老项目，《财政部 国家税务总局关于进一步明确全面推开营改增试点有关劳务派遣服务、收费公路通行费抵扣等政策的通知》（财税〔2016〕47号）、《财政部 税务总局关于明确国有农用地出租等增值税政策的公告》（2020年第2号）第二条分别规定：可以选择适用简易计税方法，按照5%的征收率计算缴纳增值税。

小规模纳税人以及允许适用简易计税方式计税的一般纳税人征收率见下表。

小规模纳税人以及允许适用简易计税方式计税的一般纳税人征收率表

简易计税	征收率
小规模纳税人销售货物或者加工、修理修配劳务，销售应税服务、无形资产；一般纳税人发生按规定适用或者可以选择适用简易计税方法计税的特定应税行为，但适用5%征收率的除外 资管产品管理人从事资管产品运营业务	3%
销售不动产；经营租赁不动产（土地使用权）；转让营改增前取得的土地使用权；房地产开发企业销售、出租自行开发的房地产老项目；一级二级公路、桥、闸（老项目）通行费；特定的不动产融资租赁；选择差额纳税的劳务派遣、安全保护服务；一般纳税人提供人力资源外包服务。中外合作油（气）田开采的原油、天然气	5%
个人出租住房，按照5%的征收率减按1.5%计算应纳税额。纳税人销售旧货；小规模纳税人（不含其他个人）以及符合规定情形的一般纳税人销售自己使用过的固定资产，可依3%征收率减按2%征收增值税	

例如，某房地产开发企业，增值税一般纳税人，出租自行开发的房地产老项目，2021年9月取得租金收入20 000元。

应纳税额＝销售额×征收率＝20 000÷（1＋5%）×5%＝952.38（元）

当然，小规模纳税人会计核算健全，能够提供准确税务资料的，可以向主管税务机关办理一般纳税人登记，按一般计税方法计税。

（三）纳税人进口货物应纳税额。按照组成计税价格和规定的税率计算应纳税额。

$$组成计税价格 = 关税完税价格 + 关税 + 消费税$$

$$应纳税额 = 组成计税价格 × 税率$$

例如，某进出口商贸企业，增值税一般纳税人，2021年9月从外国进口汽车一批200辆，气缸容量2~2.5升。海关审定关税完税价格4 000万元人民币。（适用关税税率25%、消费税税率9%）

应纳关税税额＝关税完税价格×关税税率＝4 000×25%＝1 000（万元）

消费税组成计税价格＝（关税完税价格＋关税）÷（1－消费税比例税率）＝（4 000＋1 000）÷（1－9%）＝5 000÷91%＝5 494.50（万元）

应纳消费税税额＝组成计税价格×税率＝5 494.50×9%＝494.50（万元）

增值税组成计税价格＝关税完税价格＋关税＋消费税

＝4 000＋1 000＋494.50＝5 494.50（万元）

应纳增值税额＝组成计税价格×税率＝5 494.50×13%＝714.29（万元）。

涉及征收反倾销税者，进口环节增值税＝（海关完税价格＋关税＋反倾销税）×增值税税率。

例如，福建某企业2021年9月，从瓦卢瑞克法国钢管公司（VALLOUREC TUBES FRANCE）购进10Cr9MoW2VNbBN无缝钢管100吨，从厦门海关入关。海关完税价格550万元人民币。关税税率17%、反倾销税税率57.9%。

反倾销税额＝海关完税价格×反倾销税税率＝550×57.9%＝318.45（万元）

关税＝海关完税价格×关税税率＝550×17%＝93.5（万元）

进口环节增值税＝（550＋93.5＋318.45）×13%＝125.05（万元）

涉及征收反补贴税者，进口环节增值税＝（海关完税价格＋关税＋反补贴税）×增值税税率。

例如，福建某企业2021年6月，从悉尼购进大麦（Barley）1 000吨，从厦门海关入关。海关完税价格121.28万元人民币。假定最惠国关税税率3%。

反补贴税税额＝海关完税价格×反补贴税税率＝121.28×6.9%＝8.37（万元）

关税＝121.28×3%＝3.64（万元）

进口环节增值税＝（海关完税价格＋关税＋反补贴税）×9%

＝（121.28＋3.64＋8.37）×9%＝133.29×9%＝12.00（万元）

四、税收优惠

税收优惠是指国家运用行政手段，对税收法律、行政法规中某些规定进行纠偏，以减轻纳税人税收负担的措施。增值税优惠包括减税、免税、零税率、先征后退、即征即退、出口退（免）税和加计抵减等。

（一）减税。增值税应纳税额＝销售额×税率－当期进项税额，或者应纳税额＝销售额×征收率。通过降低税率或者征收率、减少税基、减少应纳税额等办法都能达到减税之目的。

1. 降低税率或者征收率。一是降低税率，即高税率降为低税率。比如，自2019年4月1日起，《财政部 税务总局 海关总署关于深化增值税改革有关政策的公告》（2019年第39号）将原适用增值税税率16%、10%调整为13%、9%。自2018年5月1日起对进口抗癌药品、自2019年3月1日起对进口罕见病药品，《财政部 海关总署 税务总局 国家药品监督管理局关于抗癌药品增值税政策的通知》（财税〔2018〕47号）第二条、《财政部 海关总署 税务总局 药监局关于罕见病药品增值税政策的通知》（财税〔2019〕24号）第二条分别规定：减按3%征收进口环节增值税。

例如，中国某公司2021年10月4日，进口波生坦、青霉胺、利鲁唑、吡非尼酮等罕见病药品原料药一批，每种到岸价（DES）各为20万元人民币。假定该价格即为关税完税价格。前3项罕见病药原料最惠国关税税率为6.5%，第4项最惠国关税税率为9%。

应纳关税税额＝关税完税价格×关税税率＝60×6.5%＋20×9%＝3.9＋1.8＝5.7（万元）

增值税组成计税价格＝关税完税价格＋关税＋消费税＝80＋5.7＋0＝85.7（万元）

应该缴纳进口环节增值税＝85.7×3%＝2.571（万元）

与按正常税率10%计算，增值税少了7个百分点。显然降低罕见病药品原料药进口环节增值税税率，有利于降低进口罕见病药品原料药的成本，对患者更为有利，更益于民生。

二是降低征收率，即高征收率降为低征收率。比如，纳税人销售旧货、小规模纳税人（不含其他个人）以及符合规定情形的一般纳税人销售自己使用过的固定资产，《国家税务总局关于简并增值税征收率有关问题的公告》（2014年第36号）明确："可依3%征收率减按2%征收增值税。"财税〔2016〕36号文附件2《营业税改征增值税试点有关事项的规定》第一条第（九）项第6目规定："个人出租住房，应按照5%的征收率减按1.5%计算应纳税额。"如，某自然人黄某华，2021年9月取得房屋出租收入（含税）3 150元，应缴纳的增值税＝3 150÷（1＋5%）×1.5%＝45（元）。

再如，《财政部 税务总局关于延续实施应对疫情部分税费优惠政策的公告》（2021年第7号）规定，自2021年4月1日至2021年12月31日，全国增值税小规模纳税人适用3%征收率的应税销售收入，减按1%征收率征收增值税。

三是增值税一般纳税人适用征收率。增值税一般纳税人通常适用税率进行征收，为了照顾小水力发电站，或者国家重点鼓励的行业或者产品，适用负担更轻的征收率。比如，自2018年7月1日至2023年12月31日,对中国邮政储蓄银行纳入"三农金融事业部"改革的各省、自治区、直辖市、计划单列市分行下辖的县域支行，提供农户贷款、农村企业和农村各类组织贷款取得的利息收入，《财政部 税务总局关于延长部分税收优惠政策执行期限的公告》（2021年第6号）规定：可以选择适用简易计税方法按照3%的征收率计算缴纳增值税。自2018年5月1日起、2019年3月1日起，增值税一般纳税人生产销售和批发零售抗癌药品、罕见病药品，《财政部 海关总署 税务总局 国家药品监督管理局关于抗癌药品增值税政策的通知》（财税〔2018〕47号）第一条、《财政部 海关总署 税务总局 药监局关于罕见病药品增值税政策的通知》（财税〔2019〕24号）第一条分别规定："可选择按照简易办法依照3%征收率计算缴纳增值税。"与此同时，对进口上述抗癌药品、罕见病药品，均减按征收率3%征收进口环节增值税。

例如，2021年9月，某增值税一般纳税人生产销售阿那曲唑、阿糖胞苷、阿昔替尼、阿扎胞苷等抗癌药品制剂一批，开出增值税普通发票，取得销售收入103万元。企业选择按照简易办法计税并单独核算抗癌药品的销售额。

应该缴纳增值税＝103÷（1＋3%）×3%＝3（万元）

销售货物增值税税率13%，通常情况下生产企业增值税税负约在6%。企业选择按照简易办法计税，显然降低抗癌药品流通环节的成本，对患者更为有利，更益于民生。

2．减税基。税基是指政府征税的课税基础。简单地说就是指计算税额的依据。为了照顾特定的经济行为，会加以优惠。如纳税人采取折扣方式销售货物，《国家税务总局关于折扣额抵减增值税应税销售额问题通知》（国税函〔2010〕56号）规定：销售额和折扣额在同一张发票上的"金额"栏分别注明，可按折扣后的销售额征收增值税。

3．减税额。减税额就是把应征的税额减少。

（1）增值税税控系统专用设备和技术维护费用抵减增值税税额。2011年12月1日起，增值税纳税人初次购买增值税税控系统专用设备（包括分开票机）支付的费用、缴纳的技术维护费，《财政部 国家税务总局关于增值税税控系统专用设备和技术维护费用抵减增值税税额有关政策的通知》（财税〔2012〕15号）规定：可凭发票在增值税应纳税额中全额抵减，不足抵减的可结转下期继续抵减。自2017年8月1日起，从事增值税税控系统技术维护服务的有关单位，向使用税控系统产品的纳税人提供技术维护服务收取的费用，《国家发展改革委关于降低增值税税控系统产品及维护服务价格等有关问题的通知 》（发改价格〔2017〕1243号）第二条规定：由每户每年每套330元降为280元；对使用两套及以上税控系统产品的，从第二套起减半收取技术维护服务费用。

例如，某工业企业，增值税一般纳税人，2021年6月初次购买增值税税控系统专用设备300元，其中，金税盘200元、报税盘100元。支付技术维护费280元。取得增值专用发票，扣税时全额扣除580元，而不是税额50.36元。相关数据填入《增值税纳税申报表附列资料（四）》。

（2）退役士兵创业就业扣减当年实际应纳税额。对自主就业退役士兵从事个体经营，《财政部 国家税务总局关于全面推开营业税改征增值税试点的通知》（财税〔2016〕36号）之附件3《营业税改征增值税试点过渡政策的规定》第三条第（一）项第1目规定：在3年内按每户每年8 000元为限额（最高可上浮20%）依次扣减其当年实际应缴纳的增值税、城市维护建设税、教育费附加、地方教育附加和个人所得税等。《财政部 税务总局 退役军人部关于进一步扶持自主就业退役士兵创业就业有关税收政策的通知》（财税〔2019〕21号）第一条，将扣减限额标准提高到12 000元。例如，2017年9月义务兵黄某海退役，第四季度办理了个体经营的相关手续。2018年1月1日起正式经营，当年实际应缴纳增值税50 000元、城市维护建设税3 500元、教育费附加1 500元、地方教育附加1 000元、个人所得税1 000元，共57 000元。当地没有执行扣减限额上浮标准，只扣减增值税8 000元，实际缴纳税款49 000元。假设上述业务发生在2019年，可扣减增值税12 000元，实际缴纳税款45 000元。

对商贸企业、服务型企业、劳动就业服务企业中的加工型企业和街道社区具有加工性质的小型企业实体，在新增加的岗位中，当年新招用自主就业退役士兵，与其签订1年以上期限劳动合同并依法缴纳社会保险费，财税〔2016〕36号文之附件3《营业税改征增值税试点过渡政策的规定》第三条第（一）项第2目规定：在3年内按实际招用人数每人每年4 000元（最高可上浮50%）依次扣减增值税、城市维护建设税、教育费附加、地方教育附加和企业所得税等优惠。财税〔2019〕21号文第二条将扣减定额标准提高为每人每年6 000元。例如，2017年9月义务兵黄某海、张某东退役，同年12月被某街道社区具有加工性质的小型企业实体招用,符合税额抵减条件。当地税额抵减标准为6 000元。2018年该企业要缴纳增值税50 000元、城市维护建设税3 500元、教育费附加1 500元、地方教育附加1 000元和企业所得税14 000元,共70 000元,可抵减增值税款12 000元,实际缴纳税款58 000元。如果是在2019年,当地定额标准同样上浮50%,每人每年扣减定额9 000元,则当年该小型企业实体可抵减增值税18 000元,其他条件不变,实际共缴纳税款52 000元。

财税〔2016〕36号文执行期限为2016年5月1日至当年底,至当年底未享受满3年可继续享受至3年期满。《财政部 国家税务总局 民政部关于继续实施扶持自主就业退役士兵创业就业有关税收政策的通知》(财税〔2017〕46号)将期限至2019年底。财税〔2019〕21号文执行期限为2019年1月1日至2021年12月31日。

(3)重点群体创业就业扣减当年实际应纳税额。持《就业创业证》(注明"自主创业税收政策"或"毕业年度内自主创业税收政策")或2015年1月27日前取得的《就业失业登记证》(注明"自主创业税收政策"或附着《高校毕业生自主创业证》)的人员从事个体经营,财税〔2016〕36号文附件3第三条第(二)项第1目规定:在3年内按每户每年8 000元为限额(最高可上浮20%)依次扣减其当年实际应缴纳的增值税、城市维护建设税、教育费附加、地方教育附加和个人所得税等。《财政部 税务总局 人力资源社会保障部 国务院扶贫办关于进一步支持和促进重点群体创业就业有关税收政策的通知》(财税〔2019〕22号)第一条,将扣减限额标准提高到12 000元。并将重点群体增加"建档立卡贫困人口"。例如,大学本科毕业生李某英,持有《就业失业登记证》、《高校毕业生自主创业证》,2017年从事个体经营,当年实际应缴纳的增值税50 000元、城市维护建设税3 500元、教育费附加1 500元、地方教育附加1 000元、个人所得税1 000元,共57 000元。当地执行扣减限额上浮20%标准,扣减增值税

9 600元税款后，实际缴纳税款47 400元。2018年继续按上述规定处理。假设上述业务发生在2019年，当地减税限额上浮20%，可扣减限额标准为14 400元，全部用于扣减增值税14 400元，假设其他条件不变，实际缴纳税额42 600元。

对商贸企业、服务型企业、劳动就业服务企业中的加工型企业和街道社区具有加工性质的小型企业实体，在新增加的岗位中，当年新招用在人力资源社会保障部门公共就业服务机构登记失业半年以上且持《就业创业证》或2015年1月27日前取得的《就业失业登记证》（注明"企业吸纳税收政策"）人员，与其签订1年以上期限劳动合同并依法缴纳社会保险费，财税〔2016〕36号文附件3第三条第（二）项第2目规定：在3年内按实际招用人数每人每年4 000元（最高可上浮30%）依次扣减增值税、城市维护建设税、教育费附加、地方教育附加和企业所得税等优惠。财税〔2019〕22号文第二条将扣减定额标准提高为每人每年6 000元。例如，大学本科毕业生李某英、吴某玉，持有《就业失业登记证》、《高校毕业生自主创业证》，2017年12月被某商贸企业招用，符合税额抵减条件。当地税额抵减标准为5 200元。2018年该企业要缴纳增值税50 000元、城市维护建设税3 500元、教育费附加1 500元、地方教育附加1 000元和企业所得税14 000元，共70 000元，可抵减增值税款10 400元，企业实际缴纳税款59 600元。如果是2019年，当地同样执行抵减限额标准上浮30%，每人每年扣减定额7 800元，则当年该商贸企业可抵减增值税税款15 600元，企业实际缴纳税款54 400元。

财税〔2016〕36号文执行期限为2016年5月1日至当年底，至当年底未享受满3年可继续享受至3年期满。《财政部 国家税务总局 人力资源社会保障部关于继续实施支持和促进重点群体创业就业有关税收政策的通知》（财税〔2017〕49号）将执行期限延长至2019年底。财税〔2019〕22号文执行期限为2019年1月1日至2021年12月31日。

（4）对应纳税额打折。对中国国际进口博览会期间销售的合理数量的进口展品（不包括国家禁止进口商品、濒危动植物及其产品、国家规定不予减免税的20种商品和汽车），《财政部关于首届中国国际进口博览会展期内销售的进口展品税收优惠政策的通知》（财关税〔2018〕43号）、《财政部 海关总署 税务总局关于第二届中国国际进口博览会展期内销售的进口展品税收优惠政策的通知》（财关税〔2019〕36号）规定：进口环节增值税按应纳税额的70%征收。

（5）抵减营业税。保险公司开办一年期以上返还性人身保险产品，在列入财政部和税务总局发布的免征营业税名单或办理免税备案手续后，此前已缴纳营业税中尚未抵减或退还的部分，《财政部 税务总局关于明确养老机构免征增值税等政策的通知》（财税〔2019〕20号）第四条第（三）项规定抵减以后月份应缴纳增值税。截至2020年12月31日抵减不完，《财政部 税务总局关于明确国有农用地出租等增值税政策的公告》（2020年第2号）第三条规定，可申请一次性退税。

（二）免税。免税是指按税法规定免除全部应纳税款，是对某些纳税人或征税对象给予鼓励、扶持或照顾的特殊规定。法定免税是主要方式，特定免税和临时免税是辅助方式。免税从纳税人属性分为增值税一般纳税人免税、小规模纳税人免税。免税从行为上可以分为销售货物、进口货物、销售服务、销售无形资产、销售不动产等方面的免税。

1. 销售货物。2014年10月1日至2018年12月31日，《财政部 国家税务总局关于进一步支持小微企业增值税和营业税政策的通知》（财税〔2014〕71号）、《财政部 国家税务总局关于继续执行小微企业增值税和营业税政策的通知》（财税〔2015〕96号）、《财政部 税务总局关于延续小微企业增值税政策的通知》（财税〔2017〕76号）等文件规定，增值税小规模纳税人月销售额（包括销售货物和劳务）2万元（含）至3万元的免征增值税。自2019年1月1日起，《财政部 税务总局关于实施小微企业普惠性税收减免政策的通知》（财税〔2019〕13号）第一条规定，月销售额10万元以下（含）的增值税小规模纳税人，免征增值税。

2021年4月1日至2022年12月31日，《财政部 税务总局关于明确增值税小规模纳税人免征增值税政策的公告》（2021年第11号）规定，对月销售额15万元以下（含）的增值税小规模纳税人，免征增值税。《国家税务总局关于小规模纳税人免征增值税征管问题的公告》（2021年第5号）进一步规定，若超过15万元，但扣除本期发生的销售不动产的销售额后未超过者其销售货物、劳务、服务、无形资产取得的销售额免征增值税。适用增值税差额征税的小规模纳税人，以差额后的销售额确定是否超过15万元。其他个人采取一次性收取租金形式出租不动产取得的租金收入，可在对应的租赁期内平均分摊，分摊后的月租金收入未超过15万元的免征增值税。

《增值税暂行条例》第十五条规定：农业生产者销售的自产农产品、避孕药品和用具、古旧图书、销售的自己使用过的物品免税。此外一些文件规定免税产品。比如，《财政部 税务总局关于延续免征国产抗艾滋病病毒药品增值税政策的公告》（2019年第73号）、《财政部 税务总局关于延长部分税收优惠政策执行期限的公告》（2021年第6号）规定，对国产抗艾滋病病毒药品免征生产环节和流通环节增值税执行期限延长至2023年12月31日。自2018年至2020年，《财政部 税务总局关于延续宣传文化增值税优惠政策的通知》（财税〔2018〕53号）第二条规定：免征图书批发、零售环节增值税。《财政部 国家税务总局关于免征储备大豆增值税政策的通知》（财税〔2014〕38号）规定：对承担粮食和大豆收储任务的国有粮食购销企业销售的粮食免征增值税，并可对免税业务开具增值税专用发票。

此外，离岛旅客免税购物政策。如《财政部关于进一步调整海南离岛旅客免税购物政策的公告》（2015年第8号）将零售包装的婴儿配方奶粉、咖啡、保健食品、家用空气净化器、家用医疗器械等17种消费品纳入离岛免税商品范围。《财政部关于调整海南离岛旅客免税购物政策的公告》

（2012年第73号）将保健器材、餐具及厨房用品、玩具（含童车）等3类纳入免税商品。《财政部关于开展海南离岛旅客免税购物政策试点的公告》（2011年第14号）规定：首饰、工艺品、手表、香水、化妆品、笔、眼镜（含太阳镜）、丝巾、领带、毛织品、棉织品、服装服饰、鞋帽、皮带、箱包、小皮件、糖果、体育用品共18种纳入免税商品。《财政部、海关总署、税务总局关于进一步调整海南离岛旅客免税购物政策的公告》（2018年第158号）增加视力训练仪、助听器、矫形固定器械、家用呼吸支持设备（非生命支持）等4种为免税商品。

2．进口货物。直接用于科学研究、科学试验和教学的进口仪器、设备，外国政府、国际组织无偿援助的进口物资和设备，由残疾人的组织直接进口供残疾人专用的物品，《增值税暂行条例》第十五条规定免税。科学研究机构和学校以科学研究和教学为目的，在合理数量范围内进口国内不能生产或者性能不能满足需要的科学研究和教学用品，《财政部 海关总署 国家税务总局关于修改〈科学研究和教学用品免征进口税收规定〉的决定》（财政部、海关总署、国家税务总局令第93号）第二条规定：免征进口环节增值税。"十二五"期间（2011年至2015年）对进口种子（苗）、种畜（禽）、鱼种（苗）和种用野生动植物种源，《财政部 海关总署 国家税务总局关于种子（苗）种畜（禽）鱼种（苗）和种用野生动植物种源2015年免税进口计划的通知》（财关税〔2015〕9号）规定：免征进口环节增值税。

3．销售服务。财税〔2016〕36号文附件3《营业税改征增值税试点过渡政策的规定》第一条规定免征增值税项目。附件4《跨境应税行为适用增值税零税率和免税政策的规定》第二条、第三条所列的销售服务和无形资产免征增值税。现列举如下：

（1）交通运输服务。包括我国台湾航运公司、航空公司从事海峡两岸海上直航、空中直航业务在大陆取得的运输收入。以无运输工具承运方式提供的国际运输服务。自2020年1月1日起，对纳税人运输疫情防控重点保障物资、提供公共交通运输服务取得的收入，《财政部 税务总局关于支持新型冠状病毒感染的肺炎疫情防控有关税收政策的公告》（2020年第8号）第三条、第五条规定："免征增值税。"疫情防控重点保障物资清单，《国家发展改革委办公厅关于提供疫情防控重点保障物资具体范围的函》（发改办财金〔2020〕145号）明确包括医疗应急物资、生活物资。

（2）邮政服务。为出口货物提供的邮政服务。

（3）电信服务。向境外单位提供的完全在境外消费的电信服务。

（4）建筑服务。工程项目在境外的建筑服务、工程监理服务，工程、矿产资源在境外的工程勘察勘探服务。

（5）金融服务。

① 纳税人提供的直接或者间接国际货物运输代理服务。

② 特定利息收入。一是金融机构小额贷款利息收入。金融机构小额贷款是指单笔且该农户、小型企业、微型企业及个体工商户贷款余额总额在10万元（含本数）以下的贷款。《财政部 税务总局关于延续支持农村金融发展有关税收政策的通知》（财税〔2017〕44号）第一条规定，2017年11月30日前，农户小额贷款利息收入免增值税。自2017年12月1日起，《财政部 税务总局关于支持小微企业融资有关税收政策的通知》（财税〔2017〕77号）将免税对象扩大到小型企业、微型企业及个体工商户。《财政部 税务总局关于延续实施普惠金融有关税收优惠政策的公告》（2020年第22号）将免税期限延长至2023年12月31日。自2018年9月1日起，《财政部 税务总局关于金融机构小微企业贷款利息收入免征增值税政策的通知》（财税〔2018〕91号）规定：发放利率水平不高于人民银行

同期贷款基准利率150%（含）。自2019年8月20日起，《财政部 税务总局关于明确无偿转让股票等增值税政策的公告》（2020年第40号）第二条规定，可选择中国人民银行授权全国银行间同业拆借中心公布的1年期贷款市场报价利率或5年期以上贷款市场报价利率。例如，2020年1月，中国农业银行股份有限公司南平延平支行，向福建省南平市延平区夏道镇徐洋村民张三发放贷款10万元，期限2年。张三贷款余额总额8万元。按2019年12月20日，中国人民银行授权全国银行间同业拆借中心公布的5年期以上贷款市场报价利率4.8%计算利息。2020年前三个季度，农行延平支行利息收入3 600元（＝100 000×4.8%×3÷4），免征增值税。二是国家助学贷款利息收入。三是国债、地方政府债利息收入。四是人民银行对金融机构的贷款利息收入。五是住房公积金管理中心用住房公积金在指定的委托银行发放的个人住房贷款利息收入。六是外汇管理部门在从事国家外汇储备经营过程中，委托金融机构发放的外汇贷款利息收入。七是统借统还业务中，企业集团或企业集团中的核心企业以及集团所属财务公司按不高于支付给金融机构的借款利率水平或者支付的债券票面利率水平，向企业集团或者集团内下属单位收取的利息。

③ 被撤销金融机构以货物、不动产、无形资产、有价证券、票据等财产清偿债务。

④ 保险公司开办的一年期以上人身保险产品取得的保费收入。

⑤ 合格境外投资者（QFII）委托境内公司在境内从事证券买卖业务。香港市场投资者（包括单位和个人）通过沪港通买卖上海证券交易所上市A股。对香港市场投资者（包括单位和个人）通过基金互认买卖内地基金份额。证券投资基金（封闭式证券投资基金，开放式证券投资基金）管理人运用基金买卖股票、债券金融商品转让收入。

⑥ 金融同业往来利息收入。包括金融机构与人民银行所发生的资金往

来业务、银行联行往来业务、金融机构间的资金往来业务、金融机构之间开展的转贴现业务利息收入。《财政部 国家税务总局关于金融机构同业往来等增值税政策的补充通知》（财税〔2016〕70号）规定：商业银行购买央行票据、与央行开展货币掉期和货币互存等业务，境内银行与其境外的总机构、母公司之间，以及境内银行与其境外的分支机构、全资子公司之间的资金往来业务均属于金融同业往来业务。金融机构开展同业存款、同业借款、同业代付、买断式买入返售金融商品、持有金融债券、同业存单业务取得的利息收入也属于免征增值税范围。

自2018年1月1日起，金融机构开展贴现、转贴现业务，《财政部 国家税务总局关于建筑服务等营改增试点政策的通知》（财税〔2017〕58号）第五条规定：以其实际持有票据期间取得的利息收入作为贷款服务销售额计算缴纳增值税。此前贴现机构已就贴现利息收入全额缴纳增值税的票据，转贴现机构转贴现利息收入继续免征增值税。

⑦ 符合条件的担保机构从事中小企业信用担保或者再担保业务取得除信用评级、咨询、培训以外的收入（3年内免征增值税）。

⑧ 为境外单位之间的货币资金融通及其他金融业务提供的直接收费金融服务，且该服务与境内的货物、无形资产和不动产无关。

⑨ 为出口货物提供的保险服务。包括出口货物保险和出口信用保险。

（6）现代服务。包括2018年12月31日前公共租赁住房经营管理单位出租公共租赁住房。纳税人提供技术转让、技术开发和与之相关的技术咨询、技术服务。军队空余房产租赁收入。《财政部 税务总局 科技部 教育部关于科技企业孵化器、大学科技园和众创空间税收政策的通知》（财税〔2018〕120号）规定：2019年至2021年，对国家级、省级科技企业孵化器、大学科技园和国家备案众创空间向在孵对象提供孵化服务取得的收入。在境外提供的广播影视节目（作品）的播映服务。存储地点在境外的仓储服务。标的物在境外使用的有形动产租赁服务。向境外单位提供的完全在境外消费的知识产权服务、物流辅助服务（仓储服务、收派服务除外）、鉴证咨询服务、专业技术服务、商务辅助服务、广告投放地在境外的广告服务。

自2020年1月1日起，对纳税人提供公共交通运输服务、生活服务，以及为居民提供必需生活物资快递收派服务取得的收入，《财政部 税务总局关于支持新型冠状病毒感染的肺炎疫情防控有关税收政策的公告》（2020年第8号）第五条规定："免征增值税。"

（7）生活服务。

① 文化体育服务。包括纪念馆、博物馆、文化馆、文物保护单位管理机构、美术馆、展览馆、书画院、图书馆在自己的场所提供文化体育服务取得的第一道门票收入。寺院、宫观、清真寺和教堂举办文化、宗教活动的门票收入。会议展览地点在境外的会议展览服务。在境外提供的文化体育服务。科普单位的门票收入，以及县级及以上党政部门和科协开展科普活动的门票收入。《财政部 税务总局关于延续宣传文化增值税优惠政策的通知》（2021年第10号）第三条规定：2021年至2023年免征增值税。

② 教育医疗服务。包括托儿所、幼儿园提供的保育和教育服务。从事学历教育的学校提供的教育服务。学生勤工俭学提供的服务。医疗机构提供的医疗服务。残疾人福利机构提供的育养服务。政府举办的从事学历教育的高等、中等和初等学校（不含下属单位）举办进修班、培训班取得的全部归该学校所有的收入。政府举办的职业学校设立的主要为在校学生提供实习场所、并由学校出资自办、由学校负责经营管理、经营收入归学校所有的企业，从事《销售服务、无形资产或者不动产注释》中"现代服务"（不含融资租赁服务、广告服务和其他现代服务）、"生活服务"（不含文化体育服务、其他生活服务和桑拿、氧吧）业务活动取得的收

入。在境外提供的教育医疗服务。

③ 旅游服务。在境外提供的旅游服务。

④ 居民日常服务。包括殡葬服务。家政服务企业由员工制家政服务员提供家政服务取得的收入。

⑤ 其他生活服务。包括养老机构提供的养老服务。婚姻介绍服务。残疾人员本人为社会提供的服务。农业机耕、排灌、病虫害防治、植物保护、农牧保险以及相关技术培训业务，家禽、牲畜、水生动物的配种和疾病防治。行政单位之外的其他单位收取的符合《试点实施办法》第十条规定条件的政府性基金和行政事业性收费。为了配合国家住房制度改革，企业、行政事业单位按房改成本价、标准价出售住房取得的收入。随军家属就业。军队转业干部就业。符合条件的合同能源管理服务。国家商品储备管理单位及其直属企业承担商品储备任务，从中央或者地方财政取得的利息补贴收入和价差补贴收入。福利彩票、体育彩票的发行收入。

4. 销售无形资产。包括个人转让著作权。将土地使用权转让给农业生产者用于农业生产。土地所有者出让土地使用权和土地使用者将土地使用权归还给土地所有者。比如，《财政部 税务总局关于明确无偿转让股票等增值税政策的公告》（2020年第40号）第三条规定：土地所有者依法征收土地，并向土地使用者支付土地及其相关有形动产、不动产补偿费的行为。县级以上地方人民政府或自然资源行政主管部门出让、转让或收回自然资源使用权（不含土地使用权）。向境外单位提供的完全在境外消费的无形资产。例如，某企业向境外关联企业提供完全在境外消费的无形资产，不含税销售价1 000万元人民币，该无形资产进项税额48万元。增值税销项税额＝1 000×6%＝60（万元）。应纳增值税额＝60－48＝12（万元）。该应纳增值税额12万元，不需要缴纳。

5. 销售不动产。包括涉及家庭财产分割的个人无偿转让不动产、土地使用权。个人销售自建自用住房。财税〔2016〕36号文附件3《营业税改征增值税试点过渡政策的规定》第五条规定：北京市、上海市、广州市和深圳市个人将购买2年以上（含）的普通住房对外销售免征增值税。其他地区指"住房"而不是针对"普通住房"。注意时间的把握，个人将通过受赠、继承、离婚财产分割等非购买形式取得的住房对外销售的行为其购房时间，《国家税务总局关于房地产税收政策执行中几个具体问题的通知》（国税发〔2005〕172号）第四条规定：按发生受赠、继承、离婚财产分割行为前的购房时间确定。

月租金收入低于一定金额（不含税）免征增值税。《国务院办公厅关于加快培育和发展住房租赁市场的若干意见》（国办发〔2016〕39号）第六条第（十三）项规定：对个人出租住房月收入不超过3万元，2017年底之前可按规定免征增值税。自2019年1月1日起，《国家税务总局关于小规模纳税人免征增值税政策有关征管问题的公告》（2019年第4号）第四条规定：自然人一次性收取租金形式出租不动产取得的租金收入，可在对应的租赁期内平均分摊，分摊后的月租金收入未超过10万元的免征增值税。

（三）零税率。增值税零税率是指在计算缴纳增值税时按照0%的税率计算增值税销项税额，增值税进项税额允许抵扣，是比免税还更加优惠的一项措施。财税〔2016〕36号文附件4《跨境应税行为适用增值税零税率和免税政策的规定》第一条、第三条所列的销售服务和无形资产。

1. 国际运输服务。包括在境内载运旅客或者货物出境、在境外载运旅客或者货物入境、在境外载运旅客或者货物。取得相关资质纳税人按照国家有关规定应取得相关资质的国际运输服务项目。境内的单位或个人提供交通工具用于国际运输服务和港澳台运输服务。承租方利用租赁的交通工具向其他单位或个人提供国际运输服务和港澳台运输服务。境内的单位或个人向境外单位或个人提供期租、湿租服务。境内单位和个人以无运输工具承运方式进行，由境内实际承运人提供的国际运输服务。

2．航天运输服务。

3．向境外单位提供的完全在境外消费的服务。包括研发服务、合同能源管理服务、设计服务、广播影视节目（作品）的制作和发行服务、软件服务、电路设计及测试服务、信息系统服务、业务流程管理服务、离岸服务外包业务（包括信息技术外包服务、技术性业务流程外包服务和技术性知识流程外包服务）、转让技术。

纳税人出口货物、服务、无形资产税率（免税）表

出口货物、服务、无形资产	税　　率
纳税人出口货物（国务院另有规定的除外）	零税率
境内单位和个人跨境销售国务院规定范围内的服务、无形资产	
销售货物、劳务，提供的跨境应税行为，符合免税条件的	免税
境内的单位和个人销售适用增值税零税率的服务或无形资产的，可以放弃适用增值税零税率，选择免税或按规定缴纳增值税。放弃适用增值税零税率后，36个月内不得再申请适用增值税零税率	

增值税零税率应税服务退（免）税的相关规定较多。比如，《国家税务总局关于发布〈适用增值税零税率应税服务退（免）税管理办法〉的公告》（2014年第11号）、《国家税务总局关于〈适用增值税零税率应税服务退（免）税管理办法〉的补充公告》（2015年第88号）等。例如，境内某生产企业，增值税一般纳税人，2021年10月向境外提供研发服务，金额1 000万元，本环节增值税销项税额为0。企业实行免抵退税办法。企业填报《增值税零税率应税服务免抵退税申报明细表》计算免抵退税，并提供增值税零税率应税服务所开具的发票、与境外单位签订的提供增值税零税率应税服务的合同、《技术出口合同登记证》及其数据表等资料。

（四）先征后退。先征后退是指生产企业按规定申报缴纳增值税后，向税务机关申请退回已缴的全部或者部分税款。凡有进出口经营权的各类生产企业自营出口或委托外贸企业代理出口的货物，除另有规定者外，《国务院关于对生产企业自营出口或委托代理出口货物实行"免、抵、退"税办法的通知》（国发〔1997〕8号）一律实行"免、抵、退"税的办法。

纳税人既有增值税先征后退项目，也有出口等其他增值税应税项目的，《国家税务总局关于纳税人既享受增值税即征即退、先征后退政策又享受免抵退税政策有关问题的公告》（2011年第69号）第一条规定：增值税先征后退项目不参与出口项目免抵退税计算。纳税人应分别核算增值税先征后退项目和出口等其他增值税应税项目，分别申请享受增值先征后退和免抵退税政策。

1. 核力发电企业。核力发电企业生产销售电力产品，自核电机组正式商业投产次月起15个年度内，《财政部 国家税务总局关于核电行业税收政策有关问题的通知》（财税〔2008〕38号）第一条第（一）项规定：统一实行增值税先征后退政策，返还比例分三个五年，分别返还比例为已入库税款的75%、70%、55%。例如，某核力发电企业唯一1号机组1994年12月投入商业运行。1995年至2000年、2001年至2005年、2006年至2010年，返还比例分别为已入库税款的75%、70%、55%。从2011年起不再享受增值税先征后退政策。假设2010年销售电量136.2亿千瓦时，每千瓦时0.43元。销售额为58.566亿元。实际缴纳增值税额29.283亿元。增值税退税额16.106亿元（＝29.283×55%）。

2. 抽采销售煤层气。煤层气是指赋存于煤层及其围岩中与煤炭资源伴生的非常规天然气，也称煤矿瓦斯。《财政部 国家税务总局关于加快煤层气抽采有关税收政策问题的通知》（财税〔2007〕16号）第一条规定："对煤层气抽采企业的增值税一般纳税人抽采销售煤层气实行增值税先征后退政策。"

3. 宣传文化产品。2021年至2023年，《财政部 税务总局关于延续宣传文化增值税优惠政策的公告》（2021年第10号）第一条规定：

一是增值税100%先征后退。中国共产党和各民主党派的各级组织，各级人大、政协、政府、工会、共青团、妇联、残联、科协，新华社，军事部门的机关报纸和机关期刊（上述各级组织不含其所属部门，增值税先征后退范围掌握在一个单位一份报纸和一份期刊以内）。专为少年儿童出版发行的报纸和期刊，中小学的学生课本。专为老年人出版发行的报纸和期刊。少数民族文字出版物。盲文图书和盲文期刊。经批准在内蒙古、广西、西藏、宁夏、新疆五个自治区内注册的出版单位出版的出版物。列入本公告附件1的图书、报纸和期刊。对少数民族文字出版物的印刷或制作业务。列入本公告附件3的新疆维吾尔自治区印刷企业的印刷业务。

二是增值税先征后退50%。各类图书、期刊、音像制品、电子出版物，但前述执行增值税100%先征后退的出版物除外，列入本公告附件2的报纸。

（五）即征即退。即征即退是指对按税法规定缴纳的税款，由税务机关在征税时部分或全部退还纳税人的一种税收优惠。纳税人既有增值税即征即退项目，也有出口等其他增值税应税项目的，《国家税务总局关于纳税人既享受增值税即征即退、先征后退政策又享受免抵退税政策有关问题的公告》（2011年第69号）第一条规定：增值税即征即退项目不参与出口项目免抵退税计算。纳税人应分别核算即征即退项目和出口等其他增值税应税项目，分别申请即征即退、先征后退和免抵退税。增值税即征即退或者先征后退项目的进项税额无法划分，结合财税〔2016〕36号附件1《营业税改征增值税试点实施办法》第二十九条之规定，按照下列公式计算：

无法划分进项税额中用于增值税即征即退或者先征后退项目的部分＝当月无法划分的全部进项税额×当月增值税即征即退或者先征后退项目销售额÷当月全部销售额

增值税"即征即退"对象：

1. 单位。安置残疾人的单位和个体工商户，每位残疾人每月可退还的增值税具体限额，《财政部 国家税务总局关于促进残疾人就业增值税优惠政策的通知》（财税〔2016〕52号）第一条规定：由县级以上税务机关根据纳税人所在区县（含县级市、旗）适用的经省（含自治区、直辖市、计划单列市）人民政府批准的月最低工资标准的4倍确定。享受即征即退税收优惠政策的条件：

一是纳税人月安置的残疾人占在职职工人数比例的≥25%，并且安置的残疾人人数≥10人（盲人按摩机构≥5人）。以劳务派遣形式就业的残疾人，《国家税务总局关于促进残疾人就业税收优惠政策相关问题的公告》（2015年第55号）第一条规定："属于劳务派遣单位的职工。"该残疾人不作为实际用工单位的职工，用工单位不能据此申请享受安置残疾人税收优惠。

二是依法与安置的每位残疾人签订了一年以上（含）的劳动合同或服务协议。《国家税务总局关于促进残疾人就业增值税优惠政策有关问题的公告》（2013年第73号）规定"劳动合同或服务协议"包括全日制、非全日制工资发放形式劳动合同或服务协议。

三是为安置的每位残疾人按月足额缴纳了基本养老保险、基本医疗保险、失业保险、工伤保险和生育保险等五个险种。安置残疾人的机关事业单位以及由机关事业单位改制后的企业，为残疾人缴纳的机关事业单位养老保险，国家税务总局公告2015年第55号第二条规定：属于基本养老保险范畴。

四是通过金融机构向安置的每位残疾人，按月支付了不低于纳税人所在区县适用的经省人民政府批准的月最低工资标准的工资。比如《福建省人力资源和社会保障厅关于公布我省最低工资标准的通知》（闽政〔2019〕6号）明确，从2020年1月1日起，各县市分别执行1 800、1 720、1 570、1 420元的月最低工资标准。

五是纳税信用等级为A级或B级。

例如，福建省南平市延平区某企业，2021年3月安置残疾人员10人，占在职职工人数的比例为31%。与每位残疾人签订了一年以上（含）的劳动合同。为每位残疾人按月足额缴纳了5险。通过金融机构向每位残疾人按月支付了不少于1 570元的工资。上年纳税信用等级为A级。计算见下表：

安置残疾人企业2021年3月退税限额计算表

项　　目	行　　数	3月
即征即退销售额	1	646 603.43
应纳增值税	2	23 093.13
已缴增值税	3	23 093.13
可供退税额	4	23 093.13
职工总人数	5	32
符合退税条件残疾职工人数	6	10
人数占比	7 = 6÷5	0.31
月最低工资标准	8	1 570.00
残疾职工退税限额/年/人	9 = 8×12×4①	75 360.00
当月核定退税限额	10	62 800.00
上期结转退税限额	11	294 564.48
可用退税限额	12 = 10 + 11	357 364.48
应退增值税	13 = 4 与 12 孰小数	23 093.13
结转次月可供退税额	14	0.00
结转次月可用退税限额	15	334 271.35
税负率	16	0.04

① 此处8表示第8行数值；12表示12个月；4表示当地最低工资的4倍。

2．产品。《财政部 国家税务总局关于印发〈资源综合利用产品和劳务增值税优惠目录〉的通知》（财税〔2015〕78号）第一条规定："纳税人销售自产的资源综合利用产品和提供资源综合利用劳务，可享受增值税即征即退政策。"第四条规定：已享受增值税即征即退政策的纳税人，因违反税收、环境保护的法律法规受到处罚（警告或单次1万元以下罚款除外）的，自处罚决定下达的次月起36个月内不得享受。如，吉林省固体废物处理有限责任公司2017年9月受到吉林市环保局29 999.32元的罚款，根据吉林市龙潭区税务局《关于吉林省固体废物处理有限责任公司补缴税款的说明》，公司退缴13 987 800.94元税款，交纳滞纳金2 250 385.95元。同时，分别调减2017年至2019年度利润总额1 413 025.88元、12 574 775.06元、2 250 385.95元。①

自2019年9月1日起，《财政部 税务总局关于资源综合利用增值税政策的公告》（2019年第90号）规定：纳税人销售自产磷石膏资源综合利用产品，可享受增值税即征即退政策，退税比例为70%。将财税〔2015〕78号文附件《资源综合利用产品和劳务增值税优惠目录》3.12"废玻璃"项目退税比例调整为70%。

自2015年7月1日起，《财政部 国家税务总局关于风力发电增值税政策的通知》（财税〔2015〕74号）规定：对纳税人销售自产的利用风力生产的电力产品。《财政部 国家税务总局关于新型墙体材料增值税政策的通知》（财税〔2015〕73号）第一条规定：对纳税人销售自产的列入本通知所附《享受增值税即征即退政策的新型墙体材料目录》的新型墙体材料，均实行增值税即征即退50%。

《财政部 国家税务总局关于软件产品增值税政策的通知》（财税〔2011〕100号）规定：增值税一般纳税人销售自行开发生产的软件产品，或者将进口软件产品进行本地化改造后对外销售，享受增值税实际税负超过3%的部分实行即征即退。软件产品是指信息处理程序及相关文档和数据。包括计算机软件产品、信息系统和嵌入式软件产品。享受优惠政策的软件产品需要取得软件产业主管部门颁发的《软件产品登记证书》或著作权行政管理部门颁发的《计算机软件著作权登记证书》。

即征即退税额＝当期软件产品增值税应纳税额－当期软件产品销售额×3%

---

① 资料来源：《北京万邦达环保技术股份有限公司关于全资子公司补缴税款的公告》，巨潮资讯网，2019年9月6日。

当期软件产品增值税应纳税额＝当期软件产品销项税额－当期软件产品可抵扣进项税额

当期软件产品销项税额＝当期软件产品销售额×税率

例如，2021年3月，某增值税一般纳税人自行开发生产的软件产品销售额1 000万元，进项税额93万元。

销项税额＝1 000×13%＝130（万元）

应纳税额＝130－93＝37（万元）

即征即退税额＝37－1 000×3%＝7（万元）

3．服务。一般纳税人提供管道运输服务，经人民银行、银监会或者商务部批准从事融资租赁业务者，提供有形动产融资租赁服务和有形动产融资性售后回租服务，财税〔2016〕36号文之附件3《营业税改征增值税试点过渡政策的规定》第二条第（一）（二）项规定：对其增值税实际税负超过3%的部分实行增值税即征即退。商务部授权批准的从事融资租赁业务和融资性售后回租业务的试点纳税人中的一般纳税人，2016年5月1日后实收资本达到1.7亿元，从达到标准的当月起执行上述规定。

（六）出口退（免）税。出口退税本着交多少退多少的原则。纳税人出口货物应向海关办理出口手续，凭出口报关单等有关凭证，按月向主管税务机关申报办理；境内单位和个人跨境销售服务和无形资产按期向主管税务机关申报办理退（免）税。

一般纳税人转登记为小规模纳税人，其在一般纳税人期间出口适用增值税退（免）税的货物劳务、增值税零税率跨境应税行为，《国家税务总局关于统一小规模纳税人标准有关出口退（免）税问题的公告》（2018年第20号）明确：继续按照现行规定办理出口退（免）税。小规模纳税人再次登记为一般纳税人，比照新发生出口退（免）税业务的出口企业或其他单位办理出口退（免）税。

出口企业和其他单位申报出口退（免）税时，《国家税务总局关于出口退（免）税申报有关问题的公告》（2018年第16号）明确：不再退（免）税预申报，不再报送当期《增值税纳税申报表》。仅向主管税务机关填报修改后的《出口退（免）税备案表》。

出口货物办理退税后发生退货或者退关，纳税人应当依法补缴已退的税款。

国家税务总局2019B版出口退税率文库，见《国家税务总局关于发布出口退税率文库2019B版的通知》（税总函〔2019〕82号）。

一般纳税人出口退税税率表

项　　目	退　税　率
适用16%税率且出口退税率为16%的出口货物	（2018年5月1日至2019年3月31日　16%
适用10%税率且出口退税率为10%的出口货物、跨境应税行为	（2018年5月1日至2019年3月31日　10%
适用13%税率且出口退税率为13%的出口货物劳务	（2019年4月1日至今）13%
适用9%税率且出口退税率为9%的出口货物、跨境应税行为	（2019年4月1日至今）9%
适用13%税率的境外旅客购物离境退税物品	11%
适用9%税率的境外旅客购物离境退税物品	8%

（七）加计抵减。加计抵减是指增值税进项税额抵减销项税额后，再抵减一定比例的应纳税额。自2019年4月1日至2021年12月31日，《财政部　税务总局　海关总署关于深化增值税改革有关政策的公告》（2019年第39号）第七条规定：允许提供邮政服务、电信服务、现代服务和生活服务等四项服务纳税人按照当期可抵扣进项税额加计10%抵减应纳税额。2019年10月1日起，《财政部　税务总局关于明确生活性服务业增值税加计抵减政策的公告》（2019年第87号）第一条规定："允许生活性服务业纳税人按照当期可抵扣进项税额加计15%。"《国家税务总局关于国内旅客运输服务进项税抵扣等增值税征管问题的公告》（2019年第31号）第二条明确

"销售额"包括纳税申报销售额、稽查查补销售额、纳税评估调整销售额。其中，纳税申报销售额包括一般计税方法销售额、简易计税方法销售额、免税销售额、税务机关代开发票销售额、免抵退办法出口销售额、即征即退项目销售额。例如，某旅游服务公司，增值税一般纳税人，取得旅游服务销售额占全部销售额的比重为100%。2021年10月可抵扣进项税额为100万元，销项税额120万元，应纳增值税额20万元（=120－100）。可抵扣进项税额加计扣除15万元（=100×15%），抵减应纳税额，实际应缴纳增值税5万元。

实际缴纳增值税时，按应纳税额借记"应交税费——未交增值税"20万元，按实际纳税金额贷记"银行存款"5万元，按加计抵减的金额贷记"其他收益"15万元。

五、会计处理

企业会计处理主要依照《企业会计准则》、《小企业会计准则》、《企业会计制度》，以及相应的会计核算办法、制度。对各税种的核算，凡会计核算上有规定的按会计上的规定，会计上没有规定而税法上有规定的按税法之规定。对增值税的核算，适用《财政部关于印发〈增值税会计处理规定〉的通知》（财会〔2016〕22号）核算。对于增值税视同销售的处理，可以采用调表不调账的方式。

财政部会计司关于《关于深化增值税改革有关政策的公告》适用《增值税会计处理规定》有关问题的解读，生产、生活性服务业纳税人取得资产或接受劳务时，按照《增值税会计处理规定》的相关规定对增值税相关业务进行会计处理；实际缴纳增值税时，按应纳税额借记"应交税费——未交增值税"等科目，按实际纳税金额贷记"银行存款"科目，按加计抵减的金额贷记"其他收益"科目。

《财政部 国家税务总局关于全面推开营业税改征增值税试点的通知》（财税〔2016〕36号）附件1《营业税改征增值税试点实施办法》第六条规定："中华人民共和国境外单位或者个人在境内发生应税行为，在境内未设有经营机构的，以购买方为增值税扣缴义务人。"第二十条规定：境外单位或者个人在境内发生应税行为，在境内未设有经营机构的，扣缴义务人按照下列公式计算应扣缴税额：

应扣缴税额＝购买方支付的价款÷（1＋税率）×税率

《财政部关于印发〈增值税会计处理规定〉的通知》（财会〔2016〕22号）规定：增值税一般纳税人、小规模纳税人应当在"应交税费"科目下设置"代扣代交增值税"等明细科目核算。境内一般纳税人购进服务、无形资产或不动产，按应计入相关成本费用或资产的金额，借记"生产成本""无形资产""固定资产""管理费用"等科目，按可抵扣的增值税额，借记"应交税费——进项税额"科目（小规模纳税人应借记相关成本费用或资产科目），按应付或实际支付的金额，贷记"应付账款"等科目，按应代扣代缴的增值税额，贷记"应交税费——代扣代交增值税"科目。实际缴纳代扣代缴增值税时，借记"应交税费——代扣代交增值税"科目，贷记"银行存款"科目。

例如，2021年10月，位于市区的某增值税一般纳税人，向境外单位支付购买在境内发生"研发和技术服务"，含税金额106万元，款项尚未支付，该单位未在境内设立经营机构，扣缴增值税6万元［＝106÷（1＋6%）×6%］，假设不考虑企业所得税等其他税费。其会计处理：

借：生产成本		1 000 000
应交税费——应交增值税（进项税额）		60 000
贷：应付账款		1 000 000
应交税费——代扣代交增值税		60 000

实际缴纳代交增值税款时，

借：应交税费——代扣代交增值税　　　　　　　　　60 000

　　贷：银行存款　　　　　　　　　　　　　　　　　　60 000

六、征收管理

增值税由税务机关征收，进口货物的增值税由海关代征。个人携带或者邮寄进境自用物品的增值税，连同关税一并计征。发票管理是增值税管理的重要环节。

（一）发票管理。《中华人民共和国发票管理办法》（以下简称发票管理办法）第三条规定："发票，是指在购销商品、提供或者接受服务以及从事其他经营活动中，开具、收取的收付款凭证。"第十九条规定："销售商品、提供服务以及从事其他经营活动的单位和个人，对外发生经营业务收取款项，收款方应当向付款方开具发票；特殊情况下，由付款方向收款方开具发票。"

发票管理属于税务机关的行政职权范畴，单位或个人在购销商品、提供或者接受经营服务以及从事其他经营活动中，无论当事人是否约定一方负有开具发票的义务，双方均应遵守相关法律、行政法规的规定。《税收征收管理法》第二十一条规定："税务机关是发票的主管机关，负责发票印制、领购、开具、取得、保管、缴销的管理和监督。单位、个人在购销商品、提供或者接受经营服务以及从事其他经营活动中，应当按照规定开具、使用、取得发票。"《发票管理办法》第四条规定：国务院税务主管部门统一负责全国的发票管理工作。

国家税务总局公告2017年第16号规定：购买方为企业的，索取增值税普通发票时，应向销售方提供纳税人识别号或统一社会信用代码；销售方为其开具增值税普通发票时，应在"购买方纳税人识别号"栏填写购买方的纳税人识别号或统一社会信用代码。不符合规定的发票，不得作为税收凭证。企业包括公司、非公司制企业法人、企业分支机构、个人独资企业、合伙企业和其他企业。

自2018年1月1日起，纳税人通过增值税发票管理新系统开具增值税发票（包括增值税专用发票、增值税普通发票、增值税电子普通发票）时，《国家税务总局关于增值税发票管理若干事项的公告》（2017年第45号）第一条明确：商品和服务税收分类编码对应的简称会自动显示并打印在发票票面"货物或应税劳务、服务名称"或"项目"栏次中。在附件中列了包含简称的《商品和服务税收分类编码表》。

自2020年2月1日起，《国家税务总局关于增值税发票管理等有关事项的公告》（2019年第33号）第五条规定：增值税小规模纳税人（其他个人除外）发生增值税应税行为，需要开具增值税专用发票的，可以自愿使用增值税发票管理系统自行开具。一旦选择自行开具，税务机关不再为其代开。此前，小规模纳税人一度不允许自行开具，自2019年3月1日起，部分行业有放开。

1. 取消增值税"四票"认证、比对、抵扣期限。增值税一般纳税人购进货物、修理修配劳务、服务、无形资产、不动产等，取得增值税（电子）专用发票、海关进口增值税专用缴款书、机动车销售统一发票、收费公路通行费增值税电子普通发票（以下简称四票）等扣税凭证的相应税款，可以从增值税销项税额中计算抵扣。从1994年以来"四票"认证抵扣时间不断调整，分别为180天、210天、360天等。自2020年3月1日起，《国家税务总局关于取消增值税扣税凭证认证确认期限等增值税征管问题的公告》（2019年第45号）第一条规定：增值税一般纳税人取得2017年1月1日及以后开具的"四票"，取消认证确认、稽核比对、申报抵扣的期限。

尽管取消期限，笔者主张还是尽快办理，防止暴力虚开发票，即便如此，早发现早处理。

2．不开发票的协议无效。在商事活动中开具、取得发票属于法定行为。通常情况下由收款方开具发票，特殊情形下由付款方开具发票。《发票管理办法实施细则》第二十四条规定，由付款方向收款方开具发票情形包括：一是收购单位和扣缴义务人支付个人款项时，如农产品收购业务。二是国家税务总局认为其他需要由付款方向收款方开具发票的。如《国家税务总局关于国家电网公司购买分布式光伏发电项目电力产品发票开具等有关问题的公告》（2014年第32号）规定：国家电网公司所属企业从分布式光伏发电项目发电户（指其他个人和不经常发生应税行为的非企业性单位）处购买电力产品，可由购买方开具普通发票。

在商事活动中，当事人约定不开发票，属于违法行为。例如，原告（反诉被告）四川京龙建设集团有限公司诉被告（反诉原告）简阳三岔湖旅游快速通道投资有限公司、被告（反诉原告）刘某良、被告成都星展置业顾问有限公司、被告成都锦荣房产经纪有限公司、被告成都锦云置业咨询有限公司、被告成都思珩置业顾问有限公司股权转让纠纷一案。四川省高级人民法院认为：案涉《股权转让协议》及其《补充协议》是各方当事人的真实意思表示。《股权转让协议》中关于"不论在任何情况下，三岔湖公司、刘某良不须、亦不应就或为本协议项下的任何股权转让价款等向京龙公司提供任何形式的发票，但需出具三岔湖公司、刘某良自行签发的收据或收条"的约定，属《合同法》第五十二条第（二）项规定的恶意串通，损害国家、集体或者第三人利益的情形，应为无效条款。当事人不服四川省高级人民法院（2011）川民初字第2号民事判决，向最高人民法院提起上诉。2013年8月23日，《中华人民共和国最高人民法院民事判决书》（〔2013〕民二终字第54号）判决："驳回上诉，维持原判决。"[①]中国实施以票管税，销售方不开发票可能造成少缴增值税、企业所得税、个人所得税等。

---

① 案例资料来源：《四川京龙建设集团有限公司与简阳三岔湖旅游快速通道投资有限公司等及成都星展置业顾问有限公司等股权转让纠纷二审民事判决书》，中国裁判文书网，2013年10月31日。

3. 要求开票之诉求，法院不受理。应当开具而未开具发票情形的，不属于人民法院受理民事诉讼的范围，此类诉讼人民法院不受理。例如，上诉人大连新跃房地产开发有限公司（以下简称新跃公司）因建设工程施工合同纠纷一案，不服大连市金州区人民法院（2015）金民初字第478号-1驳回起诉的民事裁定，向大连市中级人民法院提起上诉。后者认为，是否应开具发票及如何开具发票，负有履行义务的主体应严格遵守税收法律法规的相关规定，并接受税务机关的管理和监督。新跃公司并未提出因大连东辰建设有限公司（以下简称东辰公司）未开具发票造成其损失，而仅要求东辰公司开具发票，不属平等主体之间的民事法律关系。如存在应当开具而未开具发票情形的，新跃公司可向税务机关申请解决，不属于人民法院受理民事诉讼的范围。一审裁定驳回新跃公司要求东辰公司开具发票的诉讼请求并无不当，应予维持。依照《中华人民共和国民事诉讼法》（以下简称民事诉讼法）第一百七十条第一款第（一）项、第一百七十一条之规定，《辽宁省大连市中级人民法院民事裁定书》（〔2015〕大民二终字第01527号）裁定："驳回上诉，维持原裁定。"[①]

4. 建筑工程款部分开了发票，部分不给开，引发的纠纷，法院不会袖手旁观。例如，再审申请人新疆鹏达建筑工程有限责任公司（以下简称鹏达公司）因与被申请人哈密营丰房地产开发有限责任公司（以下简称营丰公司）建设工程施工合同纠纷一案，不服新疆维吾尔自治区高级人民法院（2016）新民终163号民事判决，向最高人民法院申请再审。

最高人民法院认为，营丰公司在上诉理由中提出了要求改判鹏达公司开具发票的请求，二审法院对该项请求应当进行处理。鹏达公司收取了营丰公司支付的工程款，应履行为营丰公司开具相应发票的法定义务。二审中，鹏达公司确认已为营丰公司开具13 407 197元金额的发票，营丰公司主

[①] 案件资料来源：《大连新跃房地产开发有限公司与大连东辰建设有限公司建设工程施工合同纠纷二审民事裁定书》，中国裁判文书网，2015年10月13日。

张鹏达公司还应开具25 743 812.62元工程款发票，未超出剩余已付工程款未开发票的金额，应予支持，故二审改判鹏达公司向营丰公司提供工程款全额发票并无不当。

最高人民法院认为，鹏达公司的再审申请不符合《民事诉讼法》第二百条第二项、第六项规定的情形。依照《民事诉讼法》第二百零四条第一款、《最高人民法院关于适用〈民事诉讼法〉的解释》第三百九十五条第二款之规定，《中华人民共和国最高人民法院民事裁定书》（〔2017〕最高法民申116号）裁定："驳回鹏达公司的再审申请。"①

5. 纳税人发生应税销售行为适用免税规定，不得开具增值税专用发票。否则，购买方凭票抵税，造成国家税收损失。《增值税暂行条例》第二十一条第一款第（二）项规定，发生应税销售行为适用免税规定的，不得开具增值税专用发票。《国家税务总局关于支持新型冠状病毒感染的肺炎疫情防控有关税收征收管理事项的公告》（2020年第4号）第三条规定，纳税人按照财政部、国家税务总局公告2020年第8号、第9号公告规定适用免征增值税政策，不得开具增值税专用发票；已开具增值税专用发票的，应当开具对应红字发票或者作废原发票，再按规定适用免征增值税政策并开具普通发票。

（二）纳税地点。增值税纳税地点为机构所在地或者居住地，销售货物或者劳务发生地，报关地。单位和个体工商户在其机构所在地以外的县（市、区）提供建筑服务，《国家税务总局关于发布〈纳税人跨县（市、区）提供建筑服务增值税征收管理暂行办法〉的公告》（2016年第17号）之规定，在建筑服务发生地预缴税款，在机构所在地申报纳税。纳税人跨省（自治区、直辖市和计划单列市）临时从事生产经营活动的，《国家税务总

---

① 案件资料来源：《新疆鹏达建筑工程有限责任公司建设工程施工合同纠纷再审审查与审判监督民事裁定书》，中国裁判文书网，2018年7月12日。

局关于明确跨区域涉税事项报验管理相关问题的公告》（2018年第38号）第一条规定："向机构所在地的税务机关填报《跨区域涉税事项报告表》。"

（三）预缴税款。考虑税款入库的均衡性，安排税款预缴制度。财税〔2016〕36号文附件2《营业税改征增值税试点有关事项的规定》第一条第（七）项至第（十）项规定：纳税人（不含其他个人）跨县（市）提供建筑服务、出租与机构所在地不在同一县（市）的不动产，房地产开发企业预售自行开发的房地产项目预缴增值税，其比例见下表。

2021年4月1日起，按照现行规定应当预缴增值税税款的小规模纳税人，《国家税务总局关于小规模纳税人免征增值税征管问题的公告》（2021年第5号）第五条规定：凡在预缴地实现的月销售额未超过15万元的，当期无需预缴税款。例如，A市某建筑公司，小规模纳税人，到B县提供建筑服务，2021年4月销售额14.5万元，不需在B县预缴增值税税款。

增值税预缴税率表

项　　　目	征收率
一般纳税人（适用一般计税方法计税）跨县（市）提供建筑服务，以取得的全部价款和价外费用扣除支付的分包款后的余额，在建筑服务发生地预缴税款	2%
销售 　小规模纳税人跨县（市）提供建筑服务，以取得的全部价款和价外费用扣除支付的分包款后的余额，在建筑服务发生地预缴税款 　房地产开发企业采取预收款方式销售所开发的房地产项目，在收到预收款时预缴增值税 出租 　一般纳税人出租其2016年4月30日前取得的不动产，适用一般计税方法计税，以取得的全部价款和价外费用，在不动产所在地预缴税款 　一般纳税人出租其2016年5月1日后取得的、与机构所在地不在同一县（市）的不动产，在不动产所在地预缴税款	3%

项　　目	征收率
销售 　一般纳税人销售其 2016 年 4 月 30 日前取得（不含自建）的不动产选择适用简易计税方法，销售其 2016 年 5 月 1 日后取得（不含自建）的不动产适用一般计税方法，均以取得的全部价款和价外费用减去该项不动产购置原价或者取得不动产时的作价后的余额为销售额，在不动产所在地预缴税款 　一般纳税人销售其 2016 年 4 月 30 日前自建的不动产，适用一般计税方法计税，以取得的全部价款和价外费用，在不动产所在地预缴税款 个体工商户销售购买不足 2 年的住房，在不动产所在地预缴税款 出租 　小规模纳税人出租与机构所在地不在同一县（市）的不动产（不含个人出租住房），在不动产所在地预缴税款 　一般纳税人出租其 2016 年 4 月 30 日前取得的与机构所在地不在同一县（市）的不动产，选择适用简易计税方法，在不动产所在地预缴税款	5%

（四）纳税申报。增值税纳税义务发生时间，发生应税销售行为，为收讫销售款项或者取得索取销售款项凭据的当天；先开具发票的为开具发票的当天。进口货物为报关进口的当天。增值税扣缴义务发生时间为纳税人增值税纳税义务发生的当天。

纳税人、扣缴义务人多数以 1 个月或者 1 个季度为纳税申报期，自期满之日起 15 日内申报纳税。以 1 日、3 日、5 日、10 日或者 15 日为 1 个纳税期的，自期满之日起 5 日内预缴税款，于次月 15 日内申报纳税并结清上月应纳税款。纳税人进口货物，自海关填发海关进口增值税专用缴款书之日起 15 日内缴纳税款。遇节假日纳税申报期顺延。

2016 年 5 月 1 日，营业税改征增值税后，纳税申报的报表，发生大的变化，需要申报 9 张报表。自 2021 年 8 月 1 日起，纳税人纳税申报表及其附列资料报送按《国家税务总局关于增值税、消费税与附加税费申报表整合有关事项的公告》（2021 年第 20 号）之规定，需要申报 12 张报表。

1. 一般纳税人纳税申报表及其附列资料。申报表为 1 张主表 5 张附表，详见下表所示。

增值税及附加税费申报表

（一般纳税人适用）

根据国家税收法律法规及增值税相关规定制定本表。纳税人不论有无销售额，均应按税务机关核定的纳税期限填写本表，并向当地税务机关申报。

税款所属时间：自 年 月 日至 年 月 日　　　　　　　填表日期： 年 月 日

纳税人识别号（统一社会信用代码）：

纳税人名称：		注册地址		生产经营地址	
法定代表人姓名		登记注册类型		电话号码	
开户银行及账号					

	项　目	栏次	一般项目		即征即退项目	
			本月数	本年累计	本月数	本年累计
销售额	（一）按适用税率计税销售额	1	10 520 000			
	其中：应税货物销售额	2				
	应税劳务销售额	3				
	纳税检查调整的销售额	4				
	（二）按简易办法计税销售额	5				
	其中：纳税检查调整的销售额	6				
	（三）免、抵、退办法出口销售额	7				
	（四）免税销售额	8				
	其中：免税货物销售额	9				
	免税劳务销售额	10				
税款计算	销项税额	11	1 300 000			
	进项税额	12	1 000 000			
	上期留抵税额	13				
	进项税额转出	14				

续表

项 目		栏次	一般项目		即征即退项	
			本月数	本年累计	本月数	本年累计
税款计算	免、抵、退应退税额	15				
	按适用税率计算的纳税检查应补缴税额	16				
	应抵扣税额合计	17				
	实际抵扣税额	18				
	应纳税额	19				
	期末留抵税额	20				
	简易计税办法计算的应纳税额	21				
	按简易计税办法计算的纳税检查应补缴税额	22				
	应纳税额减征额	23				
	应纳税额合计	24	300 000			
税款缴纳	期初未缴税额（多缴为负数）	25				
	实收出口开具专用缴款书退税额	26				
	本期已缴税额	27				
	①分次预缴税额	28				
	②出口开具专用缴款书预缴税额	29				
	③本期缴纳上期应纳税额	30				
	④本期缴纳欠缴税额	31				
	期末未缴税额（多缴为负数）	32				
	其中：欠缴税额（≥0）	33				
	本期应补（退）税额	34				

项目		栏次	一般项目		即征即退项	
			本月数	本年累计	本月数	本年累计
税款缴纳	即征即退实际退税额	35				
	期初未缴查补税额	36				
	本期入库查补税额	37				
	期末未缴查补税额	38				
附加税费	城市维护建设税本期应补（退）税额	39	21 000			
	教育费附加本期应补（退）费额	40	9 000			
	地方教育附加本期应补（退）费额	41	6 000			

声明：此表是根据国家税收法律法规及相关规定填写的，本人（单位）对填报内容（及附带资料）的真实性、可靠性、完整性负责。

纳税人（签章）： 年 月 日

经办人：
经办人身份证号：
代理机构签章：
代理机构统一社会信用代码：

受理人：
受理税务机关（章）：
受理日期： 年 月 日

例如，某增值税一般纳税人2021年8月，销售额1 052万元，其中，开具增值税专用发票600万元，开具增值税普通发票113万元，未开具发票339万元。相关数据填报下表。

增值税及附加税费申报表附列资料（一）

（本期销售情况明细）

税款所属时间：　年　月　日至　年　月　日

纳税人名称：（公章）

金额单位：元角分

项目及栏次		开具增值税专用发票		开具其他发票		未开具发票		纳税检查调整		合计		价税合计 11=9+10	服务、不动产和无形资产扣除项目本期实际扣除金额 12	扣除后 含税（免税）销售额 13=11-12
		销售额 1	销项（应纳）税额 2	销售额 3	销项（应纳）税额 4	销售额 5	销项（应纳）税额 6	销售额 7	销项（应纳）税额 8	销售额 9=1+3+5+7	销项（应纳）税额 10=2+4+6+8			
（一）一般计税方法计税	全部征税项目	13%税率的货物及加工修理修配劳务 1	6 000 000	780 000	1 130 000	130 000	3 390 000	390 000	—	—	10 520 000	1 300 000	—	—	—
		13%税率的服务、不动产和无形资产 2													
		9%税率的货物及加工修理修配劳务 3													
		9%税率的服务、不动产和无形资产 4													
		6%税率 5													
	其中即征即退项目	即征即退货物及加工修理修配劳务 6	—	—	—	—	—	—	—	—	—	—	—	—	—
		即征即退服务、不动产和无形资产 7	—	—	—	—	—	—	—	—	—	—	—	—	—

项目及栏次		开具增值税专用发票		开具其他发票		未开具发票		纳税检查调整		合计		价税合计	服务、不动产和无形资产扣除项目本期实际扣除金额	扣除后含税（免税）销售额
		销售额	销项（应纳）税额	销售额	销项（应纳）税额	销售额	销项（应纳）税额	销售额	销项（应纳）税额	销售额	销项（应纳）税额			
		1	2	3	4	5	6	7	8	9=1+3+5+7	10=2+4+6+8	11=9+10	12	13=11-12
（二）简易计税方法计税	全部征税项目	6%征收率	8							—		9=1+3+5+7	10=2+4+6+8	11=9+10	12	13=11-12
		5%征收率的货物及加工修理修配劳务	9a					—		—				—		—
		5%征收率的服务、不动产和无形资产	9b					—		—				—		—
		4%征收率	10					—		—				—		—
		3%征收率的货物及加工修理修配劳务	11					—		—				—		—
		3%征收率的服务、不动产和无形资产	12					—		—				—		—
		预征率　%	13a	—	—	—	—	—	—	—	—				—	—
		预征率　%	13b	—	—	—	—	—	—	—	—				—	—
		预征率　%	13c	—	—	—	—	—	—	—	—				—	—
	其中即征即退项目	即征即退货物及加工修理修配劳务	14					—		—				—		—
		即征即退服务、不动产和无形资产	15					—		—				—		—
（三）免抵退税		货物及加工修理修配劳务	16	—	—	—	—	—	—	—	—			—	—	—
		服务、不动产和无形资产	17	—	—	—	—	—	—	—	—			—	—	—
（四）免税		货物及加工修理修配劳务	18	—	—	—	—	—	—	—	—			—	—	—
		服务、不动产和无形资产	19	—	—	—	—	—	—	—	—			—	—	—

例如，某增值税一般纳税人，2021年6月进项情况、计算情况如下表所示。

增值税及附加税费申报表附列资料（二）

（本期进项税额明细）

税款所属时间：2021年6月1日至2021年6月30日

纳税人名称：（公章）　　　　　　　　　　　　金额单位：元至角分

一、申报抵扣的进项税额				
项　目	栏　次	份　数	金　额	税　额
（一）认证相符的增值税专用发票	1=2+3	30		1 000 000
其中：本期认证相符且本期申报抵扣	2	20		560 000
前期认证相符且本期申报抵扣	3	10		440 000
（二）其他扣税凭证	4=5+…+8b	6		73 150
其中：海关进口增值税专用缴款书	5	1		3 000
农产品收购发票或者销售发票	6	5		70 000
代扣代缴税收缴款凭证	7		—	
加计扣除农产品进项税额	8a	—	—	
其他	8b	15		150
（三）本期用于购建不动产的扣税凭证	9			
（四）本期用于抵扣的旅客运输服务扣税凭证	10	15		150
（五）外贸企业进项税额抵扣证明	11		—	—
当期申报抵扣进项税额合计	12=1+4+11			1 073 150

二、进项税额转出额		
项　目	栏　次	税　额
本期进项税额转出额	13=14+…+23	450 000
其中：免税项目用	14	
集体福利、个人消费	15	
非正常损失	16	
简易计税方法征税项目用	17	50 000
免抵退税办法不得抵扣的进项税额	18	
纳税检查调减进项税额	19	400 000
红字专用发票信息表注明的进项税额	20	
上期留抵税额抵减欠税	21	
上期留抵税额退税	22	
其他应作进项税额转出的情形	23	

三、待抵扣进项税额				
项　　目	栏　次	份　数	金　　额	税　　额
（一）认证相符的增值税专用发票	24	—	—	—
期初已认证相符但未申报抵扣	25	1	100 000	13 000
本期认证相符且本期未申报抵扣	26			
期末已认证相符但未申报抵扣	27			
其中：按照税法规定不允许抵扣	28			
（二）其他扣税凭证	29=30+…+33	1	11 300	1 300
其中：海关进口增值税专用缴款书	30			
农产品收购发票或者销售发票	31	1	11 300	1 300
代扣代缴税收缴款凭证	32		—	
其他	33			
	34			
四、其他				
项　　目	栏　次	份　数	金　　额	税　　额
本期认证相符的增值税专用发票	35			
代扣代缴税额	36		—	—

增值税及附加税费申报表附列资料（三）

（服务、不动产和无形资产扣除项目明细）

税款所属时间：　年　月　日至　年　月　日

纳税人名称：（公章）　　　　　　　　　　　　　　　　金额单位：元至角分

项目及栏次		本期服务、不动产和无形资产价税合计额（免税销售额）	服务、不动产和无形资产扣除项目				
			期初余额	本期发生额	本期应扣除金额	本期实际扣除金额	期末余额
		1	2	3	4=2+3	5（5≤1且5≤4）	6=4-5
13%税率的项目	1						
9%税率的项目	2	450 000	0	450 000	450 000	450 000	0
6%税率的项目（不含金融商品转让）	3						
6%税率的金融商品转让项目	4						
5%征收率的项目	5						
3%征收率的项目	6						
免抵退税的项目	7						
免税的项目	8						

增值税及附加税费申报表附列资料（四）

（税额抵减情况表）

税款所属时间： 年 月 日至 年 月 日

纳税人名称：（公章）　　　　　　　　　　金额单位：元至角分

一、税额抵减情况

	抵减项目	期初余额	本期发生额	本期应抵减税额	本期实际抵减税额	期末余额
		1	2	3=1+2	4≤3	5=3-4
1	增值税税控系统专用设备费及技术维护费		580	580	580	0
2	分支机构预征缴纳税款					
3	建筑服务预征缴纳税款					
4	销售不动产预征缴纳税款					
5	出租不动产预征缴纳税款					

二、加计抵减情况

	加计抵减项目	期初余额	本期发生额	本期调减额	本期可抵减额	本期实际抵减额	期末余额
		1	2	3	4=1+2-3	5	6=4-5
6	一般项目加计抵减额计算		100 000		100 000	100 000	0
7	即征即退项目加计抵减额计算						
8	合计						

增值税及附加税费申报表附列资料（五）

（附加税费情况表）

税（费）款所属时间：　年　月　日至　年　月　日
纳税人名称：（公章）

金额单位：元（列至角分）

税（费）种		计税（费）依据			税（费）率（%）	本期应纳税（费）额	本期减免税（费）额		试点建设培育产教融合型企业		本期已缴税（费）额	本期应补（退）税（费）额
		增值税税额	增值税免抵税额	留抵退税本期扣除额			减免性质代码	减免税（费）额	减免性质代码	本期抵免金额		
		1	2	3	4	5=（1+2-3）×4	6	7	8	9	10	11=5-7-9-10
城市维护建设税	1	300 000			7%	21 000			—	—		21 000
教育费附加	2	300 000			3%	9 000						9 000
地方教育附加	3	300 000			2%	6 000						6 000
合计	4	—	—	—	—		—		—			

本期是否适用试点建设培育产教融合型企业免税政策	□是 □否	当期新增投资额	5
		上期留抵可抵免金额	6
		结转下期可抵免金额	7

可用于扣除的增值税留抵退税额使用情况	当期新增可用于扣除的留抵退税额	8
	上期结存可用于扣除的留抵退税额	9
	结转下期可用于扣除的留抵退税额	10

2．小规模纳税人增值税及附加税费申报表及其附列资料。《增值税及附加税费申报表（小规模纳纳税人适用）》在原表基础上增加第23列至第25列。附列资料由1项增加为2项。

例如，某酒店增值税小规模纳税人，2021年第三季度不含税销售额60万元，相关数据填入下表。

增值税及附加税费申报表

（小规模纳税人适用）

纳税人识别号：□□□□□□□□□□□□□□□□□□□□

纳税人名称（公章）：　　　　　　　　　　金额单位：元至角分

税款所属期：　年　月　日至　年　月　日　　填表日期：　年　月　日

	项　　　目	栏次	本期数		本年累计	
			货物及劳务	服务、不动产和无形资产	货物及劳务	服务、不动产和无形资产
计税依据	（一）应征增值税不含税销售额（3% 征收率）	1		600 000		
	税务机关代开的增值税专用发票不含税销售额	2				
	税控器具开具的普通发票不含税销售额	3				
	（二）应征增值税不含税销售额（5% 征收率）	4		—		—
	税务机关代开的增值税专用发票不含税销售额	5		—		—
	税控器具开具的普通发票不含税销售额	6				
	（三）销售使用过的固定资产不含税销售额	7（7≥8）		—		—
	其中：税控器具开具的普通发票不含税销售额	8				
	（四）免税销售额	9（10+11+12）				
	其中：小微企业免税销售额	10				
	未达起征点销售额	11				
	其他免税销售额	12				
	（五）出口免税销售额	13（13≥14）				
	其中：税控器具开具的普通发票销售额	14				

	项 目	栏次	本期数		本年累计	
			货物及劳务	服务、不动产和无形资产	货物及劳务	服务、不动产和无形资产
税款计算	本期应纳税额	15		18 000		
	本期应纳税额减征额	16				
	本期免税额	17				
	其中：小微企业免税额	18				
	未达起征点免税额	19				
	应纳税额合计	20=15-16		18 000		
	本期预缴税额	21			—	—
	本期应补（退）税额	22=20-21		18 000	—	—
附加税费	城市维护建设税本期应补（退）税额	23		1 260		
	教育费附加本期应补（退）费额	24		540		
	地方教育附加本期应补（退）费额	25		360		

声明：此表是根据国家税收法律法规及相关规定填写的，本人（单位）对填报内容（及附带资料）的真实性、可靠性、完整性负责。

纳税人（签章）： 年 月 日

经办人： 经办人身份证号： 代理机构签章： 代理机构统一社会信用代码：	受理人： 受理税务机关（章）： 受理日期： 年 月 日

例如，某企业，增值税小规模纳税人，2021年第三季度含税收入61.8万元。期初余额为0，相关数据填入下表。

增值税及附加税费申报表（小规模纳税人适用）附列资料（一）

（服务、不动产和无形资产扣除项目明细）

税款所属期： 年 月 日至 年 月 日　　　　填表日期： 年 月 日

纳税人名称（公章）：　　　　　　　　　　　金额单位：元至角分

应税行为（3%征收率）扣除额计算			
期初余额	本期发生额	本期扣除额	期末余额
1	2	3（3≤1+2之和，且3≤5）	4=1+2-3
0	0	0	0

应税行为（3%征收率）计税销售额计算			
全部含税收入（适用3%征收率）	本期扣除额	含税销售额	不含税销售额
5	6=3	7=5-6	8=7÷1.03
618 000	0	618 000	600 000

应税行为（5% 征收率）扣除额计算			
9	10	11（11 ≤ 9+10 之和，且 11 ≤ 13）	12=9+10-11

应税行为（5% 征收率）计税销售额计算			
全部含税收入（适用 5% 征收率）	本期扣除额	含税销售额	不含税销售额
13	14=11	15=13-14	16=15÷1.05

增值税及附加税费申报表（小规模纳税人适用）附列资料（二）（附加税费情况表）

税（费）款所属时间：　年　月　日至　年　月　日

纳税人名称：（公章）　　　　　　　　　　　　金额单位：元（列至角分）

税（费）种	计税（费）依据 增值税税额	税（费）率(%)	本期应纳税（费）额	本期减免税（费）额		增值税小规模纳税人"六税两费"减征政策		本期已缴税（费）额	本期应补（退）税（费）额
				减免性质代码	减免税（费）额	减征比例(%)	减征额		
	1	2	3=1×2	4	5	6	7=（3-5）×6	8	9=3-5-7-8
城市维护建设税	18 000	7%	1 260						1 260
教育费附加	18 000	3%	540						540
地方教育附加	18 000	2%	360						360
合计	—	—	2 160	—					2 160

3. 不分一般纳税人和小规模纳税人填报。《国家税务总局关于全面推开营业税改征增值税试点后增值税纳税申报有关事项的公告》（2016年第13号）第二条规定，增值税一般纳税人和小规模纳税人均报送《增值税减免税申报明细表》。第三条规定，纳税人（不包括其他个人）跨县（市）提供建筑服务、出租与机构所在地不在同一县（市）的不动产，房地产开发企业预售自行开发的房地产项目，需填写《增值税预缴税款表》。现调整为《增值税及附加税费预缴表》及附列资料。

（1）《增值税减免税申报明细表》如下所示：

增值税减免税申报明细表

税款所属时间：自　年　月　日至　年　月　日

纳税人名称（公章）：　　　　　　　　　　　　　　　　　金额单位：元至角分

一、减税项目						
减税性质代码及名称	栏次	期初余额	本期发生额	本期应抵减税额	本期实际抵减税额	期末余额
		1	2	3=1+2	4≤3	5=3-4
合计	1					
	2					
	3					
	4					
	5					
	6					

二、免税项目						
免税性质代码及名称	栏次	免征增值税项目销售额	免税销售额扣除项目本期实际扣除金额	扣除后免税销售额	免税销售额对应的进项税额	免税额
		1	2	3=1-2	4	5
合计	7					
出口免税	8	—	—	—	—	—
其中：跨境服务	9	—	—	—	—	—
01010503 鲜活肉蛋产品免征增值税优惠	10	1 130 000	0	1 130 000	72 000	58 000
	11					
	12					
	13					
	14					
	15					
	16					

仅享受月销售额不超过15万元（按季纳税45万元）免征增值税政策或未达起征点的增值税小规模纳税人不需填报本表。其中，"减税性质代码及名称""免税性质代码及名称"根据《国家税务总局减免税政策代码表〔20210622〕》所列减免性质代码、项目名称填写。同时有多个免税项目的，应分别填写。

例如，某专业从事农产品批发、零售的公司，2021年第二季度销售收入（含税）113万元。购进农产品取得增值税普通发票，注明的农产品买价

80万元。其计算进项税额7.2万元（＝80×9%）。

免税额≤第3列"扣除后免税销售额"×适用税率－第4列"免税销售额对应的进项税额"。

免税额≤113÷（1＋13%）×13%－7.2≤13－7.2≤5.8（万元）。

（2）《增值税及附加税费预缴表》及附列资料如下所示：

例如，某房地产开发企业2021年8月预售自行开发的房地产项目，取得收入927万元，预缴增值税＝927÷（1＋3%）×3%＝27（万元）。相关数据填入下表。

增值税及附加税费预缴表

税款所属时间：2021 年 8 月 1 日至 2021 年 8 月 31 日
纳税人识别号（统一社会信用代码）：
是否适用一般计税方法 是 □ 否 □
纳税人名称：
项目编号： 项目名称： 项目地址：

金额单位：元（列至角分）

预征项目和栏次		销售额	扣除金额	预征率	预征税额
		1	2	3	4
建筑服务	1	90 000 000		3%	270 000
销售不动产	2				
出租不动产	3				
	4				
	5				
合计	6				

附加税费

城市维护建设税实际预缴税额	18 900	教育费附加实际预缴费额	8 100	地方教育附加实际预缴费额	5 400

声明：此表是根据国家税收法律法规及相关规定填写的，本人（单位）对填报内容（及附带资料）的真实性、可靠性、完整性负责。

纳税人（签章）： 年 月 日

经办人：
经办人身份证号：
代理机构签章：
代理机构统一社会信用代码：

受理人：
受理税务机关（章）：
受理日期： 年 月 日

增值税及附加税费预缴表附列资料

（附加税费情况表）

税（费）款所属时间：　年　月　日至　年　月　日

纳税人名称：　（公章）　　　　　　　　　　　　　　　　　金额单位：元（列至角分）

税（费）种	计税（费）依据 增值税预缴税额	税（费）率（%）	本期应纳税（费）额	本期减免税（费）额		增值税小规模纳税人"六税两费"减征政策			本期实际预缴税（费）额
				减免性质代码	减免税（费）额	本期是否适用 □是 □否		
						减征比例（%）	减征额	
	1	2	3=1×2	4	5	6	7=（3-5）×6	8=3-5-7
城市维护建设税	270 000	7%	18 900					18 900
教育费附加	270 000	3%	8 100					8 100
地方教育附加	270 000	2%	5 400					5 400
合计	—	—	32 400	—		—		32 400

（五）税款征收。《税收征收管理法》第二十八条规定："税务机关依照法律、行政法规的规定征收税款。"通常情况下征收货币，但也有例外。《国务院关于外商投资企业和外国企业适用增值税、消费税、营业税等税收暂行条例有关问题的通知》（国发〔1994〕10号）第三条规定：中外合作油（气）田开采的原油、天然气按实物征收增值税，征收率为5%，在计征增值税时，不抵扣进项税额。《国家税务总局关于中外合作开采石油资源交纳增值税有关问题的通知》（国税发〔1994〕114号）第一条规定："合作油（气）田开采的原油、天然气按实物缴纳增值税，以该油（气）田开采的原油、天然气扣除了石油作业用油（气）量和损耗量之后的原油、天然气产量作为计税依据。"例如，某中外合作原油开采公司，2021年8月开采原油1 000吨，征收增值税50吨（＝1 000×5%）。

鉴于目前合作油（气）田开采的原油、天然气实行统一销售，国税发〔1994〕114号第二条明确："其增值税暂按合作油（气）田每次用于销售的总量计算征税。计征的增值税原油、天然气实物随同合作油（气）田的原油、天然气一起销售。"承上例如，50吨原油约合317.68桶，销售额约合人民币88 951元，这就是应纳增值税额。申报时填入《增值税纳税申报表附列资料（一）》第9a行相关列。

附：建筑业增值税的财税处理

建筑业是指从事建筑安装工程为国民经济各部门建造房屋、构筑物、安装机器设备的物资生产门类。《国民经济行业分类》（GB/T 4754—2017）标注建筑业门类为E，包括房屋和土木工程建筑业、建筑安装业、建筑装饰装修业和其他建筑业。建筑服务是指各类建筑物、构筑物及其附属设施的建造、修缮、装饰，线路、管道、设备、设施等的安装以及其他工程作业的业务活动。包括工程服务、安装服务、修缮服务、装饰服务和其他建筑服务。

纳税人销售活动板房、机器设备、钢结构件等自产货物的同时提供建筑、安装服务，《国家税务总局关于进一步明确营改增有关征管问题的公告》（2017年第11号）第一条规定：不属于《营业税改征增值税试点实施办法》（财税〔2016〕36号）第四十条规定的混合销售，应分别核算货物和建筑服务的销售额，分别适用不同的税率或者征收率。

一、纳税义务发生时间

纳税人提供建筑服务被工程发包方从应支付的工程款中扣押的质押金、保证金，未开具发票的，《国家税务总局关于在境外提供建筑服务等有关问题的公告》（2016年第69号）第四条规定："以纳税人实际收到质押金、保证金的当天为纳税义务发生时间。"

提供建筑服务收到预收款的当天，不作为纳税义务发生时间。财税〔2017〕58号第二条取消《营业税改征增值税试点实施办法》（财税〔2016〕36号）第四十五条第一款第（二）项："纳税人提供建筑服务采取预收款方式的，其纳税义务发生时间为收到预收款的当天"的规定。

纳税人在收到提供建筑服务预收款时，以取得的预收款扣除支付的分包款后的余额，适用一般计税方法、简易计税方法的项目分别按2%、3%预征率预缴增值税。

二、一般计税方法计税

2016年5月1日，营业税改征增值税后，建筑业的增值税税率为11%。2018年5月1日起调整为10%。自2019年4月1日起，《财政部 税务总局 海关总署关于深化增值税改革有关政策的公告》（2019年第39号）增值税税率调整为9%。

一般纳税人跨县（市）提供建筑服务适用一般计税方法计税，《国家税务总局关于发布〈纳税人跨县（市、区）提供建筑服务增值税征收管理暂行办法〉的公告》（2016年第17号）第四条第（一）项规定："以该销售额扣除支付的分包款后的余额，按2％预征率在建筑服务发生地预缴增值税。"

建筑企业与发包方签订建筑合同后，以内部授权或者三方协议等方式，授权集团内其他纳税人（以下称"第三方"）为发包方提供建筑服务，并由第三方直接与发包方结算工程款的，由第三方缴纳增值税并向发包方开具增值税发票，国家税务总局公告2017年第11号第二条规定："与发包方签订建筑合同的建筑企业不缴纳增值税。发包方可凭实际提供建筑服务的纳税人开具的增值税专用发票抵扣进项税额。"

三、简易方法计税

以清包工方式、为甲供工程和建筑工程老项目提供的建筑服务可选择适用简易计税，以取得的全部价款和价外费用扣除支付的分包款后的余额为销售额，按3%征收率计税。甲供工程者，如建筑工程总承包单位为房屋建筑的地基与基础、主体结构提供工程服务，《财政部 国家税务总局关于建筑服务等营改增试点政策的通知》（财税〔2017〕58号）第一条规定：建设单位自行采购全部或部分钢材、混凝土、砌体材料、预制构件的，适用简易计税方法计税。地基与基础、主体结构的范围，按照《建筑工程施工质量验收统一标准》（GB 50300—2013）附录b《建筑工程的分部工程、分项工程划分》执行。

国家税务总局公告2017年第11号第四条规定：一般纳税人销售电梯的同时提供安装服务，其安装服务可以按照甲供工程选择适用简易计税方法计税。纳税人对安装运行后的电梯提供的维护保养服务，按照"其他现代服务"缴纳增值税。

国家税务总局公告2016年第17号第四条第（二）（三）项规定：一般纳税人跨县（市）提供建筑服务选择适用简易计税方法计税、小规模纳税人跨县（市）提供建筑服务，均以取得的全部价款和价外费用扣除支付的分包款后的余额为销售额，按3%的征收率计算应纳税额。自2017年5月1日起，纳税人在同一地级行政区范围内跨县（市、区）提供建筑服务，国家税务总局公告2017年第11号第三条规定：不适用国家税务总局公告2016年第17号。

四、案例分析

某市甲建筑工程公司为增值税一般纳税人，2021年9月在机构所在地发生（除特别注明者外）经营业务及会计分录如下：

1. 甲公司以包工包料方式承包乙公司畅通建筑工程，工程结算价款为10 900万元，开具增值税专用发票注明的价款为10 000万元，增值税税额为900万元。款尚未收到。

借：应收账款——乙公司　　　　　　　　　　109 000 000

　　贷：工程结算　　　　　　　　　　　　　100 000 000

　　　　应交税费——应交增值税（销项税额）　　9 000 000

2. 以清包工方式承包丙公司宾馆室内装修工程，工程结算价款为1 030万元，开具增值税专用发票注明的价税合计为1 030万元。

应缴增值税 = 1 030 ÷（1 + 3%）× 3% = 30（万元）

借：应收账款——丙公司   10 300 000

    贷：工程结算   10 000 000

        应交税费——未交增值税   300 000

3. 承接丁公司土豪建筑工程项目，工程结算价款为 2 060 万元，开具增值税专用发票注明的价税合计为 2 060 万元，土豪建筑工程项目《建筑工程施工许可证》合同日期 2014 年 6 月 30 日。

应缴增值税 = 2 060 ÷ （1 + 3%）× 3% = 60（万元）

借：应收账款——丁公司   20 600 000

    贷：工程结算   20 000 000

        应交税费——未交增值税   600 000

4. 购进工程物资 1 000 万元，取得增值税专用发票，注明增值税额 130 万元；取得增值税普通发票 200 万元。甲公司自建职工宿舍领用工程物资 100 万元（购入时取得增值税专用发票并已抵扣进项税额）。

借：工程物资——专用材料   12 000 000

    应交税费——应交增值税（进项税额）   1 300 000

    贷：银行存款   13 300 000

借：在建工程——职工宿舍   1 130 000

    贷：工程物资——专用材料   1 000 000

        应交税费——应交增值税（进项税额转出）   130 000

5. 自购的机械设备施工中发生油费等支付 565 万元，取得增值税专用发票注明的价款为 500 万元，增值税税额为 65 万元。

借：机械作业   5 000 000

    应交税费——应交增值税（进项税额）   650 000

    贷：银行存款   5 650 000

6. 将畅通建筑工程分包给戊建筑公司，支付工程结算价款为218万元，取得增值税专用发票注明的价款为200万元，增值税税额为18万元。

借：工程施工——畅达工程   2 000 000

　　应交税费——应交增值税（进项税额）   180 000

　　贷：银行存款   2 180 000

7. 购买设备一台，取得增值税专用发票注明的价款为100万元，增值税税额为13万元。

借：固定资产   1 000 000

　　应交税费——应交增值税（进项税额）   130 000

　　贷：银行存款   1 130 000

8. 承包己公司建筑工程项目，全部材料、设备、动力由己公司自行采购。工程结算价款为3 090万元，开具增值税专用发票注明的价税合计为3 090万元。

应缴增值税 = 3 090 ÷ （1 + 3%） × 3% = 90 （万元）

借：应收账款——己公司   30 900 000

　　贷：工程结算   30 000 000

　　　　应交税费——未交增值税   900 000

9. 从己公司取得工程质量优质奖218万元。

应缴增值税 = 218 ÷ （1 + 9%） × 9% = 18 （万元）

借：银行存款   2 180 000

　　贷：应交税费——应交增值税（销项税额）   180 000

　　　　营业外收入   2 000 000

10. 采购工程物资发生交通运输费100万元，取得增值税专用发票，注明增值税税额为9万元。

借：应交税费——应交增值税（进项税额）　　　　90 000

　　工程物资　　　　　　　　　　　　　　　　910 000

　　贷：银行存款　　　　　　　　　　　　　　1 000 000

11. 2021年6月跨省提供建筑服务，选择适用简易计税方法计税，取得的全部价款和价外费用共103万元，没有分包业务。6月12日向当地税务机关预缴增值税款3万元。

借：应交税费——应交增值税　　　　　　　　30 000

　　贷：银行存款　　　　　　　　　　　　　　30 000

12. 计算缴纳本月应纳增值税。

一般计税方法下，应纳增值税 = 销项税额 - 进项税额 + 进项税额转出 = （900 + 18）-（130 + 65 + 18 + 13 + 9）+ 13 = 918 - 235 + 13 = 696（万元）。

简易计税方法下，应纳增值税 = 30 + 60 + 90 = 180（万元）。

合计应纳增值税 = 696 + 180 - 3 = 873（万元）。

计提时：

借：应交税费——应交增值税　　　　　　　　8 730 000

　　贷：应交税费——应交增值税（未交增值税）　8 730 000

缴纳时：

借：应交税费——应交增值税（已交增值税）　8 730 000

　　贷：银行存款　　　　　　　　　　　　　　8 730 000

房地产业增值税的财税处理

房地产业是指以土地和建筑物为经营对象，从事房地产开发、建设、经营、管理以及维修、装饰和服务的集多种经济活动为一体，具有先导性、基础性、带动性和风险性的综合性产业。《国民经济行业分类》（GB/T 4754—2017）标注房地产业门类为K，包括房地产开发经营、物业管理、房地产中介服务、房地产租赁经营、其他房地产业。

房地产开发经营是指房地产开发企业进行的房屋、基础设施建设等开发，以及转让房地产开发项目或者销售、出租房屋等活动。从事房地产开发、经营必须设立房地产开发企业。《城市房地产管理法》（十三届全国人大常务委员会第十二次会议修订）第三十条规定："房地产开发企业是以营利为目的，从事房地产开发和经营的企业。"设立房地产开发企业的条件，本法第三十条、《城市房地产开发经营管理条例》（国务院令第588号）第五条规定：有自己的名称和组织机构；有固定的经营场所；有100万元以上的注册资本；有4名以上持有资格证书的房地产专业、建筑工程专业的专职技术人员，2名以上持有资格证书的专职会计人员；法律、行政法规规定的其他条件。

物业管理是指物业服务企业按照合同约定，对房屋及配套的设施设备和相关场地进行维修、养护、管理，维护环境卫生和相关秩序的活动。

房地产中介服务是指房地产咨询、房地产价格评估、房地产经纪等活动。

房地产租赁经营是指除房地产开发商、房地产中介、物业公司以外的单位和居民住户对自有房地产（土地、住房、生产经营用房和办公用房）的买卖和以营利为目的的租赁活动，以及房地产管理部门和企事业、机关提供的非营利租赁服务，还包括居民居住自有住房所形成的住房服务。

一、销售不动产

2016年5月1日，营业税改征增值税后，销售不动产的增值税税率为11%。2018年5月1日起调整为10%。自2019年4月1日起，《财政部 税务总局 海关总署关于深化增值税改革有关政策的公告》（2019年第39号）增值税税率调整为9%。

一般纳税人销售不动产新项目适用一般计税方法全额征税，销售不动产老项目可选择简易计税方法按5%征收率计税。非自建、自建不动产用分别以余额、全额作税基。小规模纳税人销售非自建不动产（不含个体工商户销售购买的住房和其他个人销售不动产）、自建不动产分别以余额、全额作税基按5%征收率计税。

一般纳税人销售非自建、自建不动产分别以余额、全额为税基，按5%预征率在不动产所在地预缴增值税。房地产开发企业中的一般纳税人，销售房地产老项目适用一般计税方法的以收入全额按3%预征率在不动产所在地预缴；销售其开发的房地产项目（选择简易计税方法的房地产老项目除外）以取得的全部价款和价外费用，扣除受让土地时向政府部门支付的土地价款后的余额为销售额。房地产开发企业以预收款方式销售所开发的房地产项目，在收到款时按3%预征率预缴。

个人将购买不足2年的住房对外销售按5%征收率缴纳增值税。京沪穗鹏之外的地区个人将购买2年以上（含）住房对外销售免征增值税。京沪穗鹏普通住房对外销售免征增值税，非普通住房对外销售以差额按5%征收率缴纳增值税。

房地产开发企业中的一般纳税人销售其开发的房地产项目（选择简易计税方法的房地产老项目除外），《财政部 国家税务总局关于全面推开营业税改征增值税的通知》（财税〔2016〕36号）附件2《营业税改征增值税试点有关事项的规定》第一条第（三）项第10目规定：以取得的全部价款和价外费用，扣除受让土地时向政府部门支付的土地价款后的余额为销售额。《财政部 国家税务总局关于明确金融、房地产开发、教育辅助服务等增值税政策的通知》（财税〔2016〕140号）第七条规定："向政府部门支付的土地价款"包括土地受让人向政府部门支付的征地和拆迁补偿费用、土地前期开发费用和土地出让收益等。以及在取得土地时向其他单位或个人支付的拆迁补偿费用也允许在计算销售额时扣除，不过应提供拆迁协议、拆迁双方支付和取得拆迁补偿费用凭证等能够证明拆迁补偿费用真实性的材料。

《国家税务总局关于发布〈房地产开发企业销售自行开发的房地产项目增值税征收管理暂行办法〉的公告》（2016年第18号）第五条中"当期销售房地产项目建筑面积""房地产项目可供销售建筑面积"，国家税务总局公告2016年第86号五条规定："是指计容积率地上建筑面积，不包括地下车位建筑面积。"

2016年5月1日后，《国家税务总局关于发布〈不动产进项税额分期抵扣暂行办法〉的公告》（2016年第15号）规定，直接购买、接受捐赠、接受投资入股、自建以及抵债等各种形式取得不动产（不包括房地产开发企业自行开发的房地产项目）并在会计制度上按固定资产核算的不动产或者不动产在建工程，以及购进货物和设计服务、建筑服务用于新建不动产，或者改建、扩建、修缮、装饰不动产并增加不动产原值超过50%。其进项税额60%于取得扣税凭证的当期从销项税额中抵扣、40%为待抵扣进项税额于取得扣税凭证的当月起第13个月从销项税额中抵扣。《国家税务总局关于深化增值税改革有关事项的公告》（2019年第14号）取消分年抵扣的规定。

已抵扣进项税额的不动产发生非正常损失，或者改变用途专用于简易计税方法计税项目、免征增值税项目、集体福利或者个人消费相应的进项税额应做转出。

不动产在建工程发生非正常损失其所耗用的购进货物、设计服务和建筑服务已抵扣的进项税额应于当期全部转出，其待抵扣进项税额不得抵扣。接受贷款服务向贷款方支付的与该笔贷款直接相关的投融资顾问费、手续费、咨询费等费用，其进项税额不得从销项税额中抵扣。

二、出租不动产

将建筑物、构筑物等不动产的广告位出租给其他单位或者个人用于发布广告按经营租赁服务缴纳增值税。车辆停放服务、道路通行服务（包括过路费、过桥费、过闸费等）等按不动产经营租赁服务缴纳增值税。公路经营企业中的一般纳税人收取2016年4月30日前开工的高速公路的车辆通行费可选择简易计税，减按3%征收率计税。

一般纳税人出租不动产老项目可选择简易计税方法按5%征收率计税。小规模纳税人出租其不动产（不含个人出租住房）按5%征收率计税。个体工商户和其他个人出租住房按5%征收率减按1.5%计税。一般纳税人出租与机构所在地不在同一县（市）的不动产老项目适用简易、一般计税，分别按5%、3%征收率在不动产所在地预缴增值税款。如果为新项目按3%预征率在不动产所在地预缴。小规模纳税人出租自行开发的房地产项目按5%征收率计税。

自2021年10月1日起，向住房城乡建设部门进行开业报告或者备案的从事住房租赁经营业务，或者利用非居住存量土地和非居住存量房屋（含商业办公用房、工业厂房改造后出租用于居住的房屋）建设的保障性租赁住房，取得保障性租赁住房项目认定书后，上述住房租赁企业中的增值税一般纳税人向个人出租住房取得的全部出租收入，《财政部 税务总局 住房城乡建设部关于完善住房租赁有关税收政策的公告》(2021年第24号)规定，可选择简易计税方法，与住房租赁企业中的增值税小规模纳税人向个人出租住房一样，按5%征收率减按1.5%计算缴纳增值税。

纳税人以经营租赁方式将土地出租给他人使用，《财政部 国家税务总局关于进一步明确全面推开营改增试点有关劳务派遣服务、收费公路通行费抵扣等政策的通知》（财税〔2016〕47号）第三条第（二）项规定：按照不动产经营租赁服务缴纳增值税。纳税人转让2016年4月30日前取得的土地使用权，可以选择适用简易计税方法，以取得的全部价款和价外费用减去取得该土地使用权的原价后的余额为销售额，按照5%的征收率计算缴纳增值税。

一般纳税人2016年4月30日前签订的不动产融资租赁合同，或以2016年4月30日前取得的不动产提供的融资租赁服务，财税〔2016〕47号第三条第

（三）项规定：可以选择适用简易计税方法，按照5%的征收率计算缴纳增值税。

三、销售服务

《国民经济行业分类》（GB/T 4754—2017）中将房地产业中的物业管理纳入其他服务业，其他服务业包括清洁服务和建筑物清洁服务。销售服务增值税税率为6%。

四、案例分析

房地产开发企业（一般纳税人）自行开发房地产项目，《建筑工程施工许可证》合同开工日期2015年3月15日，2019年9月预售房地产取得款项2 060万元，同年10月开出增值税普通发票。会计分录如下：

（1）2019年9月收到预收款。

借：银行存款 20 600 000

　　贷：预收账款 20 600 000

（2）预缴增值税时，增值税＝2 060÷（1＋3%）×3%＝60（万元）。

借：应交税费——预交增值税 600 000

　　贷：银行存款 600 000

（3）同年5月开出增值税普通发票。

借：预收账款 20 600 000

　　贷：主营业务收入 20 000 000

　　　　应交税费——应交增值税（销项税额） 600 000

金融业增值税的财税处理

金融业是从事货币的发行、流通和回笼，贷款的发放和收回，存款的存入和提取，汇兑的往来等经济活动的生产门类。《国民经济行业分类》（GB/T 4754—2017）标注金融业门类为J。金融业包括货币金融服务、资本市场服务、保险业和其他金融业。其中，货币金融服务包括中央银行服务、货币银行服务、非货币银行服务和银行监管服务。资本市场服务包括证券市场服务、期货市场服务、证券期货监管服务、资本投资服务和其他资本市场服务。保险业包括人身保险、财产保险、再保险、养老金、保险经纪与代理服务、保险监管服务和其他保险活动。其他金融业包括金融信托与管理服务、控股公司服务、非金融机构支付服务、金融信息服务和其他未列明金融业。

一、增值税税率和征收率

《财政部 国家税务总局关于全面推开营业税改征增值税试点的通知》（财税〔2016〕36号）明确：销售金融服务增值税税率6%、征收率3%。

农村信用社、村镇银行、农村资金互助社、由银行业机构全资发起设立的贷款公司、法人机构在县（县级市、区、旗）及县以下地区的农村合作银行和农村商业银行提供金融服务收入，中国农业银行纳入"三农金融事业部"改革试点的各省、自治区、直辖市、计划单列市分行下辖的县域支行和新疆生产建设兵团分行下辖的县域支行（也称县事业部），提供农户贷款、农村企业和农村各类组织贷款取得的利息收入，《财政部 国家税务总局关于进一步明确全面推开营改增试点金融业有关政策的通知》（财税〔2016〕46号）规定：均可以选择适用简易计税方法按3%的征收率计算缴纳增值税。

《财政部 国家税务总局关于资管产品增值税政策有关问题的补充通知》（财税〔2017〕2号）规定，资管产品在2017年1月1日前运营过程中发生的增值税应税行为，未缴纳增值税的不再缴纳；已缴纳增值税的已纳税额从资管产品管理人以后月份的增值税应纳税额中抵减。《财政部 税务总局关于资管产品增值税有关问题的通知》（财税〔2017〕56号）明确资管产品管理人和资管产品的内容。对资管产品管理人运营资管产品过程中发生的增值税应税行为，按照3%的征收率缴纳增值税。《财政部 税务总局关于租入固定资产进项税额抵扣等增值税政策的通知》（财税〔2017〕90号）进一步明确：提供贷款服务以2018年1月1日起产生的利息及利息性质的收入为销售额；转让2017年12月31日前取得的股票（不包括限售股）、债券、基金、非货物期货，可按实际买入价计算销售额，或者以2017年最后一个交易日的股票收盘价、债券估值、基金份额净值、非货物期货结算价格作为买入价计算销售额。

二、征税范围

凡销售金融服务的纳税人按销售服务纳税。金融服务是指经营金融保险的业务活动，包括贷款服务、直接收费金融服务、保险服务和金融商品转让。

（一）贷款服务。贷款服务以取得的全部利息及利息性质的收入为销售额。

金融企业发放贷款后，自结息日起90天内发生的应收未收利息按现行规定缴纳增值税，自结息日起90天后发生的应收未收利息暂不缴纳增值税，待实际收到利息时按规定缴纳增值税。《财政部 国家税务总局关于明确金融、房地产开发、教育辅助服务等增值税政策的通知》（财税〔2016〕140号）第三条规定：证券公司、保险公司、金融租赁公司、证券基金管理公司、证券投资基金以及其他经人民银行、银监会、证监会、保监会批准成立且经营金融保险业务的机构发放贷款，其利息也按此规定执行。

金融商品持有期间（含到期）取得的非保本的收益、报酬、资金占用费、补偿金，《财政部 国家税务总局关于明确金融、房地产开发、教育辅助服务等增值税政策的通知》（财税〔2016〕140号）第一条规定："不属于利息或利息性质的收入，不征收增值税。"例如，某银行持有保本金融商品期间取得收益征增值税。如果该金融商品为非保本，取得收益不征增值税。按银监会规定金融机构销售理财产品时，不准许注明保本非保本，企业不得混淆。

（二）直接收费金融服务。境内的单位和个人销售为境外单位之间的货币资金融通及其他金融业务提供的直接收费金融服务，且该服务与境内的货物、无形资产和不动产无关，该服务免征增值税。从2017年8月1日起，商业银行部分基础金融服务收费取消和暂停，《国家发展改革委 中国银监会关于取消和暂停商业银行部分基础金融服务收费的通知》（发改价格规〔2017〕1250号）规定：取消个人异地本行柜台取现手续费。暂停收取本票和银行汇票的手续费、挂失费、工本费6项收费。各商业银行通过异地本行柜台（含ATM）为本行个人客户办理取现业务实行免费（不含信用卡取现）、根据客户申请对其指定的一个本行账户（不含信用卡、贵宾账户）免收年费和账户管理费（含小额账户管理费）。

（三）保险服务。保险服务包括人身保险服务和财产保险服务。

（四）金融商品转让。纳税人从事金融商品转让的，为金融商品所有权转移的当天确认增值税纳税义务发生。财税〔2016〕36号文附件2《营业税改征增值税试点有关事项的规定》第一条第（三）项第3目规定："金融商品转让按照卖出价扣除买入价后的余额为销售额。转让金融商品出现的正负差，按盈亏相抵后的余额为销售额。若相抵后出现负差，可结转下一纳税期与下期转让金融商品销售额相抵，但年末时仍出现负差的，不得转入下一个会计年度。"单位将其持有的限售股在解禁流通后对外转让，其买入价，《国家税务总局关于营改增试点若干征管问题的公告》（2016年第53号）第五条规定了3种情形。《国家税务总局关于国内旅客运输服务进项税抵扣等增值税征管问题的公告》（2019年第31号）第十条第（一）项规定：纳税人转让因同时实施股权分置改革和重大资产重组而首次公开发行股票并上市形成的限售股，以及上市首日至解禁日期间由上述股份孳生的送、转股，以该上市公司股票上市首日开盘价为买入价，按照"金融商品转让"缴纳增值税。

纳税人购入基金、信托、理财产品等各类资产管理产品持有至到期，财税〔2016〕140号文第二条规定：不属于《销售服务、无形资产、不动产注释》（财税〔2016〕36号）第一条第（五）项第4.点所称的金融商品转让。

三、发票管理

2016年5月1日起，保险机构作为车船税扣缴义务人，在代收车船税并开具增值税发票时，《国家税务总局关于保险机构代收车船税开具增值税发票问题的公告》（2016年第51号）规定：应在增值税发票备注栏中注明代收车船税税款信息。具体包括保险单号、税款所属期（详细至月）、代收车船税金额、滞纳金金额、金额合计等。该增值税发票可作为纳税人缴纳车船税及滞纳金的会计核算原始凭证。

保险公司开展共保业务时增值税发票的开具，《国家税务总局关于土地价款扣除时间等增值税征管问题的公告》（2016年第86号）第四条规定：主承保人与投保人签订保险合同并全额收取保费，然后再与其他共保人签订共保协议并支付共保保费的，由主承保人向投保人全额开具发票，其他共保人向主承保人开具发票；主承保人和其他共保人共同与投保人签订保险合同并分别收取保费的，由主承保人和其他共保人分别就各自获得的保费收入向投保人开具发票。

《财政部 国家税务总局关于全面推开营业税改征增值税的通知》（财税〔2016〕36号）附件2《营业税改征增值税试点有关事项的规定》第一条第（三）项规定："金融商品转让，不得开具增值税专用发票。"

自2018年1月1日起，金融机构开展贴现、转贴现业务需要就贴现利息开具发票的，《国家税务总局关于跨境应税行为免税备案等增值税问题的公告》（2017年第30号）第四条规定："由贴现机构按照票据贴现利息全额向贴现人开具增值税普通发票，转贴现机构按照转贴现利息全额向贴现机构开具增值税普通发票。"

四、案例分析

例一：某银行2021年10月某基金转让卖出价530万元，开具增值税普通发票，该基金买入价550万元。12月某基金转让卖出价583万元，该基金买入价560万元。假设同期企业没有转让其他金融商品，不考虑增值税以外的其他税种。其会计分录：

（1）10月取得金融商品转让收入。

借：存放中央银行款项   5 300 000

  贷：投资收益   5 300 000

税务处理：本月转让金融商品盈亏相抵后的余额为负的20万元，可结转下一纳税期。本期不缴纳增值税。

（2）12月取得金融商品转让收入。

借：存放中央银行款项   5 830 000

  贷：投资收益   5 830 000

税务处理：本月转让金融商品盈亏相抵后的余额为正的23万元，抵扣上期结转的负差20万元，尚有正差3万元。年末一次性计提增值税，应缴纳的增值税为 0.17万元[= 3 ÷（1 + 6%）× 6%]。按财会〔2016〕22号文件规定，在"应交税费"科目下设置"转让金融商品应交增值税"明细科目，以核算增值税纳税人转让金融商品发生的增值税额。

借：投资收益   1 700

  贷：应交税费——转让金融商品应交增值税   1 700

（3）实际缴纳增值税。

借：应交税费——转让金融商品应交增值税   1 700

  贷：存放中央银行款项   1 700

例二：中国农业银行纳入"三农金融事业部"改革试点的某县支行，2021年10月提供贷款服务取得的全部利息及利息性质的收入为30.9万元，其中，金融机构农户小额贷款利息收入10.3万元。其会计分录：

（1）取得的全部利息及利息性质的收入，应交增值税0.9万元

[= 30.9 ÷ （1 + 3%）× 3%].

借：存放中央银行款项　　　　　　　　　　　　309 000

　　贷：利息收入　　　　　　　　　　　　　　300 000

　　　　应交税费——应交增值税（销项税额）　　9 000

（2）2021年12月31日前金融机构农户小额贷款利息收入免征增值税，相应的增值税转作营业外收入。税款金额为0.3万元[= 10.3 ÷ （1 + 3%）× 3%].

借：应交税费——应交增值税　　　　　　　　　3 000

　　贷：营业外收入　　　　　　　　　　　　　3 000

（3）实际缴纳增值税0.6万元（ = 0.9 - 0.3）。

借：应交税费——应交增值税　　　　　　　　　6 000

　　贷：存放中央银行款项　　　　　　　　　　6 000

生活服务业增值税的财税处理

生活服务业也称居民服务业，是指为满足城乡居民日常生活需求提供的各类服务活动的产业。《国民经济行业分类》（GB/T 4754—2017）标注居民服务、修理和其他服务业门类为O。居民服务业包括家庭服务、托儿所服务、洗染服务、理发及美容服务、洗浴和保健养生服务、摄影扩印服务、婚姻服务、殡葬服务和其他居民服务业。

一、税目

《财政部 国家税务总局关于全面推开营业税改征增值税的通知》（财税〔2016〕36号）附件1《销售服务、无形资产或者不动产注释》明确：生活服务包括文化体育服务、教育医疗服务、旅游娱乐服务、餐饮住宿服务、居民日常服务和其他生活服务。《注释》对各项内容作了明确。

一项销售行为既涉及货物又涉及服务为混合销售。从事货物的生产、批发或者零售的单位和个体工商户的混合销售行为按照销售货物缴纳增值税，其他单位和个体工商户的混合销售行为按照销售服务缴纳增值税。

《财政部 国家税务总局关于明确金融、房地产开发、教育辅助服务等增值税政策的通知》（财税〔2016〕140号）第十条、第十一条规定：宾馆、旅馆、旅社、度假村和其他经营性住宿场所提供会议场地及配套服务的活动，按照"会议展览服务"缴纳增值税。纳税人在游览场所经营索道、摆渡车、电瓶车、游船等取得的收入按照"文化体育服务"。第十四条至第十六条规定：纳税人提供武装守护押运服务按照"安全保护服务"。物业服务企业为业主提供的装修服务，纳税人将建筑施工设备出租给他人使用并配备操作人员的按照"建筑服务"。

二、税率和征收率

生活服务增值税税率6%，征收率5%和3%。纳税人销售货物、加工修理修配劳务、服务、无形资产或者不动产适用不同税率或者征收率的分别核算适用不同税率或者征收率的销售额，未分别核算销售额的从高适用税率或者征收率。

财税〔2016〕140号文第十二条规定：非企业性单位中的一般纳税人提供的研发和技术服务、信息技术服务、鉴证咨询服务，以及销售技术、著作权等无形资产。非企业性单位中的一般纳税人提供《营业税改征增值税试点过渡政策的规定》（财税〔2016〕36号）第一条第（二十六）项中的"技术转让、技术开发和与之相关的技术咨询、技术服务"。第十三条规定：一般纳税人提供教育辅助服务。以上均可选择简易计税方法适用3%征收率。

纳税人提供人力资源外包服务，按照经纪代理服务缴纳增值税，《财政部 国家税务总局关于进一步明确全面推开营改增试点有关劳务派遣服务、收费公路通行费抵扣等政策的通知》（财税〔2016〕47号）第三条第（一）项规定：其销售额不包括受客户单位委托代为向客户单位员工发放的工资和代理缴纳的社会保险、住房公积金。一般纳税人提供人力资源外包服务，可以选择适用简易计税方法，适用5%征收率。

三、差额征收

企业按取得的全部价款和价外费用计算销项税额，但部分业务可以选择差额征收。财税〔2016〕36号文附件2《营业税改征增值税试点有关事项的规定》第一条第（三）项第8目规定："提供旅游服务可以扣除向旅游服务购买方收取并支付给其他单位或者个人的住宿费、餐饮费、交通费、签证费、门票费和支付给其他接团旅游企业的旅游费用后的余额为销售额。"纳税人提供旅游服务，将火车票、飞机票等交通费发票原件交付给旅游服务购买方而无法收回的，国家税务总局2016年第69号公告第九条规定："以交通费发票复印件作为差额扣除凭证。"纳税人提供签证代理服务，第69号公告第七条规定："以扣除向服务接受方收取并代为支付给外交部和外国驻华使（领）馆的签证费、认证费后的余额为销售额。"

《国家税务总局关于在境外提供建筑服务等有关问题的公告》（2016年第69号）第五条、第六条规定：纳税人以长（短）租形式出租酒店式公寓并提供配套服务的，按照住宿服务缴纳增值税。境外单位通过教育部考试中心及其直属单位在境内开展考试，其取得的考试费收入扣除支付给境外单位考试费后的余额为销售额，按提供"教育辅助服务"缴纳增值税。

四、案例分析

例一：某酒店为增值税一般纳税人，2021年10月5日向农业生产者购进初级农产品蔬菜2 000元，开具增值税普通发票。款项已通过银行转账支付。11月15日购进客房用品5 000元，取得增值税专用发票，发票注明税额650元，款项尚未支付。12月餐饮住宿服务含税收入（内含少量酒水销售收入）10.6万元，假设不考虑其他税收。会计处理如下：

（1）购进蔬菜，蔬菜价值1 820元（＝2 000－180）。2019年4月1日后农产品税率9%，可抵扣增值税进项税额180元（＝2 000×9%）。

借：库存商品 1 820

应交税金——应交增值税（进项税额） 180

　　　　　贷：银行存款　　　　　　　　　　　　　　　　　　　　2 000

（2）购进客房用品。

借：库存商品　　　　　　　　　　　　　　　　　　　　　5 000

　　　应交税费——应交增值税（进项税额）　　　　　　　　 650

　　　　　贷：应付账款　　　　　　　　　　　　　　　　　　　　5 650

（3）计提增值税销项税额0.6万元（ = 10.6 ÷（1 + 6%）× 6%）。

借：银行存款　　　　　　　　　　　　　　　　　　　　106 000

　　　　　贷：主营业务收入　　　　　　　　　　　　　　　　　100 000

　　　　　　　应交税费——应交增值税（销项税额）　　　　　　6 000

　　例二：从事旅游服务A公司，增值税一般纳税人，2021年10月5日取得
旅游服务收入159万元（含税），全额开具增值税普通发票，款项收讫。该
旅游服务收入包括应向其他单位支付但尚未支付的住宿费21万元、餐饮费
12万元、交通费10万元、门票费用10万元。10月29日向其他单位支付相应
款项。假设不考虑其他税收，其会计分录如下：

　　（1）10月5日，收到旅游服务收入，不含税收入100万元 [=（159 −
53）÷（1 + 6%）]，计提增值税6万元（ = 106 ÷（1 + 6%）× 6%）。

借：银行存款　　　　　　　　　　　　　　　　　　　1 590 000

　　　　　贷：主营业务收入　　　　　　　　　　　　　　　　1 000 000

　　　　　　　应交税费——应交增值税（销项税额）　　　　　60 000

　　　　　　　应付账款　　　　　　　　　　　　　　　　　　530 000

　　（2）10月29日，向其他单位支付相应款项。

借：应付账款　　　　　　　　　　　　　　　　　　　　530 000

　　　　　贷：银行存款　　　　　　　　　　　　　　　　　　530 000

　　（3）11月初，申报缴纳增值税。

借：应交税金——应交增值税（已交税金）   60 000

 贷：银行存款   60 000

第二章　消　费　税

消费税是对中国境内生产、委托加工和进口应税消费品的单位和个人所征收的一种税。消费税属于间接税，主要对奢侈消费品征收。纳税人生产的应税消费品于销售时纳税。从2013年1月1日起，《国家税务总局关于消费税有关政策问题的公告》（2012年第47号）第三条规定：工业企业以外的单位和个人将外购的消费税非应税产品以消费税应税产品对外销售、将外购的消费税低税率应税产品以高税率应税产品对外销售，按规定征收消费税。

纳税人自产自用的应税消费品用于连续生产应税消费品不纳税，用于其他方面，如生产非应税消费品、在建工程、管理部门、非生产机构、提供劳务、馈赠、赞助、集资、广告、样品、职工福利、奖励等方面于移送使用时纳税。委托加工的应税消费品，除受托方为个人外，由受托方在向委托方交货时代收代缴税款。委托加工的应税消费品，委托方用于连续生产应税消费品，所纳税款准予按规定抵扣。进口的应税消费品于报关进口时纳税。

一、税目和税率

税目是指按照一定标准和范围对征税对象划分的条目。税率是对征税对象的征收比例或额度。纳税人兼营不同税率的应当缴纳消费税的消费品，应分别核算不同税率应税消费品的销售额、销售数量。未分别核算者，或者将不同税率的应税消费品组成成套消费品销售，从高适用税率。纳税人消费税税目、税率见下表，表中税目参见《国家税务总局关于印发〈消费税征收范围注释〉的通知》（国税发〔1993〕153号）。

纳税人消费税税目、税率表

税目	税率	备注
一、烟		《财政部 国家税务总局关于调整烟产品消费税政策的通知》（财税〔2009〕84号）明确，从2009年5月1日起，甲类卷烟即每标准条不含增值税调拨价格在70元（含）以上者，税率调整为56%。乙类卷烟即每标准条不含增值税调拨价格在70元以下者、雪茄烟生产环节（含进口）的税率均为36%。《财政部 国家税务总局关于卷烟批发环节消费税有关问题的通知》（财税〔2015〕60号）规定：从2015年5月10日起卷烟批发环节的价格从价税率由5%提高至11%，并按0.005元/支加征从量税
1. 卷烟		
（1）甲类卷烟	45%加0.003元/支	
（2）乙类卷烟	30%加0.003元/支	
2. 雪茄烟	25%	
3. 烟丝	30%	
二、酒		《国家税务总局关于果酒征收消费税的批复》（国税函〔2005〕333号）明确，果啤是一种口味介于啤酒和果酒之间的低度酒精饮料，本质上属于啤酒，按规定征收消费税
1. 白酒	20%加0.5元/500克（毫升）	
2. 黄酒	240元/吨	
3. 啤酒		
（1）甲类啤酒	250元/吨	
（2）乙类啤酒	220元/吨	
4. 其他酒	10%	
三、高档化妆品 生产销售高档美容、修饰类化妆品、高档护肤类化妆品和成套化妆品。包括高档美容、修饰类化妆品、高档护肤类化妆品和成套化妆品、眉用香水及花露水、唇用化妆品、指（趾）甲化妆品、粉（不论是否压紧）、其他美容化妆品	15%	从2016年10月1日起，《财政部 国家税务总局关于调整化妆品消费税政策的通知》（财税〔2016〕103号）规定：取消对普通美容、修饰类化妆品征收消费税，将"化妆品"税目名称更名为"高档化妆品"。包括高档美容、修饰类化妆品、高档护肤类化妆品和成套化妆品。《财政部 国家税务总局关于调整化妆品进口环节消费税的通知》（财税〔2016〕48号）规定：将化妆品进口环节调整为高档修饰类化妆品、高档护肤类化妆品。以上化妆品是指生产（进口）环节销售（完税）价格（不含增值税）在10元/毫升（克）或15元/片（张）以上，税率均由30%下调为15%
四、贵重首饰及珠宝玉石		
1. 金银首饰、铂金首饰和钻石及钻石饰品	5%	
2. 其他贵重首饰和珠宝玉石	10%	
五、鞭炮、焰火	15%	

续表

税　目	税　率	备　注
六、成品油		《国家税务总局关于绝缘油类产品不征收消费税问题的公告》（2010年第12号）明确变压器油、导热类油等绝缘油类产品不属于"润滑油"，从2010年10月1日起不征收消费税。 《国家税务总局关于催化料焦化料征收消费税的公告》（2012年第46号）明确：催化料、焦化料属于燃料油的征收范围，从2012年11月1日起征收消费税。 《国家税务总局关于石脑油等其他原料生产石油有关政策问题的公告》（2012年第47号）第一条规定：以原油或其他原料生产产品，凡常温常压条件下呈液态状（沥青除外）的产品，税目列举燃料油）征收消费税。否则，视同石脑油（沥青视同燃料油）征收消费税。 《财政部 国家税务总局关于提高成品油消费税的通知》（财税〔2014〕94号）规定：从2014年11月29日执行，汽油、石脑油、溶剂油和润滑油的消费税单位税额在现行单位税额基础上提高0.12元/升，柴油、航空煤油和燃料油的消费税单位税额在现行单位税额基础上分别提高0.14元/升。航空煤油继续暂缓征收
1. 汽油（无铅汽油）	0.32元/升	
2. 柴油	0.24元/升	
3. 航空煤油	0.24元/升	
4. 石脑油	0.32元/升	
5. 溶剂油	0.32元/升	
6. 润滑油	0.32元/升	
7. 燃料油	0.24元/升	
七、摩托车		《财政部 国家税务总局关于调整消费税政策的通知》（财税〔2014〕93号）
1. 气缸容量（排气量）在250毫升（含）以下	3%	
2. 气缸容量在250毫升以上	10%	
八、小汽车		《国家税务总局关于沙滩车等车辆征车消费税问题的批复》（国税函〔2007〕1071号）明确关于"沙滩车、雪地车、卡丁车、高尔夫车不属于消费税征收范围。"《国家税务总局关于改装式货车或厢式货车改装生产的汽车改装车征收消费税问题的批复》（国税函〔2008〕452号）明确"企业购进货车或厢式货车改装成射装车、卫星通信等专用车不属于汽车专用车消费税征税范围。" 《财政部 国家税务总局关于对超豪华小汽车加征消费税有关事项的通知》（财税〔2016〕129号）第一条规定：每辆零售价格130万元（不含增值税）及以上的乘用车和中轻型商用客车为超豪华小汽车，在零售环节加征消费税，税率为10%
1. 乘用车		
(1) 气缸容量1升（含）以下	1%	
(2) 气缸容量1～1.5升（含）	3%	
(3) 气缸容量1.5～2升（含）	5%	
(4) 气缸容量2～2.5升（含）	9%	
(5) 气缸容量2.5～3升（含）	12%	
(6) 气缸容量3～4升（含）	25%	
(7) 气缸容量4升以上	40%	
2. 中轻型商用客车	5%	
3. 超豪华小汽车	10%	

税　目	税　率	备　注
九、高尔夫球及球具	10%	
十、高档手表	20%	
十一、游艇	10%	
十二、木制一次性筷子	5%	
十三、实木地板	5%	
十四、铅蓄电池	4%	自2015年2月1日起，《财政部 国家税务总局关于对电池、涂料征收消费税的通知》（财税〔2015〕16号）规定，电池在生产、委托加工和进口环节征收消费税。2015年12月31日前对铅蓄电池缓征消费税；自2016年1月1日起征收
十五、涂料	4%	财税〔2015〕16号规定，涂料列入消费税征收范围，在生产、委托加工和进口环节征收

二、计税办法

消费税从价计征、从量计征，或者复合计征。《中华人民共和国消费税暂行条例》（国务院令第539号）第五条规定："消费税实行从价定率、从量定额，或者从价定率和从量定额复合计税的办法计算应纳税额。""从价定率""从量定额"的提法不准确，实际上表达的以销售额为计税依据的，按对应比例税率计算征收。以销售数量为计税依据的，按对应定额税率计算征收。

（一）从价计征。

应纳税额＝销售额×比例税率

例如，2021年7月，某葡萄酒生产企业销售葡萄酒取得不含税销售收入200万元，本月用300吨葡萄酒换取葡萄。该葡萄酒对外销售每吨最高价21万元，平均价20万元，最低价19万元。

应纳消费税＝（200＋300×20）×10%＝620（万元）

纳税人自产自用的应税消费品，按照纳税人生产的同类消费品的销售价格计算纳税，没有同类消费品销售价格的按组成计税价格。

组成计税价格＝（成本＋利润）÷（1－比例税率）

进口的应税消费品，按照组成计税价格计算纳税。

组成计税价格＝（关税完税价格＋关税）÷（1－消费税比例税率）

委托加工的用于销售的应税消费品所缴纳的消费税按受托方的同类消费品的销售价格计算；没有同类消费品销售价格的，按照组成计税价格计算。

从价定率的组成计税价格＝（材料成本＋加工费）÷（1－比例税率）

（二）从量计征。

应纳税额＝销售数量×定额税率

黄酒、啤酒和成品油实行从量定额计算。涉及关联交易的以公允价计算。如《国家税务总局关于啤酒计征消费税有关问题的批复》（国税函〔2002〕166号）明确："啤酒生产企业销售的啤酒，不得以向其关联企业的啤酒销售公司销售的价格作为确定消费税税额的标准，应以其关联企业的啤酒销售公司对外的销售价格（含包装物及包装物押金）作为确定消费税税额的标准，并依此确定该啤酒消费税单位税额。"

（三）复合计征。

应纳税额＝销售额×比例税率＋销售数量×定额税率

卷烟、白酒实行复合计税办法计算。

例如，2021年7月，某酒生产企业非独立核算门市部，将本生产企业的粮食白酒和黄酒共20吨组成礼品套装出售给多家超市，取得不含税收入120万元，随货销售的包装物不含税价23万元，该包装物未单独计价，收取包装物押金4.52万元（事后未退还），该包装物进项税额15.3万元。

应纳消费税额＝（120＋23＋4.52÷1.13%）×20%＋20×0.2×0.5＝29.4＋2＝31.4（万元）

纳税人自产自用的应税消费品，按照纳税人生产的同类消费品的销售价格计算纳税，没有同类消费品销售价格的按组成计税价格。

组成计税价格＝（成本＋利润＋自产自用数量×定额税率）÷（1－比例税率）

例如，某白酒生产企业生产新的粮食白酒，2021年7月广告样品使用1吨白酒。该酒无同类产品出厂价，生产成本为每吨48 000元，成本利润率为10%。

组成计税价格＝（1×48 000＋1×48 000×10%＋1×2 000×0.5）÷（1－20%）＝（48 000＋4 800＋1 000）÷80%＝67 250（元）

从价消费税＝67 250×20%＝13 450（元）

从量消费税＝1×2 000×0.5＝1 000（元）

合计缴纳消费税额＝13 450＋1 000＝14 450（元）

申报时，填写《消费税及附加税费申报表》、《消费税附加税费计算表》。

进口的应税消费品，按照组成计税价格计算纳税。

组成计税价格＝（关税完税价格＋关税＋进口数量×消费税定额税率）÷（1－消费税比例税率）

委托加工的用于销售的应税消费品所缴纳的消费税按受托方的同类消费品的销售价格计算；没有同类消费品销售价格的，按照组成计税价格计算。

复合计税的组成计税价格＝（材料成本＋加工费＋委托加工数量×定额税率）÷（1－比例税率）

三、销售额

《消费税暂行条例》第六条规定："应税消费品的销售额为纳税人向购买方收取的全部价款和价外费用。"《消费税暂行条例实施细则》第十二条规定："销售额，不包括应向购货方收取的增值税税款。如果纳税人应税消费品的销售额中未扣除增值税税款或者因不得开具增值税专用发票而发生价款和增值税税款合并收取的，在计算消费税时，应当换算为不含增值税税款的销售额。"第十四条规定："价外费用，是指价外向购买方收取的手续费、补贴、基金、集资费、返还利润、奖励费、违约金、滞纳金、延期付款利息、赔偿金、代收款项、代垫款项、包装费、包装物租金、储备费、优质费、运输装卸费以及其他各种性质的价外收费。"白酒生产企业向商业销售单位收取的"品牌使用费"，《国家税务总局关于酒类产品消费税政策问题的通知》（国税发〔2002〕109号）第三条规定："属于应税白酒销售价款的组成部分，因此，不论企业采取何种方式或以何种名义收取价款，均应并入白酒的销售额中缴纳消费税。"

视同销售的销售额。《消费税暂行条例》第四条规定，纳税人自产自用的应税消费品，用于其他方面的，于移送使用时纳税。《消费税暂行条例实施细则》第六条规定，用于其他方面是指纳税人将自产自用应税消费品用于生产非应税消费品、在建工程、管理部门、非生产机构、提供劳务、馈赠、赞助、集资、广告、样品、职工福利、奖励等方面。

例如，某位于市区的酒业有限公司，生产粮食白酒，增值税一般纳税人。2021年4月16日，将自产白酒1吨，用于本公司职工个人消费。本月自产白酒每吨平均销售价格79.1万元。

（1）计算缴纳增值税。

借：应付福利费——非货币性福利　　　　　　　　　　　791 000

　　贷：应交税费——应交增值税（销项税额）　　　　　 91 000

　　　　　　　　　　　　　 ［＝791 000÷（1＋13%）×13%］

　　　　库存商品　　　　　　　　　　　　　　　　　　700 000

（2）计算消费税。

从价消费税＝销售额×20%＝700 000×20%＝140 000（元）

从量消费税=销售数量×0.5÷500=1×1 000×1 000÷1 000=1 000（元）

会计分录：

借：税金及附加　　　　　　　　　　　　　　　141 000

　　贷：应交税费——应交消费税　　　141 000（=140 000+1 000）

对包装物的处理，《消费税暂行条例实施细则》第十三条规定："应税消费品连同包装物销售的，无论包装物是否单独计价以及在会计上如何核算，均应并入应税消费品的销售额中缴纳消费税。如果包装物不作价随同产品销售，而是收取押金，此项押金则不应并入应税消费品的销售额中征税。但对因逾期未收回的包装物不再退还的或者已收取的时间超过12个月的押金，应并入应税消费品的销售额，按照应税消费品的适用税率缴纳消费税。对既作价随同应税消费品销售，又另外收取押金的包装物的押金，凡纳税人在规定的期限内没有退还的，均应并入应税消费品的销售额，按照应税消费品的适用税率缴纳消费税。"

四、税收优惠

（一）出口应税消费品免税。《消费税暂行条例》第十一条规定："对纳税人出口应税消费品，免征消费税。"

（二）特定区域销售货物免税。横琴、平潭各自的区内企业之间销售其在本区内应征消费税的货物，《财政部 海关总署 国家税务总局关于横琴、平潭开发有关增值税和消费税政策的通知》（财税〔2014〕51号）第二条规定："免征消费税。"

（三）用于连续生产的自产产口免税。成品油生产企业在生产成品油过程中，作为燃料、动力及原料消耗掉的自产成品油，《财政部 国家税务总局关于对成品油生产企业生产自用油免征消费税的通知》（财税

〔2010〕98号）第一条规定："免征消费税。"自2011年10月1日起，生产企业自产石脑油、燃料油用于生产乙烯、芳烃类化工产品，《财政部 中国人民银行 国家税务总局关于延续执行部分石脑油燃料油消费税政策的通知》（财税〔2011〕87号）第二条规定："按实际耗用数量暂免征消费税。"

（四）用外购已税汽油生产的乙醇汽油免税。对用外购或委托加工收回的已税汽油生产的乙醇汽油，《财政部 国家税务总局关于提高成品油消费税税率后相关成品油消费税政策的通知》（财税〔2008〕168号）规定：免征消费税。

（五）利用废弃油为原料生产的油免税。利用废弃的动物油和植物油为原料生产的纯生物柴油，《财政部 国家税务总局关于对利用废弃的动植物油生产纯生物柴油免征消费税的通知》（财税〔2010〕118号）规定，凡生产原料中废弃的动物油和植物油用量所占比重不低于70%，生产的纯生物柴油符合国家《柴油机燃料调合用生物柴油（bd100）》标准，免征消费税。自2013年11月1日至2023年10月31日，《财政部 国家税务总局关于对废矿物油再生油品免征消费税的通知》（财税〔2013〕105号）、《财政部 税务总局关于延长对废矿物油再生油品免征消费税政策实施期限的通知》（财税〔2018〕144号）规定，对以回收的废矿物油为原料生产的润滑油基础油、汽油、柴油等工业油料免征消费税。

（六）其他。无汞原电池、金属氢化物镍蓄电池（又称"氢镍蓄电池"或"镍氢蓄电池"）、锂原电池、锂离子蓄电池、太阳能电池、燃料电池和全钒液流电池，对施工状态下挥发性有机物含量低于420克/升（含）的涂料，《财政部 国家税务总局关于对电池、涂料征收消费税的通知》（财税〔2015〕16号）第二条规定："免征消费税。"

五、会计处理

《财政部关于印发〈增值税会计处理规定〉的通知》（财会〔2016〕
22号）第二条第（二）项明确，全面试行营业税改征增值税后，核算消费
税的"营业税金及附加"科目名称调整为"税金及附加"科目。此外，会
计事项处理依据《财政部关于消费税会计处理的规定》（财会字〔1993〕
第083号）、《财政部关于退还外商投资企业改征增值税、消费税后多缴税
款有关会计处理法规的通知》（财会字〔1994〕23号）。生产销售应税消
费品应缴纳的消费税，借记"税金及附加"，贷记"应交税费——应交消
费税"。

例如，某位于市区的酒业有限公司，生产粮食白酒，增值税一般纳税
人。2021年9月15日销售白酒100吨，每吨销售价格79.1万元，开出增值税
专用发票，已经收取了货款。

（1）计算缴纳增值税。

借：银行存款   79 100 000

  贷：应交税费——应交增值税（销项税额）   9 100 000

             ［＝79 100 000÷（1＋13%）×13%］

    主营业务收入   70 000 000

（2）计算消费税。

从价消费税＝销售额×20%＝70 000 000×20%＝14 000 000（元）

从量消费税＝销售数量×0.5÷500＝100×1 000×1 000÷1 000
＝100 000（元）

会计分录：

借：税金及附加   14 100 000

贷：应交税费——应交消费税   14 100 000

                                                    （＝14 000 000＋100 000）

六、征收管理

（一）消费税由税务机关和海关征收。《消费税暂行条例》第十二条规定："消费税由税务机关征收，进口的应税消费品的消费税由海关代征。个人携带或者邮寄进境的应税消费品的消费税，连同关税一并计征。"第十三条规定，纳税人销售的应税消费品，以及自产自用的应税消费品，除国务院财政、税务主管部门另有规定外，向纳税人机构所在地或者居住地的主管税务机关申报纳税。委托加工的应税消费品，除受托方为个人外，由受托方向机构所在地或者居住地的主管税务机关解缴消费税税款。进口的应税消费品，向报关地海关申报纳税。

（二）消费税的纳税期限。《消费税暂行条例》第十四条规定，分别为1日、3日、5日、10日、15日、1个月或者1个季度。纳税人不能按照固定期限纳税的可按次纳税。以1个月或者1个季度为1个纳税期的，自期满之日起15日内申报纳税；以1日、3日、5日、10日或者15日为1个纳税期的，自期满之日起5日内预缴税款，次月15日内申报纳税并结清上月应纳税款。第十五条规定，纳税人进口应税消费品，自海关填发海关进口消费税专用缴款书之日起15日内缴纳税款。

例如，某进出口商贸企业，增值税一般纳税人，2021年9月15日从外国进口高档美容修饰类化妆品、高档护肤类化妆品，海关审定关税完税价格共4 00万元。（适用关税税率150%、消费税税率15%。）

应纳关税税额＝关税完税价格×关税税率＝400×150%＝600（万元）

消费税组成计税价格＝（关税完税价格＋关税）÷（1－消费税比例税

率）＝（400＋600）÷（1－15%）＝1 000÷85%＝1 176.47（万元）

应纳消费税税额＝组成计税价格×税率＝1 176.47×15%＝176.47（万元）

当日，海关填发了海关进口消费税专用缴款书，纳税人在同年9月30日内缴纳税款。

（三）纳税申报。自2021年8月1日起，《国家税务总局关于增值税、消费税与附加税费申报表整合有关事项的公告》（2021年第20号）规定，启用《消费税及附加税费申报表》。

例如，2021年8月，某企业生产销售甲类卷烟5 000万支，每标准条调拨价75元（不含增值税）。每标准条销售价100元（注：标准条＝200支）。本期减（免）税额等数据见下表。

应纳消费税＝5 000×0.003＋5 000×（100÷200）×56%

＝15＋2 500×56%＝15＋2 500×56%

＝15＋1 400＝1 415（万元）

消费税及附加税费申报表

税款所属期：　年　月　日至　年　月　日

纳税人识别号：

纳税人名称（公章）：　　　　　　　　　　　　　　金额单位：元（至角、分）

项目　　　应税消费品名称	适用税率		计量单位	本期销售数量	本期销售额	本期应纳税额
	定额税率	比例税率				
	1	2	3	4	5	6=1×4+2×5
卷烟	30元/万支	56%	万支	5 000	25 000 000	14 150 000
				—	—	

	栏次	本期税费额
本期减（免）税额	7	6 000 000
期初留抵税额	8	5 000 000
本期准予扣除税额	9	1 000 000
本期应扣除税额	10=8+9	6 000 000
本期实际扣除税额	11[10＜（6-7），则为10，否则为6-7]	6 000 000
期末留抵税额	12=10-11	0
本期预缴税额	13	2 000 000
本期应补（退）税额	14=6-7-11-13	150 000
城市维护建设税本期应补（退）税额	15	10 500
教育费附加本期应补（退）费额	16	4 500
地方教育附加本期应补（退）费额	17	3 000

声明：此表是根据国家税收法律法规及相关规定填写的，本人（单位）对填报内容（及附带资料）的真实性、可靠性、完整性负责。

纳税人（签章）：　年　月　日

经办人： 经办人身份证号： 代理机构签章： 代理机构统一社会信用代码：	受理人： 受理税务机关（章）： 受理日期：　年　月　日

附表 1-1

本期准予扣除税额计算表

金额单位：元（列至角分）

准予扣除项目 ＼ 应税消费品名称		栏次	白酒	合计
一、本期准予扣除消费品已纳税款计算	期初库存委托加工应税消费品已纳税款	1		
	本期收回委托加工应税消费品已纳税款	2	1 000 000	1 000 000
	期末库存委托加工应税消费品已纳税款	3		
	本期领用不准予扣除委托加工应税消费品已纳税款	4		
	本期准予扣除委托加工应税消费品已纳税款	5=1+2-3-4	1 000 000	1 000 000

准予扣除项目 \ 应税消费品名称			栏次	白酒	合计
二、本期准予扣除的外购应税消费品已纳税款计算	（一）从价计税	期初库存外购应税消费品买价	6		
		本期购进应税消费品买价	7		
		期末库存外购应税消费品买价	8		
		本期领用不准予扣除外购应税消费品买价	9		
		适用税率	10		
		本期准予扣除外购应税消费品已纳税款	11=(6+7-8-9)×10		
	（二）从量计税	期初库存外购应税消费品数量	12		
		本期外购应税消费品数量	13		
		期末库存外购应税消费品数量	14		
		本期领用不准予扣除外购应税消费品数量	15		
		适用税率	16		
		计量单位	17		
		本期准予扣除的外购应税消费品已纳税款	18=(12+13-14-15)×16		
三、本期准予扣除税款合计			19=5+11+18	1 000 000	1 000 000

附表1-2

本期准予扣除税额计算表

（成品油消费税纳税人适用）

金额单位：元（列至角分）

一、扣除税额及库存计算

扣除油品类别	上期库存数量	本期外购入库数量	委托加工收回连续生产数量	本期准予扣除数量	本期准予扣除税额	本期领用未用于连续生产不准予扣除数量	期末库存数量
1	2	3	4	5	6	7	8=2+3+4-5-7
汽油							
柴油							
石脑油							
润滑油	0	50 000	10 000	10 000	3 200		50 000
燃料油							
合计	0	50 000	10 000	10 000	3 200		50 000

二、润滑油基础油（废矿物油）和变性燃料乙醇领用存

产品名称	上期库存数量	本期入库数量	本期生产领用数量	期末库存数量
1	2	3	4	5=2+3-4
润滑油基础油（废矿物油）				
变性燃料乙醇				

附表2

本期减（免）税额计算表

金额单位：元（列至角分）

项目 应税 消费品名称	减（免） 性质代码	减（免） 项目名称	减（免） 税销售额	适用税率 （从价定率）	减（免） 税销售 数量	适用税率 （从量定额）	减（免） 税额
1	2	3	4	5	6	7	8=4× 5+6×7
出口免税	—	—					—
合计	—	—		—		—	

附表3

本期委托加工收回情况报告表

金额单位：元（列至角分）

应税消费 品名称	商品和服 务税收分 类编码义 务人识 别号	委托加 工收回 应税消 费品 数量	委托加 工收回 应税消 费品计 税价格	适用税率		受托方 已代收 代缴的 税款	受托方 （扣缴义 务人） 名称	受托方 （扣缴义 务人） 识别号	税收缴款书 （代扣代收 专用）号码	税收缴款书 （代扣代收 专用）开具 日期
				定额 税率	比例 税率					
1	2	3	4	5	6	7	8	9	10	11

一、委托加工收回应税消费品代收代缴税款情况

二、委托加工收回应税消费品领用存情况						
应税消费品名称	商品和服务税收分类编码	上期库存数量	本期委托加工收回入库数量	本期委托加工收回直接销售数量	本期委托加工收回用于连续生产数量	本期结存数量
1	2	3	4	5	6	7=3+4-5-6

附表4

卷烟批发企业月份销售明细清单

（卷烟批发环节消费税纳税人适用）

卷烟条包装商品条码	卷烟牌号规格	卷烟类别	卷烟类型	销售价格	销售数量	销售额	备注
1	2	3	4	5	6	7	8

附表5

卷烟生产企业合作生产卷烟消费税情况报告表

（卷烟生产环节消费税纳税人适用）

品牌输出方		品牌输入方		卷烟条装商品条码	卷烟牌号规格	销量	销售价格	销售额	品牌输入方已缴纳税款
企业名称	统一社会信用代码	企业名称	统一社会信用代码						
1	2	3	4	5	6	7	8	9	10
合计							—		

附表6

消费税附加税费计算表

金额单位：元（列至角分）

税（费）种	计税（费）依据 消费税税额	税（费）率（%）	本期应纳税（费）额	本期减免税（费）额 减免性质代码	本期减免税（费）额 减免税（费）额	本期是否适用增值税小规模纳税人"六税两费"减征政策 □是 □否 减征比例（%）	本期是否适用增值税小规模纳税人"六税两费"减征政策 □是 □否 减征额	本期已缴税（费）额	本期应补（退）税（费）额
	1	2	3=1×2	4	5	6	7=（3-5）×6	8	9=3-5-7-8
城市维护建设税									
教育费附加									
地方教育附加									
合计	—	—		—		—			

第三章　关　　税

关税是指进出口商品经过一国关境时，由政府设置的海关向进出口国所征收的税收。关税是建立和保护国内工业的重要手段。《中华人民共和国进出口关税条例》（以下简称进出口关税条例）第五条规定："进口货物的收货人、出口货物的发货人、进境物品的所有人，是关税的纳税义务人。"因品质或者规格原因，出口（进口）货物自出口（进口）之日起1年内原状复运进（出）境的，第四十三条规定，不征收进口（进口）关税。

一、税则号列和税率

关税不同于其他税种适用税目，而是税则号列，从2019年起每年一公布。自2021年1月1日起，实施《中华人民共和国进出口税则（2021）》。进口税则号列按21类97章分类设置，出口进口税则号列110个。

关税设置最惠国税率、协定税率、特惠税率、普通税率、配额税率、暂定税率（最惠国税率暂定税率、关税配额税率暂定税率）等。对进口货物在一定期限内可以实行暂定税率，且税率时有调整，如《国务院关税税则委员会关于2019年进出口暂定税率等调整方案的通知》（税委会〔2018〕65号）明确：

一是自2019年1月1日起对706项商品实施进口暂定税率；自同年7月1日起，取消14项信息技术产品进口暂定税率，同时缩小1项进口暂定税率适用范围。

例如，中国某进出口公司，从2019年1月进口冻大西洋鲑鱼100吨，成交价20万元，运抵中国境内输入地点起卸前的运输及其相关费用5万元、保险费1万元。

完税价格＝20＋5＋1＝26（万元）

关税税率5%，关税税额＝26×5%＝1.3（万元）

商品中有的实施复合关税制度：当光盘型广播级录像机完税价格不高于7 000美元/台，税率为15%；当完税价格高于7 000美元/台，税率为5%，加从量定额关税4 256元/台。1至6月皆执行5%税率。手机用摄像组件、高清摄像头当完税价格不高于5 000美元/台，税率为35%；当完税价格高于5 000美元/台，税率为3%，加从量定额关税9 728元/台。

例如，某中国公民2019年1月10日，从国外进口一台大钢琴，进口完税价格6万美元。已知进口完税价格在5万美元及以上的大钢琴，最惠国税率10%，暂定从价税率1%。当日1美元对人民币6.816元。

应缴纳关税＝从价关税＋从量关税＝进口完税价格×暂定从价税率＋

9 728＝60 000×6.816×1%＋9 728＝4 089.6＋9 728＝13 817.6（元）

二是《中华人民共和国加入世界贸易组织关税减让表修正案》附表所列信息技术产品最惠国税率自2019年7月1日起实施第四次降税。该类商品中广播级录像机、其他磁带录像机、磁带放像机、非特种用途的广播级电视摄像机、非特种用途的其他电视摄像机等实施复合关税制度：当完税价格不高于2 000美元/台，税率为30%；当完税价格高于2 000美元/台，税率为3%，加从量定额关税3 283元/台。当完税价格不高于5 000美元/台，税率35%；当完税价格高于5 000美元/台，税率为3%，加从量定额关税9 728元/台。

例如，某中国公司2019年1月10日购进可以网络连接的喷墨印刷机一台，进口完税价格1 800美元/台，享受最惠国税率。已知该商品2019年上半年、下半年最惠国税率分别4.0%、2.7%。当日1美元对人民币6.816元。

应缴纳关税＝进口完税价格×从价税率＝1 800×6.816×4%＝490.75（元）

三是继续对小麦等8类商品实施关税配额管理，税率不变。其中，对尿素、复合肥、磷酸氢铵3种化肥的关税配额税率继续实施1%的进口暂定税率。继续对配额外进口的一定数量棉花实施滑准税，并进行适当调整。当进口棉花完税价格高于或等于15元/千克时，按0.3元/千克计征从量税；当进口棉花完税价格低于15元/千克时，暂定从价税率按下式计算：$R_i=9.45÷P_i+2.6\%×P_i-1$。其中R_i为暂定从价税率，当R_i计算值高于40%时，取值40%；P_i为关税完税价格，单位为元/千克。

某公司2022年1月，配额外进口的棉花200吨，完税价格15元/千克。

从量关税＝200×1 000×0.3＝60 000（元）

假设完税价格为10元/千克时：

$R_i=9.45÷P_i+2.6\%×P_i-1=9.45÷10+2.6\%×10-1=9.45÷10+$

$2.6\% \times 10 - 1 = 0.945 + 0.26 - 1 = 1.205 - 1 = 0.205$

从价关税 $= 200 \times 1\,000 \times 0.205 = 41\,000$（元）

关税税额列支于"原材料""固定资产"等科目。

二、计税方式

进出口货物关税主要有从价计征、从量计征两种计税方式。量采用国际通用计量单位，如千克、台等。

从量计征的：

应纳税额 ＝ 货物数量 × 单位税额

从价计征的：

应纳税额 ＝ 完税价格 × 关税税率

完税价格由成交价格以及该货物运抵中国境内输入地点起卸前的运输及其相关费用、保险费为基础确定。以租赁方式进口的货物，以海关审查确定的该货物的租金作为完税价格。

成交价格是指卖方向中国境内销售该货物时买方为进口该货物向卖方实付、应付，并按规定调整后的价款总额，包括直接或间接支付的价款。

计入进口货物完税价格的费用，《进出口关税条例》第十九条规定："包括买方负担的购货佣金以外的佣金和经纪费、该货物视为一体的容器的费用、包装材料费用和劳务费用，与该货物的生产和向中国境内销售有关，买方以免费或者以低于成本的方式提供并可以按适当比例分摊的料件、工具、模具、消耗材料及类似货物的价款，以及在境外开发、设计等相关服务的费用，向中国境内销售买方必须支付、与该货物有关的特许权使用费，卖方直接或者间接从买方获得的该货物进口后转售、处置或者使用的收益。"

不计入进口货物完税价格的税费，《进出口关税条例》第二十条规定包括厂房、机械、设备等货物进口后建设、安装、装配、维修和技术服务费用，进口货物运抵境内输入地点起卸后的运输及其相关费用、保险费，进口关税及国内税收。

三、反倾销税

反倾销税是指进口国政府在正常关税之外对倾销产品征收的一种附加关税。自2014年5月31日（除2019年5月31日至2020年5月30日外），我国对原产于欧盟和美国的进口四氯乙烯征收反倾销税。自2008年6月9日起（除2019年6月8日至2020年6月7日外），对原产于日本、新加坡、韩国等地区的进口丙酮反倾销税等。《中华人民共和国反倾销条例》第四十条规定："反倾销税的纳税人为倾销进口产品的进口经营者。"第四十二条规定："反倾销税税额不超过终裁决定确定的倾销幅度。"反倾销税以海关审定的完税价格从价计征，计算公式为：

$$反倾销税额 = 海关完税价格 \times 反倾销税税率$$

例如，《关于原产于美国和欧盟的进口相关高温承压用合金钢无缝钢管反倾销措施期终复审裁定的公告》（商务部公告2020年第9号）明确征收反倾销税的税率和产品范围。福建某企业2020年6月，从法国瓦卢瑞克钢管公司购进10Cr9MoW2VNbBN无缝钢管100吨，从厦门海关入关。海关完税价格550万元人民币。关税税率17%、反倾销税税率57.9%。

反倾销税额＝海关完税价格×反倾销税税率＝550×57.9%＝318.45（万元）

关税＝完税价格×关税税率＝550×17%＝93.5（万元）

四、反补贴税

反补贴税亦称"反津贴税""抵销关税"，是对接受出口补贴或津贴的外国商品在进口环节征收的一种进口附加税，为差别关税的一种形式。《中华人民共和国反补贴条例》第四十一条规定："反补贴税的纳税人为补贴进口产品的进口经营者。"反补贴税以海关审定的完税价格作为计税价格从价计征，计征公式为：

$$反补贴税税额＝海关完税价格×反补贴税税率$$

进口环节增值税以海关审定的完税价格加上关税和反补贴税作为计税价格从价计征。

例如，《关于对原产于澳大利亚的进口大麦反补贴调查最终裁定的公告》（商务部公告2020年第15号）明确征收反倾销税的税率和产品范围。福建某企业2021年6月，从悉尼购进大麦（Barley）1 000吨，从厦门海关入关。海关完税价格121.28万元人民币。假定最惠国关税税率3%。

反补贴税税额＝海关完税价格×反补贴税税率＝121.28×6.9%＝8.37（万元）

关税＝完税价格×关税税率＝121.28×3%＝3.64（万元）

进口环节增值税＝（海关完税价格＋关税＋反补贴税）×9%

＝（121.28＋3.64＋8.37）×9%＝133.29×9%＝12.00（万元）

五、税收优惠

关税税额在人民币50元以下的一票货物；无商业价值的广告品和货

样；外国政府、国际组织无偿赠送的物资；在海关放行前损失的货物；进出境运输工具装载的途中必需的燃料、物料和饮食用品等，《进出口关税条例》第四十五条规定，免征关税。

对西部地区内资鼓励类产业、外商投资鼓励类产业及优势产业的项目在投资总额内进口的自用设备，《财政部 海关总署 国家税务总局关于深入实施西部大开发战略有关税收政策问题的通知》（财税〔2011〕58号）第一条规定："在政策规定范围内免征关税。"

自2017年1月1日起，《海关总署关于调整原产于台湾地区的进口农产品免征关税的产品清单的公告》（公告〔2016〕88号）规定，在《部分原产于台湾地区的进口农产品免征进口关税的产品清单（2017年版）》中，标有"ex"的税则号列是指该税则号列包括多项商品，但仅在清单中列名的产品为免征关税的农产品。

通过关税排除清单给出口国优惠。目前只对从美国进口的商品。2019年5月13日，《国务院关税税则委员会关于试行开展对美加征关税商品排除工作的公告》（税委会公告〔2019〕2号）明确，对我国已公布实施且未停止或未暂停加征关税的商品，从事相关商品进口、生产或使用的在华企业或其行业协（商）会等申请排除商品的利益相关方，通过财政部关税政策研究中心提交排除申请。国务院关税税则委员会将组织对有效申请逐一审核，按程序公布排除清单。至2020年5月13日止，共有166个税则号列商品列入对美加征关税商品第二次排除清单。

六、征收管理

海关在实际征收中将关税、进口环节增值税和消费合并为进口税，以一个税率征收。《进出口关税条例》第五十六条规定，进境物品的关税以及进口环节海关代征税合并为进口税，由海关依法征收。自2018年11月1日起，《国务院关税税则委员会关于调整进境物品进口税有关问题的通知》（税委会〔2018〕49号）规定，进口税适用15%、25%、50%税率。自2019年4月9日起，《国务院关税税则委员会关于调整进境物品进口税有关问题的通知》（税委会〔2019〕17号）执行调整后的税率（见下表）。

中华人民共和国进境物品进口税税率表

税目序号	物品名称	税率
1	书报、刊物、教育用影视资料；计算机、视频摄录一体机、数字照相机等信息技术产品；食品、饮料；金银；家具；玩具，游戏品、节日或其他娱乐用品；药品①	13%
2	运动用品（不含高尔夫球及球具）、钓鱼用品；纺织品及其制成品；电视摄像机及其他电器用具；自行车；税目1、3中未包含的其他商品	20%
3②	烟、酒；贵重首饰及珠宝玉石；高尔夫球及球具；高档手表；高档化妆品	50%

① 对国家规定减按3%征收进口环节增值税的进口药品，按照货物税率征税。
② 税目3所列商品的具体范围与消费税征收范围一致。

第四章 资 源 税

资源税是对中国领域和管辖的其他海域开发应税资源的单位和个人而征收的一种税。应税资源包括矿产（能源、金属、非金属、水气等矿产）、盐和水。《中华人民共和国资源税法》（以下简称资源税法）第一条规定：在中华人民共和国领域和管辖的其他海域开发应税资源的单位和个人，为资源税的纳税人。

一、税目和税率

《资源税法》第二条规定：资源税的税目、税率依照《资源税税目税率表》执行。该表规定实行幅度税率的，具体适用税率由省、自治区、直辖市人民政府在规定的税率幅度内提出，报同级人民代表大会常务委员会决定。依《资源税法》及其暂行条例实施细则，以及相关文件整理出资源税税目和税率（见下表）。

有些项目不征收资源税。比如，《财政部 国家税务总局关于加快煤层气抽采有关税收政策问题的通知》（财税〔2007〕16号）第五条规定，对地面抽采煤层气。《国务院关于外商投资企业和外国企业适用增值税、消费税、营业税等税收暂行条例有关问题的通知》（国发〔1994〕10号）规定，中外合作油（气）田按合同开采的原油、天然气。

资源税税目税率表

税 目		征税对象	税 率
能源矿产	原油	原矿	6%
	天然气、页岩气、天然气水合物	原矿	6%
	煤	原矿或者选矿	2%～10%
	煤成（层）气	原矿	1%～2%
	铀、钍	原矿	4%
	油页岩、油砂、天然沥青、石煤	原矿或者选矿	1%～4%
	地热	原矿	1%～20% 或1～30元/立方米
金属矿产	黑色金属 铁、锰、铬、钒、钛	原矿或者选矿	1%～9%
	有色金属 铜、铅、锌、锡、镍、锑、镁、钴、铋、汞	原矿或者选矿	2%～10%
	铝土矿	原矿或者选矿	2%～9%
	有色金属 钨	原矿	6.50%
	钼	原矿	8%
	金、银	原矿或者选矿	2%～6%
	铂、钯、钌、锇、铱、铑	原矿或者选矿	5%～10%
	轻稀土	原矿	7%～12%
	中重稀土	原矿	20%
	铍、锂、锆、锶、铷、铯、铌、钽、锗、镓、铟、铊、铪、铼、镉、硒、碲	原矿或者选矿	2%～10%

税　目			征税对象	税　率
非金属矿产	矿物类	高岭土	原矿或者选矿	1%～6%
		石灰岩	原矿或者选矿	1%～6% 或1～10元/吨(或立方米)
		磷	原矿或者选矿	3%～8%
		石墨	原矿或者选矿	3%～12%
		萤石、硫铁矿、自然硫	原矿或者选矿	1%～8%
		天然石英砂、脉石英、粉石英、水晶、工业用金刚石、冰洲石、蓝晶石、硅线石（矽线石）、长石、滑石、刚玉、菱镁矿、颜料矿物、天然碱、芒硝、钠硝石、明矾石、砷、硼、碘、溴、膨润土、硅藻土、陶瓷土、耐火黏土、铁钒土、凹凸棒石黏土、海泡石黏土、伊利石黏土、累托石黏土	原矿或者选矿	1%～12%
		叶蜡石、硅灰石、透辉石、珍珠岩、云母、沸石、重晶石、毒重石、方解石、蛭石、透闪石、工业用电气石、白垩、石棉、蓝石棉、红柱石、石榴子石、石膏	原矿或者选矿	2%～12%
		其他黏土（铸型用黏土、砖瓦用黏土、陶粒用黏土、水泥配料用黏土、水泥配料用红土、水泥配料用黄土、水泥配料用泥岩、保温材料用粘土）	原矿或者选矿	1%～5% 或0.1～5元/吨(或立方米)
	岩石类	大理岩、花岗岩、白云岩、石英岩、砂岩、辉绿岩、安山岩、闪长岩、板岩、玄武岩、片麻岩、角闪岩、板岩、浮石、凝灰岩、黑曜岩、霞石正长岩、蛇纹岩、麦饭石、泥灰岩、含钾岩石、含钾砂页岩、天然油石、橄榄岩、松脂岩、粗面岩、辉长岩、辉石岩、正长岩、火山灰、火山渣、泥炭	原矿或者选矿	1%～10%
		砂石	原矿或者选矿	1%～5% 或0.1～5元/吨(或立方米)
	宝玉石类	宝石、玉石、宝石级金刚石、玛瑙、黄玉、碧玺	原矿或者选矿	4%～20%
水气矿产		二氧化碳气、硫化氢气、氦气、氡气	原矿	2%～5%
		矿泉水	原矿	1%～20% 或1～30元/立方米
盐		钠盐、钾盐、镁盐、锂盐	原矿	3%～15%
		天然卤水	原矿	3%～15% 或1～10元/吨(或立方米)
		海盐	原矿	2%～5%

税 目		征税对象	税 率
水	（一）对水力发电和火力发电贯流式以外的取用水 （二）对水力发电和火力发电贯流式的取用水		每立方米地表水：北京 1.6 元，天津 0.8 元，山西、内蒙古 0.5 元，山东、河南、河北 0.4 元，陕西、宁夏 0.3 元，四川 0.1 元
			每立方米地下水：北京、天津 4 元，山西、内蒙古 2 元，山东、河南、河北 1.5 元，陕西、宁夏 0.7 元，四川 0.2 元
			0.005 元／千瓦·时

二、计税办法

《资源税法》第三条规定：资源税按照《资源税税目税率表》实行从价计征或者从量计征。该表规定可以选择实行从价计征或者从量计征的，具体计征方式由省、自治区、直辖市人民政府提出，报同级人民代表大会常务委员会决定。因此，《福建省财政厅 国家税务总局福建省税务局关于明确资源税我省适用税率等有关事项的通知》（闽财税〔2020〕14号）称，经省人民政府提请第十三届省人大第21次会议通过，明确除地热、其他粘土实行从量计征外，其他税目实行从价计征。

（一）从价计征。从价计征是指资源税的应纳税额以应税产品的销售额乘以纳税人具体适用的比例税率计算。《财政部 税务总局关于资源税有关问题执行口径的公告》（2020年第34号）第一条规定："资源税应税产品的销售额，按照纳税人销售应税产品向购买方收取的全部价款确定，不包括增值税税款。"《财政部 国家税务总局关于实施稀土、钨、钼资源税从价计征改革的通知》（财税〔2015〕52号）第一条规定："纳税人将其开采的原矿加工为精矿销售的，按精矿销售额（不含增值税）和适用税率计算缴纳资源税。纳税人开采并销售原矿的，将原矿销售额（不含增值税）换算为精矿销售额计算缴纳资源税。"例如，某油田2019年1月销售原油10万吨，开具增值税专用发票的不含税销售额5亿元，增值税额8 000万元。其适用的资源税率6%。

应缴纳资源税＝50 000×6%＝3 000（万元）

相关费用准予从资源税应税产品销售额扣除。财政部、税务总局公告2020年第34号第一条第二款明确："计入销售额中的相关运杂费用，凡取得增值税发票或者其他合法有效凭据的，准予从销售额中扣除。相关运杂费用是指应税产品从坑口或者洗选（加工）地到车站、码头或者购买方指定地点的运输费用、建设基金以及随运销产生的装卸、仓储、港杂费用。"例如，某煤炭开采企业2020年10月销售煤炭1万吨，发生从坑口到购买方指定地点的运输费用、装卸费用共500万元，均取得增值税发票。企业给客户开具增值税专用发票的不含税销售额4 000万元，增值税额520万元。其适用的资源税率6%。

应缴纳资源税＝销售额×适用税率＝（4 000－500）×6%＝210（万元）

相关数据填入《资源税纳税申报表附表》。

（二）从量计征。从量计征是指资源税的应纳税额以应税产品的销售数量乘以纳税人具体适用的定额税率计算。《中华人民共和国资源税暂行条例实施细则》（以下简称资源税暂行条例）第八条规定："销售数量包括纳税人开采或者生产应税产品的实际销售数量和视同销售的自用数量。"《财政部 税务总局关于资源税有关问题执行口径的公告》（2020年第34号）第四条规定，应税产品的销售数量包括纳税人开采或者生产自用于应当缴纳资源税情形的应税产品数量。计量单位为吨、立方米、千克、克拉。例如，某矿山2021年1月对外销售砂石1000立方米，适用资源税税率2元/立方米。应缴纳资源税＝1 000×2＝2 000（元）。

三、税收优惠

《资源税法》第六条规定了免征、减征资源税的6种情形，明确了国务院减免税的权限。自2018年4月1日至2021年3月31日，《财政部 税务总局关于对页岩气减征资源税的通知》（财税〔2018〕26号）明确："对页岩气资源税减征30%。"根据《财政部 税务总局关于实施小微企业普惠性税收减免政策的通知》（财税〔2019〕13号）第三条之授权，《福建省财政厅 福建省税务局关于落实小微企业普惠性税收减免政策的通知》（闽财税〔2019〕5号）规定：2019年至2021年，对增值税小规模纳税人减按50%征收资源税。

《资源税法》第七条明确了省级人大常委会的减免税权限。因此，《福建省财政厅 国家税务总局福建省税务局关于明确资源税我省适用税率等有关事项的通知》（闽财税〔2020〕14号）明确，纳税人开采或者生产应税产品过程中，因意外事故或者自然灾害等原因遭受重大损失，允许按其损失金额的50%减征资源税，但最高不得超过遭受重大损失当年应纳的资源税额。开采共伴生矿、尾矿，其与主矿产品销售额分别核算，前者当年按其应纳税额征30%资源税，后者免征资源税。例如，某煤矿开采企业适用5%资源税税率，2021年因自然灾害遭受重大损失1 000万元（不含税），减征资源税为500万元（＝1 000×50%）。当年应缴资源税为40万元，当年允许减征资源税为40万元。

四、会计处理

《财政部关于印发〈增值税会计处理规定〉的通知》（财会〔2016〕22号）第二条第（二）项明确，全面试行营业税改征增值税后，核算资源税的"营业税金及附加"科目名称调整为"税金及附加"科目。

企业应缴纳的资源税借记"税金及附加"科目，自产自用的应税产品应缴纳的资源税，借记"生产成本""制造费用"等科目，均贷记"应交税费——应交资源税"科目。企业外购应税产品，按所允许抵扣的资源税借记"应交税费——应交资源税"科目，按外购价款扣除允许抵扣资源税后的数额借记"材料采购"等科目，按应支付的全部价款，贷记"银行存款""应付账款"等科目。销售应税产品应缴的资源税借记"税金及附加"科目，贷记"应交税费——应交资源税"科目。实际缴纳时借记"应交税费——应交资源税"科目，贷记"银行存款""库存现金"等科目。

承"从价计征"煤炭案例。

借：税金及附加   2 100 000

    贷：应交税费——应交资源税   2 100 000

实际缴纳时：

借：应交税费——应交资源税   2 100 000

    贷：银行存款   2 100 000

五、征收管理

《资源税法》第九条规定，资源税由税务机关、自然资源部门共同管理。第六条规定："纳税人开采或者生产应税产品自用的，应当依照本法规定缴纳资源税。"

纳税人以外购原矿与自采原矿混合为原矿销售，或者以外购选矿产品与自产选矿产品混合为选矿产品销售，《国家税务总局关于资源税征收管理若干问题的公告》（2020年第14号）第一条规定，在计算应税产品销售额或者销售数量时，直接扣减外购原矿或者外购选矿产品的购进金额或者购进数量。

准予扣减的外购应税产品购进金额（数量）＝外购原矿购进金额（数量）×（本地区原矿适用税率÷本地区选矿产品适用税率）

例如，某煤炭企业将外购200万元原煤与自采300万元原煤混合洗选加工为选煤销售，选煤销售额为650万元。当地原煤税率为3%，选煤税率为2%。

准予扣减的外购应税产品购进金额 = 200 × （3% ÷ 2%）= 300（万元）

自2021年6月1日起《国家税务总局关于简并税费申报有关事项的公告》（2021年第9号）第一条规定，纳税人申报缴资源税，使用《财产和行为税纳税申报表》、《财产和行为税减免税明细申报附表》等。新增税源或税源变化时，需先填报《资源税税源明细表》。例如，福建某企业，增值税小规模纳税人，2021年第四季度开采铁矿不含税销售额100万元，适用税率2.5%。相应计算数据填入下表。

资源税税源明细表

税款所属期限：自　年 月 日至　年 月 日
纳税人识别号（统一社会信用代码）：□□□□□□□□□□□□□□□□□□
纳税人名称：　　　　　　　　　　　　　　金额单位：人民币元（列至角分）

申报计算明细										
序号	税目	子目	计量单位	销售数量	准予扣减的外购应税产品购进数量	计税销售数量	销售额	准予扣除的运杂费	准予扣减的外购应税产品购进金额	计税销售额
	1	2	3	4	5	6=4-5	7	8	9	10=7-8-9
1	资源税	原矿					1 000 000			1 000 000
2										
合计										

减免税计算明细								
序号	税目	子目	减免性质代码和项目名称	计量单位	减免税销售数量	减免税销售额	适用税率	减征比例	本期减免税额
	1	2	3	4	5	6	7	8	9①=5×7×8
									9②=6×7×8
1									
2									
合计									

第二篇

所 得 税

　　所得税是国家向企业或个人征收的以各种收入的总和为基数的一种税。所得税属于直接税的范畴，理论比较完备。它对国民的纯收入征税，税负比较公平。所得税包括企业所得税、个人所得税。

第五章 企业所得税

企业所得税是以企业或者公司生产经营所得和其他所得为征税对象所征收的一种税。或者说是国家对企业或者公司在一定时期内的生产经营收入减支必要成本费用后的余额，即对纯收入征收的一种税。它是国家参与企业利润分配、调节收益水平、正确处理国家与企业分配关系的一个重要税种。

一、收入总额

收入总额是指收进的钱财加在一起的数额。税法、会计对"收入"一词各有表述。《中华人民共和国企业所得税法》（以下简称企业所得税法）第六条规定：企业以货币形式和非货币形式从各种来源取得的收入，为收入总额。包括销售货物收入、提供劳务收入、转让财产收入、股息红利等权益性投资收益、利息收入、租金收入、特许权使用费收入、接受捐赠收入和其他收入。《企业会计准则——基本准则》第三十条规定："收入是指企业在日常活动中所形成的、会导致所有者权益增加的、与所有者投入资本无关的经济利益的总流入。"

收入包括资金、实物和其他利益。《中华人民共和国企业所得税法实施条例》（以下简称企业所得税法实施条例）第十二条规定：收入的货币形式包括现金、存款、应收账款、应收票据、准备持有至到期的债券投资以及债务的豁免等。非货币形式包括固定资产、生物资产、无形资产、股权投资、存货、不准备持有至到期的债券投资、劳务以及有关权益等。非货币形式取得的收入按公允价值确定收入额。

《企业会计准则——基本准则》第三十一条规定："收入只有在经济利益很可能流入从而导致企业资产增加或者负债减少，且经济利益的流入能够可靠计量时才予以确认。"收入总额的确认涉及收入、长期股权投资、租赁、原保险合同、再保险合同等具体会计准则，以及《企业会计制度》和《小企业会计准则》。

二、支出的扣除

支出是指企业生产经营过程中为获得另一项资产、为清偿债务所发生的资产的流出。扣除是指从中减除。计算利润时，会计主张凡支出均应扣除。而在计算应纳税所得额时，税法主张将支出加以过滤，支出有度，因而产生支出的扣除，即俗称"税前扣除"问题。《企业所得税法》第八条规定："企业实际发生的与取得收入有关的、合理的支出，包括成本、费用、税金、损失和其他支出，准予在计算应纳税所得额时扣除。"

三、税收优惠

税收优惠是国家根据一定时期政治、经济和社会发展要求，在税收方面给予纳税人和征税对象各种优待的总称。税收优惠常见的有九类，《国家税务总局关于企业所得税税收优惠管理问题的补充通知》（国税发〔2009〕255号）第一条规定：企业所得税优惠包括免税收入、定期减免税、优惠税率、加计扣除、抵扣应纳税所得额、加速折旧、减计收入、税额抵免和其他专项优惠政策。目前虽有一些专项优惠内容，但也都归入其他几项。因而将税收优惠归为收入类、扣除类和税额类。

四、不征税收入

不征税收入是指企业取得的不需要缴纳企业所得税的钱财。包括法定不征税收入和国务院规定的其他不征税收入。会计处理主要按照会计准则、会计制度规定作营业外收入。在纳税申报时,将不征税收入分别填入《纳税调整项目明细表》(A105000)、《专项用途财政性资金纳税调整明细表》(A105040)、《研发费用加计扣除优惠明细表》(A107014)等纳税申报表。

五、允许弥补的以前年度亏损

允许弥补的以前年度亏损是指允许弥补的企业纳税年度发生的亏损,用以后年度的所得弥补。《企业所得税法》第十八条规定:"企业纳税年度发生的亏损,准予向以后年度结转,用以后年度的所得弥补,但结转年限最长不得超过五年。"自2018年1月1日起,当年具备高新技术企业或科技型中小企业资格的企业,其具备资格年度之前5个年度发生的尚未弥补完的亏损,准予结转以后年度弥补,《财政部 税务总局关于延长高新技术企业和科技型中小企业亏损结转年限的通知》(财税〔2018〕76号)第一条规定:"最长结转年限由5年延长至10年。"纳税年度的计算按《企业所得税法》第五十三条的规定,《国家税务总局关于贯彻落实企业所得税法若干税收问题的通知》(国税函〔2010〕79号)第七条明确:"企业筹办期间不计算为亏损年度。"

六、所得税费用

所得税费用是指从会计角度看,所得税是企业的一项费用。所得税是指对所有以所得额为课税对象的总称。《企业会计准则第18号——所得税》第二条规定："所得税包括企业以应纳税所得额为基础的各种境内和境外税额。"《〈企业会计准则第18号——所得税〉应用指南》第三条规定：企业在计算确定当期所得税（即当期应交所得税）以及递延所得税费用（或收益）的基础上，应将两者之和确认为利润表中的所得税费用（或收益），但不包括直接计入所有者权益的交易或事项的所得税影响。即：

所得税费用（或收益）＝当期所得税费用＋递延所得税费用（－递延所得税收益）

七、特别纳税调整

特别纳税调整是指税务机关出于实施反避税目的而对纳税人特定纳税事项所作不一般的调配整顿，使之适应新的情况和要求。特别纳税调整俗称"反避税"，包括特别反避税管理和一般反避税管理。特别纳税调整建立在企业关联申报、同期资料管理等基础工作之上。

特别纳税调整的理论依据是独立交易原则。《企业所得税法实施条例》第一百一十条规定："独立交易原则，是指没有关联关系的交易各方，按照公平成交价格和营业常规进行业务往来遵循的原则。"OECD指南对独立交易原则定义："如果关联企业之间建立商业或财务关系的条件不同于独立企业之间建立此类关系的条件，并且由于这些条件的存在，导致其中一个企业没有取得其本应取得利润，则可以将这部分利润计入该企业的所得并据以征税。"

特别纳税调整与企业所得税一般纳税调整明显不同。避税模式大约有七种。

八、征收管理

征收管理是指税务机关对纳税人在征税方面监督管理工作的总称。其内容包括税务登记、账簿和凭证管理、纳税申报、税款征收、税务检查和法律责任等。《企业所得税法》第四十九条规定："企业所得税的征收管理除本法规定外，依照《税收征收管理法》的规定执行。"《税收征收管理法》及其实施细则所规定的通用规定，本书不涉及，仅叙述在企业所得税纳税申报、税款征收、日常管理方面特有的规定。包括2008年1月1日前颁布的规定，因为《国家税务总局关于做好2008年度企业所得税汇算清缴工作的通知》（国税函〔2009〕55号）第三条规定："对新税法实施以前财政部、国家税务总局发布的企业所得税有关管理性、程序性文件，凡不违背新税法规定原则，在没有制定新的规定前，可以继续参照执行。"

企业所得税的详细内容，参见笔者所著《解读企业所得税》（2013年9月黑龙江人民出版社出版）。

第六章　个人所得税

个人所得税是对中国居民个人从境内外取得的所得，以及非居民个人从中国境内取得的所得征收的一种税。其征收依据是1980年9月10日第五届全国人大常委会第三次会议通过的《中华人民共和国个人所得税法（以下简称个人所得税法）》，当时针对外国人征收。1986年9月《中华人民共和国个人收入调节税暂行条例》（以下简称个人收入调节税暂行条例）颁布，从次年1月1日起执行，个人收入调节税仅对中国公民征收。1993年10月31日第八届全国人大常委会第四次会议废止了《个人收入调节税暂行条例》、《中华人民共和国城乡个体工商户所得税暂行条例》。《个人所得税法》实施以来，经过7次修订。

一、纳税人

个人所得税的纳税人包括非自然人和自然人。非自然人包括个体工商户业主、个人独资企业等。自然人包括居民个人和非居民个人。《个人所得税法》将纳税人划分为居民个人和非居民个人。非居民个人对来源于境内的所得缴纳税，居民个人对来源于境内外的所得缴纳税。比如，内地个人投资者通过基金互认从香港基金分配取得的收益，《财政部 国家税务总局 证监会关于内地与香港基金互认有关税收政策的通知》（财税〔2015〕125号）第一条第（三）项规定："由该香港基金在内地的代理人按照20%的税率代扣代缴个人所得税。"

居民个人、非居民个人按住所或者居住天数判定。《个人所得税法》第一条规定："在中国境内有住所，或者无住所而一个纳税年度内在中国境内居住累计满一百八十三天的个人，为居民个人。在中国境内无住所又不居住，或者无住所而一个纳税年度内在中国境内居住累计不满一百八十三天的个人，为非居民个人。"在中国境内有住所的判定标准，《中华人民共和国个人所得税法实施条例》（以下简称个人所得税法实施条例）第二条明确："是指因户籍、家庭、经济利益关系而在中国境内习惯性居住。"无住所个人一个纳税年度内在中国境内累计居住天数，《财政部 税务总局关于在中国境内无住所的个人居住时间判定标准的公告》（2019年第34号）第二条规定，按照个人在中国境内累计停留的天数计算，停留的当天满24小时的算一天，否则不计入。

例如，在珠海工作的黄先生为澳门居民，每周一早上来到珠海，周六早上回澳门。周一和周六当天在珠海停留都不足24小时，不计入境内居住天数，每周可计入的居住天数仅为4天，全年52周，黄先生在境内居住天数为208天，另外一天假设为上班时间，扣除元旦、春节等法定节日10天，在境内居住天数为199天，超过183天，构成居民个人。如果黄先生改为每周五晚上回澳门，其他条件不变。全年在境内居住天数为147天（＝199－52），不超过183天，不构成居民个人。

二、征税对象

个人所得税的征税对象为所得。所得按地域分为来源于中国境内、境外所得。按项目分为工资薪金所得、劳务报酬所得、稿酬所得等九类。个人所得的形式，《个人所得税法实施条例》第八条明确包括现金、实物、有价证券和其他形式的经济利益。

（一）中国境内所得和境外所得。《财政部 税务总局关于境外所得有关个人所得税政策的公告》（2020年第3号）第二条规定：居民个人来源于中国境外的综合所得、经营所得与境内同项所得合并，财产租赁所得、财产转让所得、利息股息红利所得、偶然所得不与境内同项所得合并。

1. 中国境内所得。因任职、受雇、履约等在中国境内提供劳务所得，财产出租给承租人和许可各种特许权在中国境内使用所得，转让中国境内的不动产等财产或者在中国境内转让其他财产所得，从中国境内企业、事业单位、其他组织以及居民个人取得的利息、股息、红利所得，《个人所得税法实施条例》第三条规定："不论支付地点是否在中国境内，均为来源于中国境内的所得。"

非居民个人和无住所居民个人取得归属于中国境内工作期间的工资薪金所得，《财政部 税务总局关于非居民个人和无住所居民个人有关个人所得税政策的公告》（2019年第35号）第一条第一款规定，为来源于境内的工资薪金所得。境内工作期间按个人在境内工作天数计算，包括其在境内的实际工作日以及境内工作期间在境内外享受的公休假、个人休假、接受培训天数。在境内外单位同时担任职务或者仅在境外单位任职的个人，在境内停留的当天不足24小时，按半天计算境内工作天数。注意，工作天数与同年第34号公告居住天数计算不同，当天停留不足24小时，居住天数为0，而工作天数为0.5天。例如，美国公民罗伯特在中国居民企业任职，在中国无住所。2020年11月企业支付工资薪金1.5万元人民币。当月境内实际工作日15天、公休假8天、个人休假2天、接受培训5天。当月罗伯特取得的该工资薪金皆为境内工资薪金所得。

担任境内居民企业的董事、监事、企业正副（总）经理、各职能总师、总监及其他类似公司管理层的职务的个人，无论是否在境内履行职务，取得由境内居民企业支付或者负担的董事费、监事费、工资薪金或者其他类似报酬（包含数月奖金和股权激励）。由境内企业、事业单位、其他组织支付或者负担的稿酬所得。财政部、税务总局公告2019年第35号第一条第（三）（四）项分别明确，均属于来源于境内的所得。

注意穿透原则在中国境内外个人所得的运用。所谓穿透原则是指贯通的规则。在中国境内外个人所得要究其来源地。《财政部 税务总局关于境外所得有关个人所得税政策的公告》（2020年第3号）第一条第（七）项规定，转让对中国境外企业以及其他组织投资形成的股票、股权以及其他权益性资产或者在中国境外转让其他财产所得为中国境外所得。但转让对中国境外企业以及其他组织投资形成的权益性资产，该权益性资产被转让前连续36个公历月份内的任一时间，被投资企业或其他组织的资产公允价值50%以上直接或间接来自位于中国境内的不动产，其所得为来源于中国境内的所得。比如，中国居民企业A在英属维尔京群岛成立企业B，B公司到美国成立控股公司C，C公司反过来投资控股中国内地D公司并上市。C公司资产公允价值一半以上、3年内直接或间接来源于D公司不动产。中国居民个人持有C公司股票，当转让时应视同来源于中国境内所得。

再如，2021年1月，中国居民张三转让中国居民企业在美国控股企业A的股权。从2015年1月1起，A公司资产公允价值的65%直接来自位于中国重庆的不动产，则张三转让股权所得为来源于中国境内所得。

2．中国境外所得。财政部、税务总局公告2020年第3号第一条明确来源于中国境外的所得包括：因任职、受雇、履约等在中国境外提供劳务所得；中国境外企业以及其他组织支付且负担的稿酬所得；许可各种特许权在中国境外使用所得；在中国境外从事生产、经营活动所得；从中国境外企业、其他组织以及非居民个人取得的利息、股息、红利所得；将财产出租给承租人在中国境外使用所得；转让中国境外的不动产、转让对中国境外企业以及其他组织投资形成的股票、股权以及其他权益性资产或者在中国境外转让其他财产所得；中国境外企业、其他组织以及非居民个人支付且负担的偶然所得。

3．同时在境内外任职的无住所个人，取得数月奖金或者股权激励，分别计算境内外工资薪金所得。财政部、税务总局公告2019年第35号第一条第（二）项规定：在境内履职或者执行职务时收到的数月奖金或者股权激励所得，归属于境外工作期间的部分，为来源于境外的工资薪金所得；停止在境内履约或者执行职务离境后收到的数月奖金或者股权激励所得，对属于境内工作期间的部分，为来源于境内的工资薪金所得。如果一个月内取得归属于不同期间的多笔所得，分别计算。具体计算公式：

境内的工资薪金所得＝数月奖金×（数月奖金所属工作期间境内工作天数÷所属工作期间公历天数）

例如，美国公民罗伯特任职于中国某居民企业，罗伯特在中国无住所。2020年1月起停止在境内履约离境后，同年9月份取得数月奖金12万元人民币，该奖金所属期境内工作150天、公历天数300天。

境内的工资薪金所得＝120 000×（150÷300）＝60 000（元）

境外工资薪金所得＝120 000－60 000＝60 000（元）

（二）法定所得。《个人所得税法》第二条规定，所得包括工资薪金所得等九类。《个人所得税法实施条例》第六条对各项所得内涵进行明确。

1. 工资薪金所得。工资薪金所得是指个人因任职或者受雇取得的工资、薪金、奖金、年终加薪、劳动分红、津贴、补贴以及与任职或者受雇有关的其他所得。凡与单位存在工资、人事方面关系的人员，其为本单位工作所取得的报酬，属于"工资、薪金所得"。职工工资、奖金、津贴和补贴内容，该内容已经在《国家统计局关于认真贯彻执行〈关于工资总额组成的规定〉的通知》（统制字〔1990〕1号）得到明确。此外，现金结算的股份支付作为工资薪金支出。《〈企业会计准则第11号——股份支付〉应用指南》第一条第二款规定："企业授予职工期权、认股权证等衍生工具或其他权益工具，对职工进行激励或补偿，以换取职工提供的服务，实质上属于职工薪酬的组成部分。"

（1）职工工资。职工工资是指单位在一定时期支付给全部职工的劳动报酬。包括计时工资、计件工资、加班加点工资等。计时工资是指按计时工资标准（包括地区生活费补贴）和工作时间支付给个人的劳动报酬。包括对已做工作按计时工资标准支付的工资、实行结构工资制的单位支付给职工的基础工资和职务（岗位）工资、新参加工作职工的见习工资（学徒的生活费）、运动员体育津贴。计件工资是指对已做工作按计件单价支付的劳动报酬。包括实行超额累进计件、直接无限计件、限额计件、超定额计件等工资制，按劳动部门或主管部门批准的定额和计件单价支付给个人的工资；按工作任务包干方法支付给个人的工资；按营业额提成或利润提成办法支付给个人的工资。加班加点工资是指按规定支付的加班工资和加点工资。

归入工资薪金所得的任职受雇收入。比如，个人在公司（包括关联公司）任职、受雇，同时兼任董事、监事，《国家税务总局关于明确个人所得税若干政策执行问题的通知》（国税发〔2009〕121号）第二条明确，其董事费、监事费。《财政部 国家税务总局关于医疗机构有关个人所得税政策问题的通知》（财税〔2003〕109号）规定，个人因在营利性或者非营利性医疗机构任职所得。《国家税务总局关于个人所得税若干业务问题的批复》（国税函〔2002〕146号）第三条规定，任职、受雇于报刊、杂志等单位的记者、编辑等专业人员，因在本单位的报刊、杂志上发表作品所得。

《国家税务总局关于个人兼职和退休人员再任职取得收入如何计算征收个人所得税问题的批复》（国税函〔2005〕382号）明确，退休人员再任职取得的收入，在减除按个人所得税法规定的费用扣除标准后。"退休人员再任职"应同时符合的条件，《国家税务总局关于离退休人员再任职界定问题的批复》（国税函〔2006〕526号）明确，受雇人员与用人单位签订一年以上（含）劳动合同（协议），存在长期或连续的雇佣与被雇佣关系；因事假、病假、休假等原因不能正常出勤时，仍享受固定或基本工资收入；与单位其他正式职工享受同等福利、社保、培训及其他待遇。《国家税务总局关于个人所得税有关问题的公告》（2011年第27号）第二条规定，单位是否为离退休人员缴纳社会保险费，不再作为界定条件。"再任职"可能是原单位，也可能是其他单位。例如，2020年11月1日，张三回到原先任职的公司工作，月报酬6 000元，扣除法定扣除费用5 000元后为1 000元，列入工资薪金所得。如果月报酬小于等于5 000元，无须记入。

《国家税务总局关于律师事务所从业人员取得收入征收个人所得税有关业务问题的通知》（国税发〔2000〕149号）第四条、第五条规定，律师事务所支付给雇员（包括律师及行政辅助人员，但不包括律师事务所的投资者）的所得。雇员律师与律师事务所按规定的比例对收入分成（律师事务所不负担律师办理案件交通费、资料费、通信费及聘请人员等费用），按30%比例内扣除办理案件支出的费用后。例如，2021年，某律师事务所按月支付给本所雇员律师张三报酬累计6万元。同年12月张三取得分成收入30万元，扣除办理案件支出的费用9万元（＝30×30%）后的余额21万元，全年工资、薪金所得27万元（＝6＋21）记入综合所得。

（2）职工奖金。职工奖金是指支付给职工的超额劳动报酬和增收节支的劳动报酬。包括生产奖，节约奖，劳动竞赛奖，机关、事业单位的奖励工资，其他奖金。生产（业务）奖包括超产奖、质量奖、安全（无事故）奖、考核各项经济指标的综合奖、提前竣工奖、外轮速遣奖、年终奖（劳动分红）等。节约奖包括各种动力、燃料、原材料等节约奖。劳动竞赛奖包括发给劳动模范、先进个人的各种奖金和实物奖励。其他奖金包括从兼课酬金和业余医疗卫生服务收入提成中支付的奖金等。

归入工资薪金所得的奖励（金）。比如，《财政部 国家税务总局关于将国家自主创新示范区有关税收试点政策推广到全国范围实施的通知》（财税〔2015〕116号）第四条第（二）项规定，实行查账征收、经省级高新技术企业认定管理机构认定的高新技术企业授予相关技术人员的股权奖励（股权或股份）。《财政部 国家税务总局关于企业以免费旅游方式提供对营销人员个人奖励有关个人所得税政策的通知》（财税〔2004〕11号）规定，企业和单位对营销业绩突出人员以培训班、研讨会、工作考察等名义组织旅游，通过免收差旅费、旅游费对个人实行的营销业绩奖励（如实物、有价证券），对企业雇员享受的此类奖励。例如，2021年12月某公司对营销业绩突出的10位个人，安排国内旅游，人均开支4 800元。单位将48 000元支出在"管理费用""银行存款"等科目核算。同时，分别记入10位员工"工资、薪金所得"。

（3）职工津贴和补贴。职工津贴是指为了补偿职工特殊或额外的劳动消耗和因其他特殊原因支付给职工的津贴。包括补偿职工特殊或额外劳动消耗的津贴、保健性津贴、技术性津贴、年功性津贴及其他津贴。如《福建省人力资源和社会保障厅等六部门关于调整夏季高温津贴标准的通知》（闽人社〔2019〕3号）规定，从2019年5月1日起，按月260元或者按日12元发放高温津贴。

职工补贴是指保证职工工资水平不受物价影响支付给职工的物价补贴。如肉类等价格补贴、副食品价格补贴、粮价补贴、煤价补贴、房屋补贴、水电补贴等。比如，《国家税务总局关于离退休人员取得单位发放离退休工资以外奖金补贴征收个人所得税的批复》（国税函〔2008〕723号）规定，离退休人员从原任职单位取得的各类补贴、奖金、实物，在减除费用扣除标准后。《国家税务总局关于修改部分税收规范性文件的公告》（2018年第31号）、《国家税务总局关于个人所得税有关政策问题的通知》（国税发〔1999〕58号）第二条规定，个人因公务用车、通讯制度改革而取得的公务用车、通讯补贴收入，扣除一定标准的公务费用后，地方如果有标准可扣除。比如，《甘肃省财政厅 甘肃省地方税务局关于公务交通补贴等个人所得税问题的通知》（甘财税法〔2018〕15号）规定，经国务院、省政府及其授权部门批准实行公务用车改革的党政机关及其所属参公事业单位、企事业单位，按规定标准取得的公务交通补贴收入允许税前全额扣除。其他企事业单位，高层管理者、部门经理、其他人员每人每月分别不超过1 950元、1 200元、600元，凡超过扣除标准的按标准扣除，不足标准的据实扣除。企业通讯公务费补贴扣除额每人每月300元以内。例如，2021年4月，张三从所在单位取得按月发放的通讯公务费补贴收入180元，并入当月"工资薪金所得"。

（4）任职或者受雇有关的其他所得。比如，《财政部 税务总局关于个人取得有关收入适用个人所得税应税所得项目的公告》（2019年第74号）第四条规定，个人按规定领取的税收递延型商业养老保险的养老金收入。现行缴付"三险一金"的比例，基本养老保险费和住房公积金各为12%、基本医疗保险费为8%、失业保险费为0.5%。《财政部 国家税务总局关于基本养老保险费基本医疗保险费失业保险费住房公积金有关个人所得税政策的通知》（财税〔2006〕10号）规定：超过规定比例缴付部分。例如，2021年某公司为500名职工超过规定比例缴付"三险一金"总金额500万元，分别记入职工"工资、薪金所得"。

再如，《财政部 国家税务总局关于企业为个人购买房屋或其他财产征收个人所得税问题的批复》（财税〔2008〕83号）明确，企业出资购买房屋及其他财产，将所有权登记为投资者个人、投资者家庭成员以外其他人员；或者其他人员向企业借款用于购买房屋及其他财产，将所有权登记为己有，且借款年度终了后未归还者。《国家税务总局关于个人从事医疗服务活动征收个人所得税问题的通知》（国税发〔1997〕178号）第二条第二款规定，集体、合伙或个人出资的乡村卫生室（站），医生承包经营，经营成果归医生个人所有，医务人员所得。《国家税务总局关于影视演职人员个人所得税问题的批复》（国税函〔1997〕385号）明确，电影制片厂导演、演职人员参加本单位的影视拍摄的报酬。

2. 劳务报酬所得。劳务报酬所得是指个人从事劳务取得的所得，包括从事设计、装潢、安装、制图、化验、测试、医疗、法律、会计、咨询、讲学、翻译、审稿、书画、雕刻、影视、录音、录像、演出、表演、广告、展览、技术服务、介绍服务、经纪服务、代办服务以及其他劳务所得。因某一特定事项临时为外单位工作所取得报酬，不属于税法中所说的"受雇"，属于"劳务报酬所得"。

（1）现代服务劳务报酬所得。现代服务是指围绕制造业、文化产业、现代物流产业等提供技术性、知识性服务的业务活动。包括研发和技术服务、信息技术服务、文化创意服务、物流辅助服务、租赁服务、鉴证咨询服务、广播影视服务、商务辅助服务和其他现代服务。比如，《财政部 国家税务总局关于个人所得税法修改后有关优惠政策衔接问题的通知》（财税〔2018〕164号）第三条明确，保险营销员、证券经纪人取得的佣金收入。以不含增值税的收入减除20%费用后的余额为收入额，再减去收入额25%的展业成本以及附加税费后的所得。例如，2021年某保险营销员取得的含税佣金收入10.6万元，其收入额＝10.6÷（1＋6%）×（1－20%）＝8（万元）。所得额＝8×（1－25%）＝6（万元）。《国家税务总局关于个人取得包销补偿款征收个人所得税问题的批复》（国税函〔2007〕243号）明确，个人因包销商品房取得的差价收入及因此而产生的包销补偿款。例如，2021年12月张三取得商品房销售收入1 000万元，与开发商约定的包销价为900万元，差价收入100万元属于"劳务报酬所得"。

再如，《国家税务总局关于影视演职人员个人所得税问题的批复》（国税函〔1997〕385号）第一条规定，电影制片厂为了拍摄影视片而临时聘请非本厂导演、演职人员所取得的报酬。《国家税务总局关于印发〈广告市场个人所得税征收管理暂行办法〉的通知》（国税发〔1996〕148号）第五条规定，纳税人在广告设计、制作、发布过程中提供名义、形象而取得的所得。《国家税务总局关于个人兼职和退休人员再任职取得收入如何计算征收个人所得税问题的批复》（国税函〔2005〕382号）明确，个人兼职收入。例如，2021年12月张三取得兼职报酬1 000元属于"劳务报酬所得"。国税发〔2000〕149号文第七条规定，其他人员受律师以个人名义聘请为其工作而得到的报酬。

再比如，财税〔2004〕11号文规定，企业和单位对营销业绩突出的企业雇员之外其他人员，以培训班、研讨会、工作考察等名义组织旅游，通过免收差旅费、旅游费对个人实行营销业绩奖励（包括实物、有价证券等）。《国家税务总局关于印发〈征收个人所得税若干问题的规定〉的通知》（国税发〔1994〕089号）第八条明确，个人担任董事职务所取得的董事费收入。该"个人"在《国家税务总局关于明确个人所得税若干政策执行问题的通知》（国税发〔2009〕121号）第二条明确：仅适用于担任公司董事、监事，且不在公司任职、受雇的情形。例如，张三担任A公司董事职务，但不在公司任职，也不受雇于公司，2021年从A公司取得董事费收入30万元，属于"劳务报酬所得"。

（2）生活服务劳务报酬所得。生活服务是指为满足城乡居民日常生活需求提供的各类服务活动。包括文化体育服务、教育医疗服务、旅游娱乐服务、餐饮住宿服务、居民日常服务和其他生活服务。比如，国税发〔1997〕178号文第三条规定，受医疗机构临时聘请坐堂门诊及售药，由该医疗机构支付报酬，或收入与该医疗机构按比例分成的人员所得。《国家税务总局关于个人举办各类学习班取得的收入征收个人所得税问题的批复》（国税函〔1996〕658号）第二条规定，个人无须经政府有关部门批准并取得执照举办学习班、培训班收入。

3．稿酬所得。稿酬所得是指个人因其作品以图书、报刊等形式出版、发表，依据《使用文字作品支付报酬办法》（国家版权局、国家发展和改革委员会第11号令）等而取得的所得。比如，国税函〔2002〕146号第三条规定，除记者、编辑等专业人员以外其他人员，在本单位报刊、杂志上发表作品取得的所得。出版社专业作者撰写、编写或翻译作品，由本社以图书形式出版的稿费收入。例如，张三任某出版社的专业编辑，2020年在该出版社出版一本书，取得稿酬3万元，则该所得为"稿酬所得"。《国家税务总局关于影视演职人员个人所得税问题的批复》（国税函〔1997〕385号）第二条规定，创作的影视分镜头剧本，作为文学创作而在书刊杂志上出版、发表所得。

4．特许权使用费所得。特许权使用费所得是指个人提供专利权、商标权、著作权、非专利技术以及其他特许权的使用权取得的所得；提供著作权的使用权取得的所得，不包括稿酬所得。

（1）提供专利权所得。比如，《国家税务总局关于个人取得专利赔偿所得征收个人所得税问题的批复》（国税函〔2000〕257号）明确，专利所有者个人因其专利权单位使用而取得的经济赔偿收入。

以专利技术使用权投资和转让专利技术所有权取得的股权所得按特许权使用费所得。例如，《国家税务总局关于个人以专利技术入股及通过转让专利技术所有权取得股权有关个人所得税问题的批复》（国税函

〔1998〕621号）第一条规定，熊建明以其专利技术使用权向深圳方大建材有限公司投资和向该公司转让专利技术所有权取得的股权所得。

（2）提供著作权所得。比如，《国家税务总局关于加强和规范个人取得拍卖收入征收个人所得税有关问题的通知》（国税发〔2007〕38号）第一条第（一）项规定，个人通过拍卖市场拍卖作者文字作品手稿原件或复印件所得。《国家税务总局关于剧本使用费征收个人所得税问题的通知》（国税发〔2002〕52号）规定，剧本作者从电影、电视剧的制作单位（不论使用方是否为其任职单位）取得的剧本使用费。

（3）提供非专利技术所得。比如，《国家税务总局关于企业员工向本企业提供非专利技术取得收入征收个人所得税问题的批复》（国税函〔2004〕952号）明确，企业员工在其工资福利待遇与其工作大致相当，与企业其他员工没有异常，因向本企业提供所需相关技术而取得不超过20%全部可分配利润的收入。例如，员工张三向企业提供技术，2021年8月取得收入100万元，同年全部可分配利润1 000万元。100＜1 000×20%，该100万元为张三的"特许权使用费所得"。

（4）提供其他特许权的使用权所得。《国家税务总局关于文峪金矿矿区内生产经营单位和个人若干税收问题的批复》（国税函〔1998〕111号）第三条规定，个人只转让采矿权，不转让金矿矿井等财产所得。例如，2020年12月张三转让其在某矿区的采矿权，取得收入2 500万元，扣除20%费用（500万元），所得2 000万元，属于"特许权使用费所得"。

5．经营所得。经营所得是指个体工商户从事生产、经营活动所得，个人独资企业投资人、合伙企业的个人合伙人来源于境内注册的个人独资企业、合伙企业生产、经营所得；个人依法从事办学、医疗、咨询以及其他有偿服务活动所得；个人对企业、事业单位承包经营、承租经营以及转包、转租所得；个人从事其他生产、经营活动所得。

（1）个体工商户从事生产、经营活动所得，个人独资企业投资人、合伙企业的个人合伙人来源于境内注册的个人独资企业、合伙企业生产、经营所得。比如，《财政部 国家税务总局关于医疗机构有关个人所得税政策问题的通知》（财税〔2003〕109号）规定，个人投资或个人合伙投资开设医院（诊所）收入。《国家税务总局关于个人所得税若干政策问题的批复》（国税函〔2002〕629号），个人因从事彩票代销业务所得。《国家税务总局关于个人或合伙吸储放贷取得的收入征收个人所得税问题的批复》（国税函〔2000〕516号）明确，个人或个人打伙的吸存放贷收入。《国家税务总局关于农场职工个人提供农用机械服务取得所得征收个人所得税问题的批复》（国税函〔1998〕85号）明确，农场职工为他人有偿提供农用机械服务所得。

再如，《国家税务总局关于个人从事医疗服务活动征收个人所得税问题的通知》（国税发〔1997〕178号）规定，个人经政府有关部门批准取得执照，以门诊部、诊所、卫生所（室）、卫生院、医院等医疗机构形式从事疾病诊断、治疗及售药等服务活动，该医疗机构所得。个人未经政府有关部门批准，自行连续从事医疗服务活动，不管是否有经营场所，其取得与医疗服务活动相关所得。

《财政部 税务总局 发展改革委 证监会关于创业投资企业个人合伙人所得税政策问题的通知》（财税〔2019〕8号）第二条第二款规定，创投企业选择按年度所得整体核算，其个人合伙人从创投企业所得。例如，创投企业个人合伙人张三，2020年6月从创投企业上年整体核算中取得所得100万元。属于张三"经营所得"。

再如，《国家税务总局关于印发〈机动出租车驾驶员个人所得税征收管理暂行办法〉的通知》（国税发〔1995〕50号）第六条规定，从事个体出租车运营的出租车驾驶员取得的收入。出租车属个人所有，但挂靠出租汽车经营单位或企事业单位，驾驶员向挂靠单位缴纳管理费，或出租汽车经营单位将出租车所有权转移给驾驶员，出租车驾驶员从事客货运营取得的收入。《国家税务总局关于社会力量办学征收个人所得税问题的批复》（国税函〔1998〕738号）明确，个人经政府有关部门批准取得执照，从事办学所得。《国家税务总局关于个人举办各类学习班取得的收入征收个人所得税问题的批复》（国税函〔1996〕658号），个人经政府有关部门批准并取得执照举办学习班、培训班收入。例如，2020年1月，张三依照《中华人民共和国教育法》第二十五条第二款、第二十七条之规定，经过批准投资兴办一所民办幼儿园。全年收取幼儿学习收入1 000万元，属于"个体工商户的生产、经营所得"。

自2000年1月1日起，《国务院关于个人独资企业和合伙企业征收所得税问题的通知》（国发〔2000〕16号）规定，个人独资企业和合伙企业停止征收企业所得税，其投资者的生产经营所得，比照个体工商户的生产、经营所得征收个人所得税。个人独资企业、合伙企业出资购买房屋及其他财产，将所有权登记为投资者个人、投资者家庭成员；上述人员向企业借款用于购买房屋及其他财产，将所有权登记为上述人员，且借款年度终了后未归还。《财政部 国家税务总局关于企业为个人购买房屋或其他财产征收个人所得税问题的批复》（财税〔2008〕83号），上述人员的上述所得，属于"个体工商户的生产、经营所得"。例如，2021年12月某个人独资企业购买轿车一辆，车辆落地价格28万元，机动车行驶证登记车辆所有人为"企业法定代表人"。该28万元属于"企业法定代表人"的"个体工商户的生产、经营所得"。

律师个人出资兴办的独资和合伙性质的律师事务所的年度经营所得，从2000年1月1日起，停止征收企业所得税，作为出资律师的个人经营所得，《国家税务总局关于律师事务所从业人员取得收入征收个人所得税有关业务问题的通知》（国税发〔2000〕149号）规定，比照"个体工商户的生产、经营所得"。在计算其经营所得时，出资律师本人的工资、薪金不得扣除。

（2）个人对企业、事业单位承包经营、承租经营以及转包、转租所得。比如，《财政部 国家税务总局关于医疗机构有关个人所得税政策问题的通知》（财税〔2003〕109号）规定，医生或其他个人承包、承租经营医疗机构，经营成果归承包人所有，承包人的所得。国税发〔1997〕178号第三条第一款规定，集体、合伙或个人出资的乡村卫生室（站），由医生承包经营，成果归医生个人所有，承包人所得。

6. 利息、股息、红利所得。利息、股息、红利所得是指个人拥有债权、股权等而取得的利息、股息、红利所得。比如，财税〔2019〕8号第二条第一款规定，创投企业选择单一投资基金核算，其个人合伙人应从创投企业所投资项目分配的股息、红利收入以及其他固定收益类证券等收入取得的所得。《财政部、国家税务总局关于将国家自主创新示范区有关税收试点政策推广到全国范围实施的通知》（财税〔2015〕116号）第三条第（二）项规定，个人股东获得转增的股本。《国家税务总局关于个人或合伙吸储放贷取得的收入征收个人所得税问题的批复》（国税函〔2000〕516号）明确，个人将资金提供给个人放贷而取得的利息收入。

税务机关应依据实质课税原则，根据当事人民事交易的实质内容自行、独立认定当事人之间实际形成民间借贷法律关系，将一方当事人收取另一方当事人支付的除本金以外的收入认定为民间借贷利息收入。例如，2013年初，福建省鑫隆古典工艺博览城建设有限公司（以下简称鑫隆公司）因项目开发建设需要，与陈某伟和案外人林某钦达成协议，以鑫隆公司部分房产作为抵押向陈某伟和林某钦合计借款6 000万元，月息5%，利息按月支付，期限一年。同年3月20日，陈某伟、林某钦与鑫隆公司签订合同时，只同意借给鑫隆公司5 500万元，双方签订总价为5 500万元的商品房买卖合同，并到仙游县房地产管理中心备案登记。2014年3月19日即一年放贷期满，林某钦、陈某伟和鑫隆公司通过泉州仲裁委员会仲裁解除上述商品房买卖合同，鑫隆公司各汇还给林某钦、陈某伟2 600万元。2013年3月20日至2014年3月19日，陈某伟累计取得利息收入2 140.5万元。[①]

企业出资购买房屋及其他财产，将所有权登记为投资者个人、投资者家庭成员；或者这些人员向企业借款用于购买房屋及其他财产，将所有权登记为投资者、投资者家庭成员，且借款年度终了后未归。《财政部 国家税务总局关于企业为个人购买房屋或其他财产征收个人所得税问题的批复》（财税〔2008〕83号），除个人独资企业、合伙企业以外其他企业的个人投资者或其家庭成员取得上述所得，属于"利息、股息、红利所得"。例如，2020年8月，某股份有限公司出资在海南省三亚市购买一房屋100平方米，价格100万元，将房屋所有权登记为股东张三。属于张三"利息、股息、红利所得"。

7. 财产租赁所得。财产租赁所得是指个人出租不动产、机器设备、车船以及其他财产取得的所得。

（1）出租不动产所得。比如，《国家税务总局关于酒店产权式经营业主税收问题的批复》（国税函〔2006〕478号）规定，酒店产权式经营业主在约定的时间内提供房产使用权与酒店进行合作经营，房产产权并未归属新的经济实体，业主按照约定取得的固定收入和分红收入。

再如，《国家税务总局关于个人转租房屋取得收入征收个人所得税问题的通知》（国税函〔2009〕639号）规定，个人将承租房屋转租取得的租金收入。需要注意可以扣除的成本，租赁过程中缴纳的税费应是承租方承担的税费，不包括应由房屋出租方负担的税费，但包括增值税。《财政部 国家税务总局关于营改增后契税、房产税、土地增值税、个人所得税计税依据问题的通知》（财税〔2016〕43号）第四条第二款规定："个

---

① 案件资料来源：《陈某伟、福建省地方税务局税务行政管理（税务）再审审查与审判监督行政裁定书》，中国裁判文书网，2019年4月19日。

人转租房屋的，其向房屋出租方支付的租金及增值税额，在计算转租所得时予以扣除。"个人向房屋出租方支付的租金扣除，应有房屋租赁合同和合法支付凭据。修缮费用的扣除应是实际开支并由承租方负担的费用。例如，2017年1月1日，张三与某房东签订承租合同，承租期为10年，合同签订日一次性支付租金1000万元（含税）。2023年1月张三将其承租的房屋剩余的4年转租给李四，租赁费为500万元。符合扣除条件租金410万元（含税）、修缮费用10万元后的80万元属于张三"财产租赁所得"。假设转租收入415万元，其他因素不变。财产租赁所得为零，尚有修缮费用5万元不得扣除。

自2016年5月1日起，财税〔2016〕43号文第四条第二款规定："个人出租房屋的个人所得税应税收入不含增值税，计算房屋出租所得可扣除的税费不包括本次出租缴纳的增值税。"第五条规定，免征增值税的出租房屋确定计税依据时，租金收入不扣减增值税额。例如，2022年1月1日，张三将房屋出租，月租金11.55万元，应纳增值税0.165万元［＝11.55÷（1＋5%）×1.5%］。假设没有可扣除的税费，房屋出租所得为11万元。假设月租金收入（含增值税）9.45万元，租金收入小于10万元，免征增值税。也没有可扣除的税费，9.45万元就是计税依据。

房地产开发企业与商店购买者个人签订协议，房企按优惠价格出售其开发的商店，后者在一定期限内必须将所购商店无偿提供给房企对外出租。《国家税务总局关于个人与房地产开发企业签订有条件优惠价格协议购买商店征收个人所得税问题的批复》（国税函〔2008〕576号）规定，购买者个人少支出的购房价款，视同个人财产租赁所得。例如，2022年1月1日，某房地产开发企业将50平方米的商店以每平方米低于市场价格2000元的价格卖给张三并签订协议，在5年内，该商店无偿提供给房企对外出租。张三视同财产租赁所得为100000元（＝50×2000）。

（2）出租机器设备所得。比如，《国家税务总局关于个人投资设备取得所得征收个人所得税问题的批复》（国税函〔2000〕540号）规定，个人和医院签订协议规定，由个人出资购买医疗仪器或设备交医院使用，取得的收入扣除有关费用后，剩余部分双方按一定比例分成所得；医疗仪器或设备使用达到一定年限后，产权归医院所有，但收入继续分成所得。

（3）出租其他财产所得。比如，《国家税务总局关于转租浅海滩涂使用权收入征收个人所得税问题的批复》（国税函〔2002〕1158号）规定，个人转租滩涂使用权取得的收入扣除承包费后所得。例如，2016年5月，张三与村委会签订了承包部分浅海滩涂合同，用于海产养殖，承包期为10年。2021年5月张三又将其承包的海滩剩余的5年转租给李四，租赁费共500万元。扣除之前共支付给村民委员会承包费400万元后的100万元属于张三"财产租赁所得"。

8. 财产转让所得。财产转让所得是指个人转让有价证券、股权、合伙企业中的财产份额、不动产、机器设备、车船以及其他财产取得的所得。

（1）转让股权所得。比如，财税〔2019〕8号第二条第一款规定，创投企业选择单一投资基金核算，其个人合伙人从创投企业股权转让取得的所得。自2010年1月1日起，《财政部 国家税务总局 证监会关于个人转让上市公司限售股所得征收个人所得税有关问题的通知》（财税〔2009〕167号 ）规定：个人转让限售股所得。非上市公司授予本公司员工的股票期权、股权期权、限制性股票和股权奖励，股权转让时，《财政部 国家税务总局关于完善股权激励和技术入股有关所得税政策的通知》（财税〔2016〕101号）第一条规定：按照股权转让收入减除股权取得成本以及合理税费后的差额。

再如，《国家税务总局关于个人终止投资经营收回款项征收个人所得税问题的公告》（2011年第41号）明确，个人因各种原因终止投资、联营、经营合作等行为，从被投资企业或合作项目、被投资企业的其他投资者以及合作项目的经营合作人取得股权转让收入、违约金、补偿金、赔偿金及以其他名目收回的款项等。《国家税务总局关于个人股权转让过程中取得违约金收入征收个人所得税问题的批复》（国税函〔2006〕866号），股权成功转让后，转让方个人因受让方个人未按规定期限支付价款而取得的违约金收入。将伴生的违约金、补偿金、赔偿金作为"财产转让所得"，涉嫌扩大税法解释，值得商榷。

（2）转让不动产所得。财税〔2016〕43号第四条第一款规定："个人转让房屋的个人所得税应税收入不含增值税，其取得房屋时所支付价款中包含的增值税计入财产原值，计算转让所得时可扣除的税费不包括本次转让缴纳的增值税。"例如，2022年9月，某居民个人从中国境内取得房屋转让收入（含增值税）2 060 000元，应纳增值税20 000元〔＝2 060 000÷（1＋3%）×1%〕。2017年1月取得房屋原值（含增值税）1 200 000元，支付合理费用100 000元。转让房屋所得＝转让房屋的收入额－房屋原值－合理费用＝〔2 060 000÷（1＋3%）－1 200 000－100 000〕＝700 000（元）。本次转让房屋缴纳的增值税20 000元，在计算转让所得时不得扣除。

（3）转让其他财产所得。比如，《财政部 国家税务总局关于个人非货币性资产投资有关个人所得税政策的通知》（财税〔2015〕41号）第一条规定：个人转让非货币性资产的所得。《国家税务总局关于印发〈股权激励和技术入股个人所得税政策口径〉的通知》（税总所便函〔2016〕149号）第六条明确，转让技术成果所得。例如，李某2021年6月以其所有的某项专利技术投资作价100万元入股a企业，获得a企业股票50万股，占企业股本的5%。若李某发明该项专利技术的成本为20万元，入股时发生评估费及其他合理税费共10万元。转让技术成果所得70万元〔＝100－（20＋10）〕。

再如，《国家税务总局关于加强和规范个人取得拍卖收入征收个人所得税有关问题的通知》（国税发〔2007〕38号）第一条第（二）项规定，个人通过拍卖市场拍卖字画、瓷器、玉器、珠宝、邮品、钱币、古籍、古董等物品所得。《国家税务总局关于文峪金矿矿区内生产经营单位和个人若干税收问题的批复》（国税函〔1998〕111号）第三条规定，个人在转让采矿权时一并有偿转让金矿矿井等财产所得。

9. 偶然所得。偶然所得是指个人得奖、中奖、中彩以及其他偶然性质的所得。

（1）个人得奖、中奖、中彩所得。比如，《财政部 国家税务总局关于体育彩票发行收入税收问题的通知》（财税字〔1996〕77号）明确，个人购买体育彩票的中奖收入。《国家税务总局关于个人在境外取得博彩所得征收个人所得税问题的批复》（国税函发〔1995〕663号）明确，居民个人在境外博彩所得。《财政部 国家税务总局关于企业促销展业赠送礼品有关个人所得税问题的通知》（财税〔2011〕50号）第二条第（三）项规定，企业对累积消费达到一定额度的顾客，给予额外抽奖机会，个人的获奖所得。这个"奖"如果为现金，所得额明确；如果是非现金，按本文第三条规定："企业赠送的礼品是自产产品（服务）的，按该产品（服务）的市场销售价格确定个人的应税所得；是外购商品（服务）的，按该商品（服务）的实际购置价格确定个人的应税所得。"

（2）其他偶然性质的所得。比如，《财政部 税务总局关于个人取得有关收入适用个人所得税应税所得项目的公告》（2019年第74号）第一条规定，个人为单位或他人提供担保获得收入。《国家税务总局关于用使用权作奖项征收个人所得税问题的批复》（国税函〔1999〕549号）明确，消费者在购物有奖活动取得住房、汽车的免费使用权，不管是自用或出租。《财政部 国家税务总局关于企业向个人支付不竞争款项征收个人所得税问题的批复》（财税〔2007〕102号）明确，资产出售方企业自然人股东取得的不竞争款项。例如，2021年1月1日，A公司购买B公司并与B公司自然人股东张三签订保密和不竞争协议，张三承诺即日起5年内不从事有市场竞争的相关业务，并对相关技术资料的保密。A企业支付张三每年10万元不竞争款项，该款项属于张三"偶然所得"。

除《财政部 国家税务总局关于个人无偿受赠房屋有关个人所得税问题的通知》（财税〔2009〕78号）第一条规定免征个人所得税以外的受赠人无偿受赠房屋收入；个人取得其他企业在业务宣传、广告等活动中，随机赠送礼品（包括网络红包），以及其他企业在年会、座谈会、庆典以及其他活动中赠送礼品的收入（企业赠送的具有价格折扣或折让性质的消费券、代金券、抵用券、优惠券等礼品除外），《财政部 税务总局关于个人取得有关收入适用个人所得税应税所得项目的公告》（2019年第74号）明确，属于"偶然所得"。注意该应税礼品不包括亲戚朋友之间互相赠送的礼品。例如，张三参加某企业2020年年会，获得踏花被一床，价值200元。属于"偶然所得"，个人所得税由发放单位代扣代缴。

（三）不征税所得。并非个人所得都纳税，按税收法定原则，法律没有规定纳入征税对象的所得不征税，法律明确排除的所得不征税。比如，《财政部 国家税务总局关于企业促销展业赠送礼品有关个人所得税问题的通知》（财税〔2011〕50号）第一条规定，企业通过价格折扣、折让方式向个人销售商品（产品）和提供服务，在向个人销售商品（产品）和提供服务的同时给予赠品（如通信企业对个人购买手机赠话费、入网费，或者存话费赠手机），对累积消费达到一定额度的个人按消费积分反馈礼品。《国家税务总局关于明确个人所得税若干政策执行问题的通知》（国税发〔2009〕121号）规定：通过离婚析产的方式分割房屋产权，个人在办理房屋产权过户。

再如，《国家税务总局关于印发〈征收个人所得税若干问题的规定〉的通知》（国税发〔1994〕089号）第二条第（二）项规定：独生子女补贴；执行公务员工资制度未纳入基本工资总额的补贴、津贴差额和家属成员的副食品补贴；托儿补助费；差旅费津贴、误餐补助。《财政部 国家税务总局关于误餐补助范围确定问题的通知》（财税字〔1995〕82号）明确，误餐补助是指个人因公在城区、郊区工作，不能在工作单位或返回就餐，确实需要在外就餐，根据实际误餐顿数，按规定的标准领取的误餐费。例如，2021年12月28日至31日，北京市某单位员工张三到密云区出差，往返途中各有一餐在外自行就餐，并持有有效票据，单位按《北京市财政局关于调整行政事业单位工作餐等开支标准的通知》（京财行〔2002〕378号）给张三误餐补助共20元，随同报销差旅费时发放。张三取得该误餐补助不征个人所得税。

三、税率和征收率

（一）税率。个人所得税适用税率为超额累进税率和比例税率。

1.《个人所得税法》第三条第一款第（一）（二）项规定：综合所得、经营所得分别适用3%至45%、5%至35%的超额累进税率（税率表附后）。

个人所得税税率表一

（综合所得适用）

级数	全年应纳税所得额	税率（%）	速算扣除数
1	不超过 36 000 元的	3%	0
2	超过 36 000 元至 144 000 元的部分	10%	2 520
3	超过 144 000 元至 300 000 元的部分	20%	16 920
4	超过 300 000 元至 420 000 元的部分	25%	31 920
5	超过 420 000 元至 660 000 元的部分	30%	52 920
6	超过 660 000 元至 960 000 元的部分	35%	85 920
7	超过 960 000 元的部分	45%	181 920

（注：本表所称全年应纳税所得额是指依照本法第六条的规定，居民个人取得综合所得以每一纳税年度收入额减除费用六万元以及专项扣除、专项附加扣除和依法确定的其他扣除后的余额。非居民个人取得工资、薪金所得，劳务报酬所得，稿酬所得和特许权使用费所得，依照本表按月换算后计算应纳税额，见下表）

个人所得税税率表二

（非居民个人工资、薪金所得，劳务报酬所得，稿酬所得，特许权使用费所得适用）

级数	全月应纳税所得额	税率（%）	速算扣除数
1	不超过 3 000 元的	3%	0
2	超过 3 000 元至 12 000 元的部分	10%	210
3	超过 12 000 元至 25 000 元的部分	20%	1 410
4	超过 25 000 元至 35 000 元的部分	25%	2 660
5	超过 35 000 元至 55 000 元的部分	30%	4 410
6	超过 55 000 元至 80 000 元的部分	35%	7 160
7	超过 80 000 元的部分	45%	15 160

个体工商户生产、经营所得和对企事业单位的承包经营、承租经营所得适用税率表

级数	全年应纳税所得额		税率（%）	速算扣除数
	含税级距	不含税级距		
1	不超过 30 000 元的	不超过 28 500 元的	5%	0
2	超过 30 000 元至 90 000 元的部分	超过 28 500 元至 82 500 元的部分	10%	1 500
3	超过 90 000 元至 300 000 元的部分	超过 82 500 元至 250 500 元的部分	20%	10 500
4	超过 300 000 元至 500 000 元的部分	超过 250 500 元至 390 500 元的部分	30%	40 500
5	超过 500 000 元的部分	超过 390 500 元的部分	35%	65 500

不含税劳务报酬收入适用税率表

级数	不含税劳务报酬收入额	税率	速算扣除数
1	21 000 元以下部分	20%	0
2	超过 21 000 元至 49 500 元的部分	30%	2 000
3	超过 49 500 元的部分	40%	7 000

（资料来源：国税发〔2000〕192 号）

2．比例税率。《个人所得税法》第三条第一款第（三）项规定，利息、股息、红利所得，财产租赁所得，财产转让所得和偶然所得，适用比例税率20%。

（二）征收率。个人通过拍卖市场拍卖瓷器、玉器、珠宝、邮品、钱币、古籍、古董等物品所得，纳税人如不能提供合法、完整、准确的财产

原值凭证，不能正确计算财产原值，《国家税务总局关于加强和规范个人取得拍卖收入征收个人所得税有关问题的通知》（国税发〔2007〕38号）规定，按转让收入额3％征收率计算缴纳个人所得税；拍卖品经文物部门认定是海外回流文物，按转让收入额2％征收率计算缴纳个人所得税。对个人财产拍卖所得征收个人所得税时，以该项财产最终拍卖成交价格为其转让收入额。例如，2020年12月，张三在拍卖市场拍卖瓷器、玉器、珠宝等物品5件，收入额2 060万元。假如张三不能提供合法、完整、准确财产原值凭证，则征收个人所得税60万元［=2 060÷（1+3%）×3%］。如果张三的拍卖品是海外回流文物，则征收个人所得税40万元［=2 060÷（1+3%）×2%］。

四、收入额

个人所得税的征税对象是所得，而纳税申报表却要申报收入总额，即所得中应该计算缴纳个人所得税的金额。

收入额＝所得（收入）－费用

或者，

收入额＝所得（收入）×计算比例

当没有扣除项或者打折时，收入就与所得金额一致。经营收入额、财产租赁收入额、财产转让收入额、偶然收入额和利息、股息、红利收入额就是如此。比如，股份制企业在分配股息、红利时，以股票形式向股东个人支付应得的股息、红利，《国家税务总局关于印发〈征收个人所得税若干问题的规定〉的通知》（国税发〔1994〕089号）第十一条规定，以派发红股的股票票面金额为收入额。

（一）工资、薪金收入额。工资、薪金收入额是指工资、薪金所得中应计算缴纳个人所得税金额。比如，无住所个人在境内外单位同时担任职务或者仅在境外单位任职，且当期同时在境内外工作，《财政部 税务总局关于非居民个人和无住所居民个人有关个人所得税政策的公告》（2019年第35号）第一条第（一）项规定，按工资薪金所属境内外工作天数占当期公历天数的比例计算确定来源于境内外工资薪金所得的收入额。

1. 无住所个人为非居民个人（任高管职务除外）取得工资薪金所得，在一个纳税年度内境内，居住时间累计不超过90天，仅就归属于境内工作期间并由境内雇主支付或者负担的工资薪金所得计算缴纳个人所得税。计算公式如下（公式一）：

当月工资薪金收入额＝当月境内支付工资薪金数额×（当月工资薪金所属工作期间境内工作天数÷当月工资薪金所属工作期间公历天数）

例如，美国公民罗伯特在境内外单位同时任职，在中国无住所。2021年在境内累计居住88天。2021年11月份境内外工资薪金总额3万元人民币，当月境内支付工资薪金1.5万元人民币。当月境内实际工作日6天、公休假8天、个人休假2天、接受培训5天。

当月境内工资薪金所得的收入额＝1.5×［（6＋8＋2＋5）÷30］＝1.05（万元）

在一个纳税年度内，境内居住时间累计超过90天不满183天，取得归属于境内工作期间的工资薪金所得计算缴纳个人所得税；其取得归属于境外工作期间的工资薪金所得不征收个人所得税。计算公式如下（公式二）：

当月工资薪金收入额＝当月境内外工资薪金总额×（当月工资薪金所属工作期间境内工作天数÷当月工资薪金所属工作期间公历天数）

承上例，如果罗伯特在境内居住时间累计100天。当月境内工资薪金所得的收入额＝3×（21÷30）＝2.1（万元）。

2．无住所个人为居民个人，如果在境内居住累计满183天的年度连续不满六年，其取得的全部工资薪金所得，除归属于境外工作期间且由境外单位或者个人支付的工资薪金所得部分外，均计算缴纳个人所得税。计算公式如下（公式三）：

当月工资薪金收入额＝当月境内外工资薪金总额×［1－（当月境外支付工资薪金数额÷当月境内外工资薪金总额）×（当月工资薪金所属工作期间境外工作天数÷当月工资薪金所属工作期间公历天数）］

例如，中国公民张三在境内外单位同时任职，在中国无住所。截至2021年12月31日，在境内居住累计满183天的年度连续不满六年。2021年11月份境内外工资薪金总额3万元人民币，当月境外支付工资薪金1.5万元人民币。当月境内实际工作日6天、公休假8天、个人休假2天、接受培训5天。境外实际工作日9天。

当月工资薪金收入额＝3×［1－（1.5÷3）×（9÷30）］＝3×（1－0.5×0.3）＝3×（1－0.15）＝2.55（万元）

如果在境内居住累计满183天的年度连续满六年，其从境内外取得的全部工资薪金所得均计算缴纳个人所得税。承前例，张三当月境内工资薪金所得的收入额为3万元人民币。

3．无住所居民个人为高管人员，工资薪金收入额按前项规定计算纳税。当高管人员为非居民个人时，在一个纳税年度内，如果境内居住时间累计不超过90天，其取得由境内雇主支付或者负担的工资薪金所得计算缴纳个人所得税，否则不缴纳个人所得税。当月工资薪金收入额为当月境内支付或者负担的工资薪金收入额。例如，美国公民罗伯特是中国居民企业的高管人员，2021年在境内累计居住88天。当月境内支付工资薪金1.5万元人民币为"当月境内工资薪金所得的收入额"。

如果境内居住时间累计超过90天不满183天，其取得的工资薪金所得，除归属于境外工作期间且不是由境内雇主支付或者负担的部分外，计算缴纳个人所得税。当月工资薪金收入额计算适用公式三。

承上例，假如2021年罗伯特在境内累计居住100天，当年11月份境内外工资薪金总额3万元人民币。当月境外支付工资薪金1.5万元人民币，当月境外实际工作日9天。

当月工资薪金收入额＝3×［1－（1.5÷3）×（9÷30）］＝3×（1－0.5×0.3）＝3×（1－0.15）＝2.55（万元）

（二）劳务报酬收入额。劳务报酬收入额是指劳务报酬中应计算缴纳个人所得税金额。《个人所得税法》第六条第二款规定：劳务报酬所得以收入减除20%的费用后的余额为收入额。《财政部 税务总局关于个人所得税法修改后有关优惠政策衔接问题的通知》（财税〔2018〕164号）第三条规定：保险营销员、证券经纪人取得的佣金收入，以不含增值税的收入减除20%的费用后的余额为收入额。例如，2021年某保险营销员取得的含税佣金收入10.6万元，其收入额＝10.6÷（1＋6%）×（1－20%）＝8（万元）。

（三）稿酬收入额。稿酬收入额是指稿酬中应计算缴纳个人所得税金额。《个人所得税法》第六条第二款规定：稿酬所得以收入减除20%的费用后的余额为收入额。稿酬所得的收入额减按70%计算。例如，某自然人2021年6月取得稿酬收入5 000元，其收入额为2 800元［＝5 000×（1－20%）×70%］。

（四）特许权使用费收入额。特许权使用费收入额是指特许权使用费所得中应计算缴纳个人所得税金额。《个人所得税法》第六条第二款规定：特许权使用费所得以收入减除20%的费用后的余额为收入额。

五、扣除

扣除是指从收入额中减去一部分。包括一般扣除、专项扣除、专项附加扣除、其他扣除。《个人所得税法实施条例》第十三条第二款规定："专项扣除、专项附加扣除和依法确定的其他扣除，以居民个人一个纳税年度的应纳税所得额为限额；一个纳税年度扣除不完的，不结转以后年度扣除。"

（一）一般扣除。一般扣除包括费用、公益慈善事业的捐赠支出。

1. 费用。个人要取得收入，必须有维护生命或者构成财产原值的费用支出，在计算应纳税所得额时要给予扣除。《个人所得税法》第六条规定：居民个人的综合所得，以每一纳税年度的收入额减除费用六万元。非居民个人的工资、薪金所得以每月收入额减除费用五千元。财产租赁所得每次收入不超过四千元的，减除费用八百元；四千元以上的，减除百分之二十的费用。劳务报酬所得、稿酬所得、特许权使用费所得以收入减除百分之二十的费用等。

2. 公益慈善事业的捐赠。公益慈善事业的捐赠是指个人将其所得对教育、扶贫、济困等公益慈善事业进行捐赠。《个人所得税法》第六条第三款规定：个人将其所得对教育、扶贫、济困等公益慈善事业进行捐赠，捐赠额未超过纳税人申报的应纳税所得额百分之三十的部分，可以从其应纳税所得额中扣除；国务院规定对公益慈善事业捐赠实行全额税前扣除的，从其规定。《个人所得税法实施条例》第十九条规定：这种捐赠通过中国境内的公益性社会组织、国家机关进行。《财政部 税务总局关于公益慈善事业捐赠个人所得税政策的公告》（2019年第99号）第一条，将国家机关限定为"县级以上人民政府及其部门"。因此，《个体工商户个人所得税计税办法》（国家税务总局令第35号）第三十六条第三款规定："个体工商户直接对受益人的捐赠不得扣除。"例如，某居民个人，2021年5月在中国境内买体育彩票中奖500万元，同时，该居民个人将其所得对扶贫事业捐赠200万元。应纳税额＝应纳税所得额×税率＝（500－500×30%）×20%＝350×20%＝70（万元）。

纳税人通过中国境内非营利的社会团体、国家机关向教育事业的捐赠，《财政部 国家税务总局关于教育税收政策的通知》（财税〔2004〕39号）第一条第（八）项明确：准予个人所得税前全额扣除。例如，2021年3月3日，1999年毕业于北京大学政治学与行政管理系（现北京大学政府管理学院）的李永新同学向北京大学教育基金会捐赠10亿元人民币，设立北京大学中公教育发展基金。该教育基金会为公益性社会组织，李永新可以在计算个人所得税时全额扣除。

个人捐赠北京2022年冬奥会、冬残奥会、测试赛的资金和物资支出，《财政部 国家税务总局 海关总署关于北京2022年冬奥会和冬残奥会税收政策的通知》（财税〔2017〕60号）第二条第（二）项规定："可在计算个人应纳税所得额时予以全额扣除。"

《财政部 税务总局关于公益慈善事业捐赠个人所得税政策的公告》（2019年第99号）对公益捐赠支出政策及《个人所得税公益慈善事业捐赠扣除明细表》作出规定。

（二）专项扣除。专项扣除包括基本养老保险、基本医疗保险、工伤保险和住房公积金。前三项内容见本书第五篇。《财政部 国家税务总局关于基本养老保险费基本医疗保险费失业保险费住房公积金有关个人所得税政策的通知》（财税〔2006〕10号）第一条规定：按照国家或省（自治区、直辖市）人民政府规定的缴费比例或办法实际缴付的基本养老保险费、基本医疗保险费和失业保险费，企事业单位实际缴付的免征个人所得税，个人实际缴付的允许在个人应纳税所得额中扣除。

个人领取一次性补偿收入时按照国家和地方政府规定的比例实际缴纳

的住房公积金、医疗保险费、基本养老保险费、失业保险费，《财政部 国家税务总局关于个人与用人单位解除劳动关系取得的一次性补偿收入征免个人所得税问题的通知》（财税〔2001〕157号）第二条规定：可以在计征其一次性补偿收入的个人所得税时予以扣除。

个人缴纳住房公积金可以扣除的幅度介于5%至12%之间。《住房公积金管理条例》（国务院令第350号）第二条规定："住房公积金，是指国家机关、国有企业、城镇集体企业、外商投资企业、城镇私营企业和其他城镇企业、事业单位、民办非企业单位、社会团体以及其在职职工缴存的长期住房储金。"第十八条规定：职工缴存比例不得低于职工上一年度月平均工资的5%；有条件的城市可以适当提高缴存比例。第十九条规定："职工个人缴存的住房公积金，由所在单位每月从其工资中代扣代缴。"财税〔2006〕10号第二条规定：单位和个人分别在不超过职工本人上一年度月平均工资（该月平均工资不得超过职工工作地所在设区城市上一年度职工月平均工资的3倍）12%的幅度内，其实际缴存的住房公积金，允许在个人应纳税所得额中扣除。

例如，福建某企业职工个人缴存住房公积金比例为5%，2018年全省全口径城镇单位就业人员年平均工资为64 671元。2019年6月缴纳公积金3 233.55元（＝64 671×5%），可以在计算个人所得税时给予扣除。

（三）专项附加扣除。《国务院关于印发个人所得税专项附加扣除暂行办法的通知》（国发〔2018〕41号）对子女教育、继续教育、大病医疗、住房贷款利息、住房租金和赡养老人等六项专项附加扣除作出规定。2019年至2021年，外籍个人符合居民个人条件的，可选择享受个人所得税专项附加扣除，也可以选择按照《财政部 国家税务总局关于个人所得税法修改后有关优惠政策衔接问题的通知》（财税〔2018〕164号）第七条规定，享受住房补贴、语言训练费、子女教育费等津补贴免税优惠政策，但不得同时享受。《关于延续实施外籍个人津补贴等有关个人所得税优惠政策的公告》（财政部、税务总局公告2021年第43号）规定，2023年12月31日前，继续执行外籍个人该优惠政策。

《财政部 税务总局关于个人所得税综合所得汇算清缴涉及有关政策问题的公告》（2019年第94号）第三条规定：居民个人填报专项附加扣除信息存在明显错误，经税务机关通知拒不更正或者不说明情况，可暂停纳税人享受专项附加扣除。待更正相关信息或者说明情况后，经税务机关确认可继续享受，以前月份未享受扣除，可按规定追补扣除。

1．子女教育的专项附加扣除。纳税人的子女接受全日制学历教育的相关支出，以及年满3岁至小学入学前处于学前教育阶段的子女按照每个子女每月1 000元的标准定额扣除。父母可以选择由其中一方按扣除标准的100%扣除，也可以选择由双方分别按扣除标准的50%扣除，扣除方式在一个纳税年度内不能变更。纳税人享受子女教育的专项附加扣除的计算时间，《国家税务总局关于发布〈个人所得税专项附加扣除操作办法（试行）〉的公告》（2018年第60号）第三条规定：学前教育阶段为子女年满3周岁当月至小学入学前一月。学历教育为子女接受全日制学历教育入学的当月至全日制学历教育结束的当月。学历教育和学历（学位）继续教育的期间包含因病或其他非主观原因休学但学籍继续保留的休学期间，以及施教机构按规定组织实施的寒暑假等假期。

例如，2021年1月，张先生与李女士养育着一位正在国内某985大学读三年级的男孩，还有一位4周岁的女孩。张先生与李女士留存备查资料完备。夫妻商定由双方各扣50%，那么张先生、李女士月子女教育的专项附加扣除各为1 000元，年度专项附加扣除各为12 000元。如果双方商定专项附加扣除由张先生扣除，则张先生月子女教育的专项附加扣除为2 000元，年度专项附加扣除为24 000元，李女士没有专项附加扣除。

2．继续教育的专项附加扣除。纳税人在中国境内接受学历（学位）继续教育的支出，在学历（学位）教育期间按照每月400元定额扣除。同一学历（学位）继续教育的扣除期限不能超过48个月。纳税人接受技能人员职业资格继续教育、专业技术人员职业资格继续教育的支出，在取得相关证书的当年，按照3 600元定额扣除。分年取得的不影响每年扣除。个人接受本科及以下学历（学位）继续教育，符合扣除条件的，可以选择由其父母扣除，也可以选择由本人扣除。例如，2021年7月初，张同学从国内某大学毕业。当年其《××大学录取通知书》上注明2016年9月入学，学制四年。大学学习期间张同学因病休学一年，导致五年才毕业。其同一学历（学位）继续教育的扣除期限超过48个月，2020年9月起继续教育专项附加扣除数为零。

再如，2021年，黄先生取得法律职业资格、税务师等专业技术人员职业资格证书，以及健身和娱乐场所服务人员技能人员职业资格证书。该职业资格符合《人力资源社会保障部关于公布国家职业资格目录的通知》（人社部发〔2017〕68号）公布的《国家职业资格目录》。黄先生留存备查资料完备。依《国务院关于印发个人所得税专项附加扣除暂行办法的通知》（国发〔2018〕41号）第八条规定：按年定额扣除3 600元。黄先生虽然取得多个证书，其2021年继续教育专项附加扣除只能3 600元。

3．大病医疗的专项附加扣除。中国保险行业协会、中国医师协会《重大疾病保险的疾病定义使用规范 （2020 年修订版）》规定重大疾病包括重度疾病和轻度疾病。重度疾病包括恶性肿瘤（重度）、较重急性心肌梗死、严重脑中风后遗症、重大器官移植术或造血干细胞移植术、冠状动脉搭桥术（或称冠状动脉旁路移植术）、严重慢性肾衰竭、多个肢体缺失、急性重症肝炎或亚急性重症肝炎、严重非恶性颅内肿瘤、严重慢性肝衰竭、严重脑炎后遗症或严重脑膜炎后遗症、深度昏迷、双耳失聪、双目失明、瘫痪、心脏瓣膜手术、严重阿尔茨海默病、严重脑损伤、严重原发性帕金森病、严重Ⅲ度烧伤、严重特发性肺动脉高压、严重运动神经元病、语言能力丧失、重型再生障碍性贫血、主动脉手术、严重慢性呼吸衰竭、严重克罗恩病、严重溃疡性结肠炎等28项。轻度疾病包括恶性肿瘤（轻度）、较轻急性心肌梗死、轻度脑中风后遗症3项。在一个纳税年度内，纳税人及其配偶、未成年子女发生的与基本医保相关的医药费用支出，分别计算扣除额。每个人扣除医保报销后个人负担（指医保目录范围内的自付部分）累计超过1.5万元的部分，由纳税人在办理年度汇算清缴时，在8万元限额内据实扣除。纳税人发生的医药费用支出可以选择由本人或者其配偶扣除；未成年子女发生的医药费用支出可以选择由其父母一方扣除。

例如，张先生因尿毒症治疗2个月后，2021年10月初出院。住院期间发生的与基本医保相关的医药费用支出，扣除医保报销后个人负担6万元。当年没有发生其他大病，发生的医药费用支出选择由本人扣除。在办理2021年度汇算清缴时，张先生据实扣除4.5万元（＝6－1.5）。

假设张先生当年还患有肝硬化，也接受住院治疗，扣除医保报销后个人负担9万元。发生的医药费用支出选择由本人扣除。当年扣除医保报销后个人负担累计15万元，大于1.5万元，也超过8万。在办理2021年度汇算清缴时，张先生只能扣除8万元。其余5.5万元（＝15－1.5－8）不能扣除，也不能结转以后年度扣除。

4. 住房贷款利息的专项附加扣除。纳税人本人或者配偶单独或者共同使用商业银行或者住房公积金个人住房贷款为本人或者其配偶购买中国境内住房，发生的首套住房贷款利息支出，在实际发生贷款利息的年度，按照每月1 000元的标准定额扣除，扣除期限最长不超过240个月。纳税人只能享受一次首套住房贷款的利息扣除。首套住房贷款是指购买住房享受首套住房贷款利率的住房贷款。

经夫妻双方约定，可以选择由其中一方扣除，具体扣除方式在一个纳税年度内不能变更。夫妻双方婚前分别购买住房发生的首套住房贷款，其贷款利息支出，婚后可以选择其中一套购买的住房，由购买方按扣除标准的100%扣除，也可以由夫妻双方对各自购买的住房分别按扣除标准的50%扣除，具体扣除方式在一个纳税年度内不能变更。纳税人应当留存住房贷款合同、贷款还款支出凭证备查。

例如，张先生与李女士2001年11月结婚。2015年10月，张先生与李女士购买了福州的住房，向中国建设银行申请了住房贷款金额30万元，期限20年，当月开始还款。同时，享受了首套住房贷款利率，当年五年期以上贷款基准利率4.9%。新个人所得税政策实施后，夫妻双方约定由张先生扣除。从2019年1月起，张先生按照每月1 000元的标准定额扣除，直到2035年9月止。

假设张先生与李女士2018年11月结婚。2015年10月，张先生在福州买了一套住房，李女士在厦门购买了一套住房，均向中国建设银行申请了住房贷款，金额分别20万元、30万元，贷款期限分别20年、10年。同时，享受了首套住房贷款利率，当年五年期以上贷款基准利率4.9%。新个人所得税政策实施后，经夫妻双方约定选择对张先生购买的住房由张先生按标准扣除。从2019年1月起，张先生按照每月1 000元的标准定额扣除，直到2035年9月止。

5. 住房租金的专项附加扣除。纳税人在主要工作城市没有自有住房而发生的住房租金支出，直辖市、省会（首府）城市、计划单列市以及国务院确定的其他城市，扣除标准为每月1 500元。除上述所列城市以外，市辖区户籍人口超过100万的城市，扣除标准为每月1 100元。市辖区户籍人口不超过100万的城市，扣除标准为每月800元。纳税人的配偶在纳税人的主要工作城市有自有住房的，视同纳税人在主要工作城市有自有住房。市辖区户籍人口，以国家统计局公布的数据为准。

主要工作城市是指纳税人任职受雇的直辖市、计划单列市、副省级城市、地级市（地区、州、盟）全部行政区域范围；纳税人无任职受雇单位的，为受理其综合所得汇算清缴的税务机关所在城市。夫妻双方主要工作城市相同的，只能由一方扣除住房租金支出。

住房租金支出由签订租赁住房合同的承租人扣除。纳税人及其配偶在一个纳税年度内不能同时分别享受住房贷款利息和住房租金专项附加扣除。纳税人应当留存住房租赁合同、协议等有关资料备查。

例如，张先生原籍福建省南平市，2018年5月起在福建省福州市鼓楼区某公司工作。与房东签订了10年的租房合同。张先生与李女士2010年11月结婚，配偶在南平工作。从2019年1月起，张先生按照每月1 500元的标准定额扣除。

6. 赡养老人的专项附加扣除。纳税人赡养一位及以上被赡养人（指年满60岁的父母，以及子女均已去世的年满60岁的祖父母、外祖父母）的赡养支出，纳税人为独生子女的，按照每月2 000元的标准定额扣除。纳税人为非独生子女的，由其与兄弟姐妹分摊每月2 000元的扣除额度，每人分摊的额度不能超过每月1 000元。可以由赡养人均摊或者约定分摊，也可以由被赡养人指定分摊。约定或者指定分摊的须签订书面分摊协议，指定分摊优先于约定分摊。具体分摊方式和额度在一个纳税年度内不能变更。

例如，福建省南平市市民张先生53岁，独生子女，赡养着年龄分别76岁、73岁的父母。从2019年1月起，张先生按照每月2 000元的标准定额扣除。假设张先生还有一个48岁的妹妹，兄妹俩共同赡养父母。双方签订书面分摊协议，平均分摊扣除额度。从2019年1月起，张先生兄妹俩每个人定额扣除每月1 000元。

（四）其他扣除。《个人所得税法实施条例》第十三条规定：其他扣除包括个人缴付符合国家规定的企业年金、职业年金，个人购买符合国家规定的商业健康保险、税收递延型商业养老保险的支出，以及国务院规定可以扣除的其他项目。

1. 企业年金。《企业年金办法》（人力资源和社会保障部、财政部令第36号）第二条规定："企业年金，是指企业及其职工在依法参加基本养老保险的基础上，自主建立的补充养老保险制度。"第十五条规定："企业缴费每年不超过本企业职工工资总额的8%。企业和职工个人缴费合计不超过本企业职工工资总额的12%。"《企业年金基金管理办法》（人力资源和社会保障部、银监会、证监会、保监会令第11号公布）第三条明确："建立企业年金计划的企业及其职工作为委托人"。

《财政部 人力资源社会保障部 国家税务总局关于企业年金、职业年金个人所得税有关问题的通知》（财税〔2013〕103号）第一条规定：企业年金个人缴费部分，在不超过本人缴费工资计税基数的4%标准内的部分，暂从个人当期的应纳税所得额中扣除。企业年金个人缴费工资计税基数为本人上一年度月平均工资。月平均工资按国家统计局规定列入工资总额统计的项目计算。月平均工资超过职工工作地所在设区城市上一年度职工月平均工资300%以上的部分，不计入个人缴费工资计税基数。例如，2019年4月，某企业发放工资，张三工资额10 000元，其本人上一年度月平均工资9 000元，张三工作地所在设区城市上一年度职工月平均工资为3 000元，未超过3倍，企业年金个人缴纳部分为360元（＝9 000×4%）。假设张三工作地所在设区城市上一年度职工月平均工资为2 500元，未超过3倍，即7 500元至9 000元部分，不计入个人缴费工资计税基数。也就是说本案中有60元（＝1 500×4%）不作为扣除的年金。企业年金的年度扣除数为每月扣除数之和。

2. 职业年金。《国务院办公厅关于印发机关事业单位职业年金办法的通知》（国办发〔2015〕18号）第二条规定："职业年金，是指机关事业单位及其工作人员在参加机关事业单位基本养老保险的基础上，建立的补充养老保险制度。"第四条规定：职业年金所需费用由单位和工作人员个人共同承担。单位缴纳职业年金费用的比例为本单位工资总额的8%，个人缴费比例为本人缴费工资的4%，由单位代扣。缴费基数与机关事业单位工作人员基本养老保险缴费基数一致。

《财政部 人力资源社会保障部 国家税务总局关于企业年金 职业年金个人所得税有关问题的通知》（财税〔2013〕103号）第一条规定：职业年金个人缴费部分，在不超过本人缴费工资计税基数的4%标准内的部分，暂从个人当期的应纳税所得额中扣除。职业年金个人缴费工资计税基数为职工岗位工资和薪级工资之和。"之和"超过职工工作地所在设区城市上一年度职工月平均工资300%以上的部分，不计入个人缴费工资计税基数。例如，2019年4月，某单位发放工资，张三工资额10 000元，其本人上一年度月平均工资9 000元，企业年金个人缴纳部分为360元（＝9 000×4%）。假设张三工作地所在设区城市上一年度职工月平均工资为3 000元，则360元可以作为扣除的年金。如果上一年度职工月平均工资为2 500元，则只能扣除300元（＝2 500×3×4%）。职业年金的年度扣除数为每月扣除数之和。

3.商业健康保险。商业健康保险是指保险公司参照个人税收优惠型健康保险产品指引框架及示范条款（附件）开发的、符合财税〔2015〕126号文第二条规定条件的健康保险产品。自2017年7月1日起，《财政部 国家税务总局 保监会关于开展商业健康保险个人所得税政策试点工作的通知》（财税〔2017〕39号）规定：将商业健康保险个人所得税试点政策推广到全国，扣除标准同前。自2016年1月1日起，《财政部 国家税务总局 保监会关于开展商业健康保险个人所得税政策试点工作的通知》（财税〔2015〕56号）、《财政部 国家税务总局 保监会关于实施商业健康保险个人所得税政策试点的通知》（财税〔2015〕126号）规定：北京、上海、天津和重庆4市，石家庄市等12城市，个人购买符合规定的商业健康保险产品的支出，允许在当年（月）计算应纳税所得额时予以税前扣除，扣除限额为2 400元/年（200元/月）。试点地区企事业单位统一组织并为员工购买符合规定的商业健康保险产品的支出，应分别计入员工个人工资薪金，视同个人购买，按上述限额予以扣除。该限额扣除为个人所得税法规定减除费用标准之外的扣除。例如，某企业员工张三，月工资1万元。2021年购买商业健康保险产品3 000元，在月申报个人所得税时只能扣除200元。

要申报商业健康保险税前扣除金额时，按《国家税务总局关于推广实施商业健康保险个人所得税政策有关征管问题的公告》（2017年第17号）规定，报送《商业健康保险税前扣除情况明细表》。扣缴申报和按月自行申报时，月度保费大于200元的填写200元；月度保费小于200元的按实填写。个体工商户业主、个人独资企业投资者、合伙企业个人合伙人和承包承租经营者申报时，年度保费金额大于2 400元的填写2 400元；年度保费小于2 400元，按实填写。

4．个人税收递延型商业养老保险。个人税收递延型商业养老保险是指经中国银行保险监督管理委员会批准，由具备经营条件的保险公司开办，符合银保监发〔2018〕20号、23号文要求的商业养老保险产品。自2018年5月1日起，《财政部 税务总局 人力资源社会保障部 中国银行保险监督管理委员会 证监会关于开展个人税收递延型商业养老保险试点的通知》（财税〔2018〕22号）规定：在上海市、福建省（含厦门市）和苏州工业园区实施个人税收递延型商业养老保险试点（暂定一年）。取得工资薪金、连续性劳务报酬所得（纳税人连续6个月以上为同一单位提供劳务）的个人，其缴纳的保费准予在申报扣除当月计算应纳税所得额时予以限额扣除，扣除限额按当月工资薪金、连续性劳务报酬收入的6%和1 000元孰低办法确定。取得个体工商户生产经营所得、对企事业单位的承包承租经营所得的个体工商户业主、个人独资企业投资者、合伙企业自然人合伙人和承包承租经营者，扣除限额按照不超过当年应税收入的6%和12 000元孰低办法确定。例如，福建张三，他在2018年5月购买了3 000元固定期限15年月领的个人税收递延型商业养老保险a类产品。2019年4月工资薪金

10 000元，在当月扣缴申报时扣除个人税收递延型商业养老保险600元（＝10 000×6%）。

试点地区内可享受税收递延养老保险税前扣除优惠政策的个人，《国家税务总局关于开展个人税收递延型商业养老保险试点有关征管问题的公告》（2018年第21号）规定，凭中国保险信息技术管理有限责任公司相关信息平台出具的《个人税收递延型商业养老保险扣除凭证》办理税前扣除。同时填报《个人税收递延型商业养老保险税前扣除情况明细表》。

5．财产原值。《个人所得税法》第六条第一款第五项规定的财产原值，《个人所得税法实施条例》第十六条规定，有价证券为买入价以及买入时按规定交纳的有关费用；建筑物为建造费或者购进价格以及其他有关费用；土地使用权为取得土地使用权所支付的金额、开发土地的费用以及其他有关费用；机器设备、车船为购进价格、运输费、安装费以及其他有关费用。其他财产参照前款规定的方法确定财产原值。纳税人未提供完整、准确的财产原值凭证，由主管税务机关核定财产原值。个人股权转让财产原值按《国家税务总局关于发布〈股权转让所得个人所得税管理办法（试行）〉的公告》（2014年第67号）第十五条规定确认。

6．允许扣除的税费。《个人所得税法》第六条第一款第（五）项所称合理费用，《个人所得税法实施条例》第十六条规定："是指卖出财产时按照规定支付的有关税费。"例如，2020年12月，张三转让某企业股权30万元，缴纳印花税150元（＝300 000×0.5‰），该印花税额可扣除。

六、应纳税所得额

应纳税所得额是指纳税人在一定期间的收入额减除各种费用、成本、扣除后的余额。《个人所得税法实施条例》第八条明确，所得为实物的按取得凭证上所注明价格计算应纳税所得额，为有价证券的根据票面价格和市场价格核定应纳税所得额；无凭证的实物或者凭证上所注明价格明显偏低，以及其他形式的经济利益，参照市场价格核定应纳税所得额。《个人所得税法》第六条规定综合所得、经营所得等所得应纳税所得额的计算。

（一）综合所得应纳税所得额。居民个人综合所得的应纳税所得额为每一纳税年度的收入额减除费用6万元（即月5 000元）以及专项扣除、专项附加扣除和依法确定的其他扣除后的余额。

非居民个人工资、薪金所得以每月收入额减除费用5 000元后的余额为应纳税所得额；劳务报酬所得、稿酬所得、特许权使用费所得，以每次收入额为应纳税所得额。无住所非居民个人在境内外单位同时担任职务或者仅在境外单位任职，且当期同时在境内外工作，按《财政部 税务总局关于非居民个人和无住所居民个人有关个人所得税政策的公告》（2019年第35号）第二条第（一）（三）项规定，计算其工资薪金所得的收入额，减去税法规定的减除费用后的余额，为应纳税所得额。

（二）经营所得的应纳税所得额。该应纳税所得额为每一纳税年度的收入总额减除成本、费用以及损失后的余额。居民个人来源于中国境外的经营所得，《财政部 税务总局关于境外所得有关个人所得税政策的公告》（2020年第3号）第二条第（二）项规定，按规定计算的亏损，不得抵减其境内或他国（地区）的应纳税所得额，但可以用来源于同一国家（地区）以后年度的经营所得按中国税法规定弥补。

个体工商户、个人独资企业和合伙企业，《财政部 国家税务总局关于调整个体工商户个人独资企业和合伙企业个人所得税税前扣除标准有关问题的通知》（财税〔2008〕65号）规定，向其从业人员实际支付的合理的工资、薪金支出允许在税前据实扣除。拨缴工会经费、发生职工福利费、职工教育经费支出分别在工资薪金总额2%、14%、2.5%的标准内据实扣除。每一纳税年度发生的广告费和业务宣传费用不超过当年销售（营业）收入15%部分可据实扣除；超过部分准予在以后纳税年度结转扣除。每一纳税年度发生的与其生产经营业务直接相关的业务招待费支出，按发生额60%扣除，但最高不得超过当年销售（营业）收入5‰。

实行承包、承租经营的纳税义务人，以每一纳税年度经营所得计算纳税，在一个纳税年度内经营不足12个月，《国家税务总局关于印发〈征收个人所得税若干问题的规定〉的通知》（国税发〔1994〕089号）第十七条规定，以其实际经营月份数为一个纳税年度计算纳税。

应纳税所得额＝该年度承包、承租经营收入额－（800×该年度实际承包、承租经营月份数）

例如，2021年7月1日起，张三开始承租经营某商场，当年承租经营收入额为1 000万元。应纳税所得额＝10 000 000－（800×6）＝10 000 000－4 800＝9 995 200（元）。

（三）财产租赁所得的应纳税所得额。每次收入不超过4 000元的减除费用800元，4 000元以上的减除20%的费用后的余额为应纳税所得额。《个人所得税法实施条例》第十四条第一款第（二）项明确："以一个月内取得的收入为一次。"

（四）财产转让所得的应纳税所得额。《国家税务总局关于发布〈股权转让所得个人所得税管理办法（试行）〉的公告》（2014年第67号）第四条规定，个人转让股权以股权转让收入减除股权原值和合理费用后的余额为应纳税所得额。《财政部 国家税务总局 证监会关于个人转让上市公司限售股所得征收个人所得税有关问题的通知》（财税〔2009〕167号）第三条规定：个人转让限售股，以每次限售股转让收入减除股票原值和合理税费后的余额，为应纳税所得额。

应纳税所得额＝限售股转让收入－（限售股原值＋合理税费）

如果纳税人未能提供完整、真实的限售股原值凭证，不能准确计算限售股原值，一律按限售股转让收入的15%核定限售股原值及合理税费。例如，2022年2月，张三转让限售股1万股，转让收入20万元，股票原值和合理税费为4万元，则应纳税所得额16万元（＝20－4）。如果不能准确计算限售股原值，则应纳税所得额17万元［＝20×（1－15%）］。

个人合伙人符合《财政部 税务总局关于创业投资企业和天使投资个人有关税收政策的通知》（财税〔2018〕55号）采取股权投资方式直接投资于初创科技型企业满2年之规定，财税〔2019〕8号第三条第一款第（一）项规定："创投企业个人合伙人可以按照被转让项目对应投资额的70%抵扣其应从基金年度股权转让所得中分得的份额后再计算其应纳税额，当期不足抵扣的，不得向以后年度结转。"例如，某创投企业个人合伙人王五对被转让项目对应投资额100万元，可以抵减70万元（＝100×70%），应纳税所得额30万元（＝100－70）。如果王五对被转让项目对应投资额150万元，可以抵减105万元（＝150×70%），当期不足抵扣5万元（＝100－105），不得向以后年度结转。因无所得，该转让项目不计征个人所得税。

受赠人转让受赠房屋，《财政部 国家税务总局关于个人无偿受赠房屋有关个人所得税问题的通知》（财税〔2009〕78号）第一条规定："以其转让受赠房屋的收入减除原捐赠人取得该房屋的实际购置成本以及赠与和转让过程中受赠人支付的相关税费后的余额，为受赠人的应纳税所得额。"例如，2022年1月，张三转让受赠房屋，取得收入100万元，1988年1月该房屋实际购置成本6万元，相关税费1 818元，应纳税所得额938 182元（＝1 000 000－60 000－1 818）。

（五）利息、股息、红利所得和偶然所得的应纳税所得额。应纳税所得额为每次收入额。

七、税收优惠

税收优惠措施包括减税、免税等。

（一）减税。通过减税基、降税率、减少税额等方法减少纳税。

应纳税额 = 应纳税所得税额 × 税率

1．减税基。方式包括减计收入、单独计算纳税等。

（1）减计收入。《个人所得税法》第六条第二款规定：稿酬所得的收入额减按70%计算。依法批准设立的非营利性研究开发机构和高等学校根据《中华人民共和国促进科技成果转化法》规定，从职务科技成果转化收入中给予科技人员的现金奖励，《财政部 税务总局 科技部关于科技人员取得职务科技成果转化现金奖励有关个人所得税政策的通知》（财税〔2018〕58号）第一条规定：可减按50%计入科技人员当月"工资、薪金所得"。

一个纳税年度内在船航行时间累计满183天的远洋船员，《财政部 税务总局关于远洋船员个人所得税政策的公告》（2019年第97号）第一条规定："其取得的工资薪金收入减按50%计入应纳税所得额。"

（2）单独计算纳税。居民个人取得全年一次性奖金符合《国家税务总局关于调整个人取得全年一次性奖金等计算征收个人所得税方法问题的通知》（国税发〔2005〕9号）规定。中央企业负责人取得年度绩效薪金延期兑现收入和任期奖励符合《国家税务总局关于中央企业负责人年度绩效薪金延期兑现收入和任期奖励征收个人所得税问题的通知》（国税发〔2007〕118号）规定。居民个人取得股票期权、股票增值权、限制性股票、股权奖励等股权激励，符合《财政部 国家税务总局关于个人股票期权所得征收个人所得税问题的通知》（财税〔2005〕35号）、《财政部 国家税务总局关于股票增值权所得和限制性股票所得征收个人所得税有关问题的通知》（财税〔2009〕5号）、《财政部 国家税务总局关于将国家自主创新示范区有关税收试点政策推广到全国范围实施的通知》（财税〔2015〕116号）第四条、《财政部 国家税务总局关于完善股权激励和技术入股有关所得税政策的通知》（财税〔2016〕101号）第四条第（一）项规定条件。《财政部 国家税务总局关于个人所得税法修改后有关优惠政策衔接问题的通知》（财税〔2018〕164号）第一条、第二条分别规定：在2021年12月31日前，不并入当年综合所得。《关于延续实施全年一次性奖金等个人所得税优惠政策的公告》（财政部、税务总局公告2021年第42号）将全年一次性奖金、上市公司股权激励单独计税政策执行期限分别延长至2023年12月31日、2022年12月31日。《关于延续实施外籍个人津补贴等有关个人所得税优惠政策的公告》（财政部、税务总局公告2021年第43号）将中央企业负责人年度绩效薪金单独计税政策执行期限延长至2023年12月31日。

例如，2023年2月张先生取得2022年度全年一次性奖金36 000元。36 000÷12＝3 000（元）。适用税率3%。

应纳税额＝全年一次性奖金收入×适用税率－速算扣除数

应纳税额＝36 000×3%－0＝1 080（元）

个人达到国家规定的退休年龄，领取的企业年金、职业年金，符合《财政部 人力资源社会保障部 国家税务总局关于企业年金、职业年金个人所得税有关问题的通知》（财税〔2013〕103号）规定的个人与用人单位解除劳动关系取得一次性补偿收入（包括用人单位发放的经济补偿金、生活补助费和其他补助费），在当地上年职工平均工资3倍数额以上的部分。单位按低于购置或建造成本价格出售住房给职工，职工因此而少支出的差价部分，符合《财政部 国家税务总局关于单位低价向职工售房有关个人所得税问题的通知》（财税〔2007〕13号）第二条规定的，财税〔2018〕164号第四条至第六条规定：不并入当年综合所得，单独计算纳税。

2. 降低税率。个人按规定领取的税收递延型商业养老保险的养老金收入，《财政部 税务总局关于个人取得有关收入适用个人所得税应税所得项目的公告》（2019年第74号）第四条规定，其中75%部分按照10%的比例税率计算缴纳个人所得税。《财政部 国家税务总局关于廉租住房、经济适用住房和住房租赁有关税收政策的通知》（财税〔2008〕24号）第二条第（一）项规定："对个人出租住房取得的所得减按10%的税率征收个人所得税。"例如，张三出租住房，2021年1月取得租金收入3 150元。应纳个人所得税＝〔3 150÷（1＋5%）－800〕×10%＝220（元）。

3. 减税额。2021年至2022年，对个体工商户年应纳税所得额不超过100万元的部分，《财政部 税务总局关于实施小微企业和个体工商户所得税优惠政策的公告》（2021年第12号）明确，减半征收个人所得税。例如，某个体工商户2021年应纳税所得额180万元。

100万元以下，应该缴纳个人所得税。

应纳税额＝1 000 000×35%－65 500＝350 000－65 500＝284 500（元）

实施缴纳税额＝284 500×50%＝142 250（元）

100万元以上，应该缴纳个人所得税。

应纳税额＝800 000×35%－65 500＝280 000－65 500＝214 500（元）

共计应该缴纳个人所得税＝142 250＋214 500＝356 750（元）。

（二）免税。免税是指对纳税人应该负担的应纳税额给予全部或者部分免除。通过应税项目免税或者税额抵免来实现。

1. 所得免税。按境内外所得来源地，免税所得包括《个人所得税法实施条例》第五条规定的在中国境内无住所的个人，在一个纳税年度内在中国境内居住累计不超过90天，其来源于中国境内的所得，由境外雇主支付并且不由该雇主在中国境内的机构、场所负担的部分。第四条规定，在中国境内无住所的个人，在中国境内居住累计满183天的年度连续不满六年，经向主管税务机关备案，其来源于中国境外且由境外单位或者个人支付的所得。《个人所得税法》第四条第一款第（八）项、《个人所得税法实施条例》第十二条明确：各国驻华使馆、领事馆的外交代表、领事官员和其他人员，依照《中华人民共和国外交特权与豁免条例》和《中华人民共和国领事特权与豁免条例》规定免税的所得。《个人所得税法》第四条第一款第（九）项规定：中国政府参加的国际公约、签订的协议中规定免税的所得。《财政部 税务总局关于在中国境内无住所的个人居住时间判定标准的公告》（2019年第34号）明确：从2019年起前一年至前六年的连续六个年度，任一年在中国境内累计居住天数不满183天或者单次离境超过30天，该纳税年度来源于中国境外且由境外单位或者个人支付的所得。

例如，美国居民黄先生，2013年1月1日来福州工作，截至2018年12月31日，在境内居住累计满183天的年度为六年。2019年至2024年，黄先生符合在境内居住"前六年"累计满183天年度条件，其取得境外支付所得，免缴个人所得税。假设黄先生2025年有单次离境超过30天的情形，其在内地居住累计满183天的连续年限清零，重新起算，2026年当年黄先生取得的境外支付的所得，可免缴个人所得税。

按《个人所得税法》第二条对所得的分类，归集九类所得免税。

（1）免税的工资、薪金所得

①按照国家统一规定发给的补贴、津贴。包括《个人所得税法实施条例》第十条明确："按照国务院规定发给的政府特殊津贴、院士津贴，以

及国务院规定免予缴纳个人所得税的其他补贴、津贴。"《财政部 国家税务总局关于生育津贴和生育医疗费有关个人所得税政策的通知》（财税〔2008〕8号）规定的生育妇女按照县级以上人民政府根据国家有关规定，取得的生育津贴、生育医疗费或其他属于生育保险性质的津贴、补贴。《财政部 国家税务总局关于高级专家延长离休退休期间取得工资薪金所得有关个人所得税问题的通知》（财税〔2008〕7号）规定，享受国家发放的政府特殊津贴的专家学者、中国科学院（工程院）院士，按《财政部 国家税务总局关于个人所得税若干政策问题的通知》（财税字〔1994〕20号）规定，从其劳动人事关系所在单位取得，按国家有关规定向职工统一发放的工资、薪金、奖金、津贴、补贴等收入，视同离退休工资，免征个人所得税。

②福利费、抚恤金、救济金。《个人所得税法实施条例》第十一条明确：福利费是指按规定从企业、事业单位、国家机关、社会组织提留的福利费或者工会经费中支付给个人的生活补助费。《国家税务总局关于生活补助费范围确定问题的通知》（国税发〔1998〕155号）明确，该生活补助费是指由于特定事件或原因而给纳税人或其家庭的正常生活造成一定困难，其任职单位按国家规定从提留的福利费或者工会经费中向其支付的临时性生活困难补助。不包括从超出国家规定的比例或基数计提的福利费、工会经费中支付给个人的各种补贴、补助；从福利费和工会经费中支付给本单位职工的人人有份的补贴、补助；单位为个人购买汽车、住房、电子计算机等补助性质的支出。

抚恤金是按规定发给伤残人员或死者家属的费用。救济金是指各级人民政府民政部门支付给个人的生活困难补助费。

③军人的转业费、复员费、退役金。军人的转业费是指转业军官、文职干部、士官领取退出现役的补助费用。包括转业生活补助费和转业安家补助费。复员费是指军队干部、志愿兵领取的退出现役的费用。包括生活

补助费、安家补助费、医疗补助费。退役金是指自主就业退役士兵领取的退出现役的一次性补偿经费。《退役士兵安置条例》（国务院、中央军事委员会令第608号）第二十条规定，自主就业的退役士兵根据服现役年限领取一次性退役金。服现役年限不满6个月的按照6个月计算，超过6个月不满1年的按照1年计算。获得中央军事委员会、军队军区级单位授予荣誉称号，或者荣获一等功，增发15%；荣获二等功增发10%；荣获三等功增发5%。多次获得荣誉称号或者立功的退役士兵，由部队按照其中最高等级奖励的增发比例，增发一次性退役金。例如，2020年9月退役军人张三，在部队服现役年限为2年，因参加抗击新冠肺炎疫情，同年4月受到中央军事委员会嘉奖。退役金数额＝退役金标准×服现役年限＝4 500×（1＋15%）×2＝10 350（元）。张三获得这笔退役金免征个人所得税。

④按照国家统一规定发给干部、职工的安家费、退职费、基本养老金或者退休费、离休费、离休生活补助费。比如，《财政部 国家税务总局关于个人与用人单位解除劳动关系取得的一次性补偿收入征免个人所得税问题的通知》（财税〔2001〕157号）第三条规定的企业依国家有关法律规定宣告破产，职工从该破产企业取得的一次性安置费收入。

⑤对工伤职工及其近亲属按《工伤保险条例》规定取得的工伤保险待遇。《财政部 国家税务总局关于工伤职工取得的工伤保险待遇有关个人所得税政策的通知》（财税〔2012〕40号）规定，工伤保险待遇包括工伤职工按规定取得的一次性伤残补助金、伤残津贴、一次性工伤医疗补助金、一次性伤残就业补助金、工伤医疗待遇、住院伙食补助费、外地就医交通食宿费用、工伤康复费用、辅助器具费用、生活护理费等，以及职工因工死亡，其近亲属规定取得的丧葬补助金、供养亲属抚恤金和一次性工亡补助金等。

（2）免税的劳务报酬所得。受北京冬奥组委邀请，在北京2022年冬奥会、冬残奥会、测试赛期间临时来华，从事奥运相关工作的外籍顾问以及裁判员等外籍技术官员，《财政部 国家税务总局 海关总署关于北京2022年冬奥会和冬残奥会税收政策的通知》（财税〔2017〕60号）第三条第（五）项规定：取得的由北京冬奥组委、测试赛赛事组委会支付的劳务报酬免征个人所得税。

（3）免税的稿酬所得。稿酬所得的30%为免税收入。

（4）免税的特许权使用费所得。

（5）免税的经营所得。比如《财政部 国家税务总局 中国证券监督管理委员会关于支持原油等货物期货市场对外开放税收政策的通知》（财税〔2018〕21号）规定的自原油期货对外开放之日起，对境外个人投资者投资中国境内原油期货所得。《财政部 国家税务总局关于个人独资企业和合伙企业投资者取得种植业、养殖业、饲养业、捕捞业所得有关个人所得税问题的批复》（财税〔2010〕96号）规定的个人独资企业和合伙企业从事种植业、养殖业、饲养业和捕捞业取得的所得。

（6）利息、股息、红利所得。包括《个人所得税法实施条例》第九条明确：个人持有中华人民共和国财政部发行的债券而取得的利息，或者持有经国务院批准发行的金融债券而取得的利息。《财政部 国家税务总局 证监会关于上市公司股息红利差别化个人所得税政策有关问题的通知》（财税〔2015〕101号）第一条明确：个人从公开发行和转让市场取得的上市公司股票，持股期限超过1年股息红利所得。《财政部 国家税务总局关于储蓄存款利息所得有关个人所得税政策的通知》（财税〔2008〕132号）、《财政部 国家税务总局关于证券市场个人投资者证券交易结算资金利息所得有关个人所得税政策的通知》（财税〔2008〕140号）分别规定的储蓄存款、证券市场个人投资者的证券交易结算资金2008年10月9日后（含）孳生的利息所得。《财政部 国家税务总局关于地方政府债券利息免征所得税问题的通知》（财税〔2013〕5号）第一条规定的个人取得2012年及以后年度发行的地方政府债券利息收入。

（7）免税的财产租赁所得。

（8）免税的财产转让所得。内地个人投资者通过沪港通、深港通投资香港联交所上市股票取得的转让差价所得和通过基金互认买卖香港基金份额取得的转让差价所得，《财政部 税务总局 证监会关于继续执行沪港、深港股票市场交易互联互通机制和内地与香港基金互认有关个人所得税政策的公告》（2019年第93号）规定，自2019年12月5日起至2022年12月31日止，继续暂免征收个人所得税。

（9）免税的偶然所得。

①奖励所得。省级人民政府、国务院部委和中国人民解放军军以上单位，以及外国组织、国际组织颁发的科学、教育、技术、文化、卫生、体育、环境保护等方面的奖金。比如《国务院关于2020年度国家科学技术奖励的决定》（国发〔2021〕22号）授予顾诵芬院士、王大中院士国家最高科学技术奖；授予苏·欧瑞莉教授等8名外国专家和国际热带农业中心中华人民共和国国际科学技术合作奖。

个人购买社会福利有奖募捐奖券一次中奖收入。《国家税务总局关于社会福利有奖募捐发行收入税收问题的通知》（国税发〔1994〕127号）第二条第二款规定，不超过1万元的暂免征收个人所得税，超过的全额征税。《发行社会福利有奖募捐券试行办法》第八条规定：奖券面额为人民币1元，奖金最高额为1万元。可见单次中奖收入超过1万元属于小概率事件。中国福利彩票也称社会福利有奖募捐奖券，始于1987年，现由中国福利彩票发行管理中心负责发行管理工作。例如，2022年1月4日，张三购买福利彩票5张，中奖20元，免征个人所得税。同年1月5日，再次买福利彩票5张，中奖15 000元，则计算征收个人所得税3 000元（＝15 000×20%）。

此外，2011年度明天小小科学家奖金、第五届黄汲清青年地质科学技术奖奖金、第四届全国职工职业技能大赛奖金、第三届全国职工优秀技术创新成果奖等，免征收个人所得税。

奖励所得本属应税项目，《国家税务总局关于促进科技成果转化有关个人所得税问题的通知》（国税发〔1999〕125号）规定，科技机构、高等学校转化职务科技成果以股份或出资比例等股权形式给予科技人员个人奖励，暂不征收个人所得税。应理解为"免征个人所得税"。

②行政和解金。对个人投资者从投保基金公司取得的行政和解金，《财政部 国家税务总局关于行政和解金有关税收政策问题的通知》（财税〔2016〕100号）第三条规定：暂免征收个人所得税。《行政和解金管理暂行办法》（中国证券监督管理委员会、财政部公告〔2015〕4号）第二条规定："行政和解金，是指中国证券监督管理委员会在监管执法过程中，与涉嫌违法的公民、法人或者其他组织就涉嫌违法行为的处理达成行政和解协议，行政相对人按照行政和解协议约定交纳的资金。"

③补（赔）偿款所得。保险赔款免征收个人所得税。

《财政部 国家税务总局关于个人所得税法修改后有关优惠政策衔接问题的通知》（财税〔2018〕164号）第五条规定个人与用人单位解除劳动关系取得一次性补偿收入（包括用人单位发放的经济补偿金、生活补助费和其他补助费），在当地上年职工平均工资3倍数额以内的部分。《财政部 国家税务总局关于棚户区改造有关税收政策的通知》（财税〔2013〕101号）第五条规定个人取得棚户区改造的拆迁补偿款。《财政部 国家税务总局关于城镇房屋拆迁有关税收政策的通知》（财税〔2005〕45号）规定对被拆迁人按照国家有关城镇房屋拆迁管理办法规定的标准取得的拆迁补偿款，免征个人所得税。

补偿款所得本属应税项目,《国家税务总局关于个人取得青苗补偿费收入征免个人所得税的批复》(国税函发〔1995〕079号)规定,乡镇企业的职工和农民取得的青苗补偿费收入,暂不征收个人所得税。应理解为"免征个人所得税"。

④受赠所得。房屋产权所有人将房屋产权无偿赠与配偶、父母、子女、祖父母、外祖父母、孙子女、外孙子女、兄弟姐妹;房屋产权所有人将房屋产权无偿赠与对其承担直接抚养或者赡养义务的抚养人或者赡养人;房屋产权所有人死亡,依法取得房屋产权的法定继承人、遗嘱继承人或者受遗赠人。《财政部 国家税务总局关于个人无偿受赠房屋有关个人所得税问题的通知》(财税〔2009〕78号)第一条规定:对当事双方不征收个人所得税。

2. 税额抵免

(1)境内税额抵免。《个人所得税》第五条规定,残疾、孤老人员和烈属的所得,因自然灾害遭受重大损失,可以减征个人所得税,具体幅度和期限由省级人民政府规定。《福建省财政厅 国家税务总局福建省税务局关于减征个人所得税政策的通知》(闽财税〔2019〕23号)规定,在3年内每人每年12 000元的限额减免。

(2)境外税额抵免。《个人所得税法》第七条规定:"居民个人从中国境外取得的所得,可以从其应纳税额中抵免已在境外缴纳的个人所得税税额,但抵免额不得超过该纳税人境外所得依照本法规定计算的应纳税额。"《个人所得税法实施条例》第二十一条明确:"个人所得税税额"是指居民个人依照该所得来源国家(地区)的法律应当缴纳并且实际已经缴纳的所得税税额。"应纳税额"是居民个人抵免已在境外缴纳的综合所得、经营所得以及其他所得的所得税税额的限额。实际已经缴纳的"个人所得税税额"低于抵免限额,在中国缴纳差额部分的税款;超过抵免限额者不得在本纳税年度的应纳税额中抵免，可以在以后纳税年度来源于该国家（地区）所得的抵免限额的余额中五年内补扣。

《财政部 税务总局关于境外所得有关个人所得税政策的公告》（2020年第3号）第三条规定了各项抵免限额的计算公式。

综合所得的抵免限额＝中国境内和境外综合所得应纳税额×来源于该国（地区）的综合所得收入额÷中国境内和境外综合所得收入额合计

假设张三来源于英国的所得12 000英镑，已经实际纳税2 400英镑。2019年5月办理纳税申报，2019年4月30日英镑对人民币汇率中间价，1英镑＝8.706 4元人民币。境外所得＝12 000×8.706 4＝104 476.8（元）。假设2019年境内综合所得12万元人民币。中国境内和境外综合所得＝120 000＋104 476.8＝224 476.8（元）

中国境内和境外综合所得应纳税额＝224 476.8×20%－16 920＝44 895.36－16 920＝27 975.36（元）

综合所得的抵免限额＝27 975.36×（104 476.8÷224 476.8）＝27 975.36×46.54%＝13 019.73（元）。

境外已纳税额折成人民币＝2 400×8.706 4＝20 895.36（元）＞13 019.73（元）。在今后5年内抵免税款金额＝20 895.36－13 019.73＝7 875.63（元）。

经营所得的抵免限额＝中国境内和境外经营所得应纳税额×来源于该国（地区）的经营所得应纳税所得额÷中国境内和境外经营所得应纳税所得额合计

其他分类所得的抵免限额＝该国（地区）的其他分类所得单独计算的应纳税额

例如，某居民个人，已婚。2021年2月从美国取得稿酬所得10 000美元，假设该居民个人在美国已经实际缴纳了这笔应该缴纳的税款（1美元＝6.985元人民币）。

在美国应纳税额＝应纳税所得额×税率＝10 000×6.985×10%＝6 985（元）

取得稿酬所得在国内要缴纳的个人所得税＝收入×（1－费用扣除比例）×70%×税率－速算扣除数＝10 000×6.985×（1－20%）×70%×30%－4 410＝39 116×30%－4 410＝11 734.8－4 410＝7 324.8（元）＞6 985（元）

补缴的个人所得税额＝7 324.8－6 985＝339.8（元）

抵免限额＝来源于该国（地区）综合所得抵免限额＋来源于该国（地区）经营所得抵免限额＋来源于该国（地区）其他分类所得抵免限额

可抵免的境外所得税额不包括按境外所得税法律属于错缴或错征的境外所得税税额；按我国政府签订的避免双重征税协定以及内地与香港、澳门签订的避免双重征税安排规定不应征收的境外所得税税额；因少缴或迟缴境外所得税而追加的利息、滞纳金或罚款；纳税人或者其利害关系人从境外征税主体得到实际返还或补偿的境外所得税税款；按我国个人所得税法及其实施条例规定，已经免税的境外所得负担的境外所得税税款。

八、征收管理

个人所得税征收管理的依据主要是《个人所得税法》、《个人所得税法实施条例》、《中华人民共和国税收征收管理法》（以下简称"税收征收管理法"）及其实施细则。内容包括代扣代缴、代付税款、自行申报、汇算清缴、特别纳税调整等。

（一）代扣代缴。扣缴义务人有扣缴的法定义务。《税收征收管理法》第四条规定，法律、行政法规规定负有代扣代缴税款义务的单位和个人为扣缴义务人。扣缴义务人必须依照法律、行政法规的规定代扣代缴税款。比如，税收递延型商业养老保险的养老金收入应纳个人所得税，由保险机构代扣代缴。

1. 税款预扣。《国家税务总局关于全面实施新个人所得税法若干征管衔接问题的公告》（2018年第56号）规定：扣缴义务人向居民个人支付工资、薪金所得时，按照累计预扣法计算预扣税款，并按月办理全员全额扣缴申报。扣缴义务人向居民个人支付劳务报酬所得、稿酬所得、特许权使用费所得，向非居民个人支付工资薪金所得、劳务报酬所得、稿酬所得和特许权使用费所得时，按月或者按次代扣代缴个人所得税。居民个人工资、薪金所得预扣预缴适用税率表与前文《个人所得税税率表一》相同。非居民个人工资薪金所得、劳务报酬所得、稿酬所得、特许权使用费所得适用税率表前文《个人所得税税率表二》相同。居民个人劳务报酬所得预扣预缴适用税率表（见下表）。稿酬所得、特许权使用费所得适用20%的比例预扣率。

个人所得税预扣率表

级数	预扣预缴应纳税所得额	预扣率（%）	速算扣除数
1	不超过 20 000 元的	20%	0
2	超过 20 000 元至 50 000 元的部分	30%	2 000
3	超过 50 000 元的部分	40%	7 000

对一个纳税年度内首次取得工资、薪金所得的居民个人，扣缴义务人在预扣预缴个人所得税时，《国家税务总局关于完善调整部分纳税人个人所得税预扣预缴方法的公告》（2020年第13号）第一条规定："可按照5 000元/月乘以纳税人当年截至本月月份数计算累计减除费用。"例如，2021年初，受新冠肺炎疫情影响，王先生1至6月未能找到工作。7月份找

到工作并实际上班，月薪金6 000元。8月份，所在单位预扣王先生7月份工资、薪金所得个人所得税时，可以扣除上半年累计减除费用30 000元（＝6×5 000）。

正在接受全日制学历教育的学生因实习取得劳务报酬所得的，扣缴义务人预扣预缴个人所得税时，国家税务总局公告2020年第13号第二条规定，可按国家税务总局2018年第61号规定的累计预扣法计算并预扣预缴税款。例如，某大学本科大三工科学生小王，2020年8至12月在某公司实习。每个月劳务报酬2 000元。9月份，所在单位预扣小王8月份个人所得税时，减除费用5 000元。按国家税务总局公告2020年第13号，2 000×（1－20%）<5 000，不需要预扣，相关数据填入《个人所得税扣缴申报表》。比之前按国家税务总局公告2018年第61号，预扣税额240元［＝（2 000－800）×20%］，可以减少当下负担，等到年度汇算清缴再综合计算。

2. 报送扣缴报表。扣缴依据《国家税务总局关于发布〈个人所得税扣缴申报管理办法（试行）〉的公告》（2018年第61号）。单位在报送《个人所得税扣缴申报表》时，不管是否缴纳个人所得税，全员报送。扣缴义务人首次向纳税人支付所得，或者纳税人相关基础信息发生变化的，应当填写《个人所得税基础信息表（A表，适用于扣缴义务人填报）》，并于次月扣缴申报时向税务机关报送。

扣缴义务人向居民个人支付工资、薪金所得，劳务报酬所得，稿酬所得和特许权使用费所得的个人所得税全员全额预扣预缴申报；向非居民个人支付上述所得，以及向居民个人和非居民个人支付利息、股息、红利所得，财产租赁所得，财产转让所得和偶然所得的个人所得税全员全额扣缴申报。扣缴义务人在每月或者每次预扣、代扣税款的次月15日内，将已扣税款缴入国库，并向税务机关报送《个人所得税扣缴申报表》。其表样及填写说明见《国家税务总局关于修订个人所得税申报表的公告》（2019年第7号）。

居民个人取得劳务报酬所得、稿酬所得、特许权使用费所得时，每次收入不超过4 000元的，第9列"费用"填写"800"元；超过的按收入20%填写。非居民个人取得上述所得，按收入的20%填写。对稿酬所得的收入额减计的30%部分，填入第10列"免税收入"。2019年纳税人取得工资、薪金所得按月申报时，第11列"减除费用"填写5 000元；纳税人取得财产租赁所得，每次收入不超过4 000元的，填写800元；超过的按收入20%填写。

例如，某非居民个人，2019年1月从中国境内取得特许权使用费所得20 000元。应纳税额＝应纳税所得额×税率－速算扣除数＝收入额×税率－速算扣除数＝收入×（1－费用扣除比例）×税率－速算扣除数＝20 000×（1－20%）×20%－1 410＝3 200－1 410＝1 790（元）。若有扣缴义务人的，由扣缴方填写《个人所得税扣缴申报表》。

再如，某制造业企业工作人员张三，2021年工资薪金10 000元，5月份从所在单位取得劳务报酬所得2 000元，稿酬所得5 000元，特许权使用费所得3 000元。符合规定的捐赠支出4 000元。专项扣除和其他扣除的数据来自前文。在进行扣缴申报时，填报本月数，系统自动累计计算（计算过程见下表）。

居民个人劳务报酬所得预扣税款400元（＝2 000×20%）。稿酬收入额2 800［＝5 000×（1－20%）×70%］，预扣税额560元（＝2 800×20%）。特许权使用费，预扣税额600元（＝3 000×20%）。

公民取得储蓄存款利息所得、购买社会福利有奖募捐奖券一次中奖收入等，不填本表，由支付单位代扣代缴。内地投资个人通过基金互认买卖香港基金份额取得的转让差价所得，由境内代理公司代扣代缴。

个人所得税扣缴申报表

税款所属期：2019 年 1 月 1 日至 2019 年 5 月 31 日

扣缴义务人名称：

扣缴义务人纳税人识别号（统一社会信用代码）：□□□□□□□□□□□□□□□□□□

金额单位：人民币元（列至角分）

序号	姓名	身份证件类型	身份证件号码	纳税人识别号	是否为非居民个人	所得项目	本月（次）情况 收入额计算 收入	费用	免税收入	减除费用	专项扣除 基本养老保险费	基本医疗保险费	失业保险费	住房公积金	本月（次）情况 其他扣除 年金	商业健康保险	税延养老保险	财产原值	允许扣除的税费	其他
1	2	3	4	5	6	7	8	9	10	11	12	13	14	15	16	17	18	19	20	21
1	张三				否	工资薪金	10 000			5 000	500	300	50	1 000	360	200	600			
						劳务报酬所得	2 000	800												
						稿酬所得	5 000	1 000	1 200											
						特许权使用费所得	3 000	800										10 000	360	

続表

累计情况

累计收入额	累计减除费用	累计专项扣除	累计专项附加扣除					累计其他扣除	减按计税比例	准予扣除的捐赠额
			子女教育	赡养老人	住房贷款利息	住房租金	继续教育			
22	23	24	25	26	27	28	29	30	31	32
50 000	25 000	18 156.7	5 000	5 000	5 000	7 500	2 000	5 800		4 000

税款计算

应纳税所得额	税率/预扣率	速算扣除数	应纳税额	减免税额	已缴税额	应补/退税额	备注
33	34	35	36	37	38	39	40
-27 456.7							

谨声明：本表是根据国家税收法律法规及相关规定填报的，是真实的、可靠的、完整的。

扣缴义务人（签章）：　　　　　　　　　　年　月　日

经办人签字：

经办人身份证件号码：

代理机构签章：

代理机构统一社会信用代码：

受理人：

受理税务机关（章）：

受理日期：　　年　月　日

（本表适用于个人所得税征税对象中除经营所得之外的 8 项所得。）

2018年7月1日起，非营利性科研机构和高校向科技人员发放现金奖励，在填报《扣缴个人所得税报告表》时，《国家税务总局关于科技人员取得职务科技成果转化现金奖励有关个人所得税征管问题的公告》（2018年第30号）规定：应将当期现金奖励收入金额与当月工资、薪金合并，全额计入"收入额"列，同时将现金奖励的50%填至"免税所得"列，并在备注栏注明"科技人员现金奖励免税部分"字样，据此以"收入额"减除"免税所得"以及相关扣除后的余额计算缴纳个人所得税。

第31列填写按规定实行应纳税所得额减计税收优惠的减计比例。如，某项稿酬税收政策实行减按70%计入应纳税所得额，则本列填70%。

按单一投资基金核算的合伙制创业投资企业（含创投基金）按规定办理年度股权转让所得扣缴申报时，向主管税务机关报送《单一投资基金核算的合伙制创业投资企业个人所得税扣缴申报表》。

单一投资基金核算的合伙制创业投资企业个人所得税扣缴申报表

税款所属期：　年　月　日至　年　月　日

扣缴义务人名称：

扣缴义务人纳税人识别号（统一社会信用代码）：□□□□□□□□□□□□□□□□□□

金额单位：人民币元（列至角分）

税务机关备案编号										
	创投企业投资项目所得情况									
序号	被投资企业名称	被投资企业纳税人识别号（统一社会信用代码）	投资股权份数	转让股权份数	转让后股权份数	股权转让时间	股权转让收入	股权原值	合理费用	股权转让所得额
1	2	3	4	5	6	7	8	9	10	11
			10 000	5 000	5 000	2019年5月	500 000	400 000	100 000	90 000
纳税年度内股权转让所得额合计										90 000
创投企业个人合伙人所得分配情况										

序号	个人合伙人姓名	身份证件类型	身份证件号码	个人合伙人纳税人识别号	分配比例(%)	创投企业股权转让所得额	分配所得额
12	13	14	15	16	17	18	19
	张三				50%	90 000	45 000

其中：投资初创科技型企业情况			应纳税所得额	税率	应纳税额	减免税额	已缴税额	应补／退税额
创投企业符合条件的投资额	个人出资比例	当年按个人投资额70%计算的实际抵扣额						
20	21	22	23	24	25	26	27	28
600 000	10%	42 000	3 000	5%	150			150

合计

谨声明：本表是根据国家税收法律法规及相关规定填报的，是真实的、可靠的、完整的。

创投企业（基金）印章：　　　年　月　日

经办人签字： 经办人身份证件号码： 代理机构签章： 代理机构统一社会信用代码：	受理人： 受理税务机关（章）： 受理日期：　年　月　日

例如，某单一投资基金核算的合伙制创业投资企业，持有被投资企业的股权份数1万股，2021年5月转让5 000股，股权转让所得额9万元。创投企业符合条件的投资额60万元。个人张三应缴个人所得税计算如上表。注意该企业在管理机构完成备案的30日内，向主管税务机关进行核算方式备案，报送《合伙制创业投资企业单一投资基金核算方式备案表》。

3．代扣个人所得税拒缴，可能构成逃税罪。扣缴义务人不代扣或者扣了不缴，构成犯罪的税法规定按偷税论处。《税收征收管理法》第六十三条第二款规定：扣缴义务人采取前款所列手段，不缴已扣税款，由税务机关追缴其不缴税款、滞纳金，并处不缴税款百分之五十以上五倍以下的罚款；构成犯罪的，依法追究刑事责任。税款数额较大的，刑法规定按逃税偷处罚，《中华人民共和国刑法》（以下简称刑法）第二百〇一条第二款规定：扣缴义务人采取前款所列手段，不缴已扣、已收税款，数额较大的，依照前款的规定处罚。

例如，2014年，武汉龙磐置业有限公司（以下简称龙磐置业）从员工赵某隆、张某堂的工资中代扣个人所得税31万元后，未依法申报缴纳。2017年税务机关下达税务处理决定、行政处罚决定后仍不缴纳。2019年7月15日，公司实际控制人韩某主动到公安机关投案。龙磐置业补缴了应缴税款，并缴纳相应罚款15.5万元。

依照《刑法》第二百〇一条第二款、第二百一十一条、第六十七条第一款、第七十二条第一款、第三款、第七十三条第二款、第三款的规定，《湖北省武汉市东西湖区人民法院刑事判决书》（〔2019〕鄂0112刑初684号）判决：被告单位龙磐置业犯逃税罪，判处罚金人民币二十万元（罚款折抵罚金十五万五千元）。被告人韩某犯逃税罪，判处有期徒刑六个月，缓刑一年，并处罚金三万元。①

（二）代付税款

1．单位或个人为纳税义务人的劳务报酬所得代付税款计算。《国家税务总局关于明确单位或个人为纳税义务人的劳务报酬所得代付税款计算公式的通知》（国税发〔1996〕161号）规定，单位或个人为纳税义务人负担个人所得税税款的，应将纳税义务人取得的不含税收入额换算为应纳税所得额，计算征收人所得税。《国家税务总局关于明确单位或个人为纳税义务人的劳务报酬所得代付税款计算公式对应税率表的通知》（国税发〔2000〕192号）明确，单位和个人在计算为纳税人代付劳务报酬所得应纳的税款时，应按国税发〔1996〕161号文的规定以及本通知第一条规定的不含税收入额所对应的税率和速算扣除数，计算应纳税额。

综上所述，纳税人代付税款的计算方法如下：

---

① 案件资料来源：《武汉龙磐置业有限公司、韩某逃税一审刑事判决书》，中国裁判文书网，2019年12月27日。

不含税劳务报酬收入适用税率表

级数	不含税劳务报酬收入额	税率	速算扣除数	换算系数
1	超过 800 元至 3 360 元的部分	20%	0	无
2	超过 3 360 元至 21 000 元的部分	20%	0	84%
3	超过 21 000 元至 49 500 元的部分	30%	2 000	76%
4	超过 49 500 元的部分	40%	7 000	68%

不含税收入额不超过 3 360 元时：

应纳税所得额 =（不含税收入额 - 800）÷（1 - 20%）

应纳税额 = 应纳税所得额 × 20%

不含税收入额超过 3 360 元时：

应纳税所得额 =［（不含税收入额 - 速算扣除数）×（1 - 20%）］÷［1 - 税率 ×（1 - 20%）］，或 =［（不含税收入额 - 速算扣除数）×（1 - 20%）］÷当级换算系数

应纳税额 = 应纳税所得额 × 适用税率 - 速算扣除数

例如，某单位2021年外出培训，培训机构要求该单位负担讲课人员的个人所得税款。假设参加讲课的教授、副教授劳务报酬所得每半天分别4 000元、2 000元（均为税后所得）。该单位相应负担个人所得税款多少？

教授应纳个人所得额的计算：

应纳税所得额 =（不含税收入额 - 速算扣除数）×（1 - 20%）÷［1 - 税率 ×（1 - 20%）］

=（4 000 - 0）×（1 - 20%）÷［1 - 20% ×（1 - 20%）］

= 4 000 × 80% ÷（1 - 20% × 80%）

= 3 200 ÷（1 - 16%）= 3 200 ÷ 84% = 3 809.52（元）

应纳个人所得税税额＝3 809.52×20％＝761.9（元）

副教授应纳个人所得额的计算：

应纳税所得额＝（不含税收入额－800）÷（1－税率）

$$＝（2 000－800）÷（1－20％）$$

$$＝1 200÷80％＝1 500（元）$$

应纳个人所得税税额＝1 500×20％＝300（元）

讲课人员，在2020年3月1日至6月30日内办理2019年个人所得税汇算清缴时，分别记劳务报酬所得4 761.9元、2 300元。同时分别记已缴纳税款761.9元、300元。

2. 雇主为雇员定额负担个人所得税款，雇员个人所得税款的计算。雇主为雇员负担全年一次性奖金部分个人所得税款，《国家税务总局关于雇主为雇员承担全年一次性奖金部分税款有关个人所得税计算方法问题的公告》（2011年第28号）规定，属于雇员额外增加了收入，应将雇主负担的这部分税款并入雇员的全年一次性奖金，换算为应纳税所得额后，按照规定方法计征个人所得税。

当雇主为雇员定额负担税款的计算公式：

应纳税所得额＝雇员取得的全年一次性奖金＋雇主替雇员定额负担的税款－当月工资薪金低于费用扣除标准的差额

例如，2021年12月31日，张三从某股份公司取得全年一次性奖金10万元，公司定额负担税款500元。张三当月工资4 000元。

应纳税所得额＝100 000＋500－（5 000－4 000）＝99 500（元）

月应纳税所得额＝应纳税所得额÷12＝99 500÷12＝8 291.67（元）

应纳税额＝应纳税所得额×适用税率b－速算扣除数b

$$＝8\,291.67×10\%－210＝829.17－210＝619.17（元）$$

实际缴纳税额＝应纳税额－雇主为雇员负担的税额＝619.17－500＝119.17（元）

当雇主为雇员按一定比例负担税款的计算公式：

首先，查找不含税全年一次性奖金的适用税率和速算扣除数。未含雇主负担税款的全年一次性奖金收入÷12，根据其商数找出不含税级距对应的适用税率a和速算扣除数a。

其次，计算含税全年一次性奖金。

应纳税所得额＝（未含雇主负担税款的全年一次性奖金收入－当月工资薪金低于费用扣除标准的差额－不含税级距的速算扣除数a×雇主负担比例）÷（1－不含税级距的适用税率a×雇主负担比例）

例如，2021年12月31日，张三从某股份公司取得的未含雇主负担税款的全年一次性奖金收入10万元，公司负担税款比例为10%。当月工资4 000元。

月奖金收入＝未含雇主负担税款的全年一次性奖金收入÷12＝100 000÷12＝8 333.33（元）

应纳税所得额＝（未含雇主负担税款的全年一次性奖金收入－当月工资薪金低于费用扣除标准的差额－不含税级距的速算扣除数a×雇主负担比例）÷（1－不含税级距的适用税率a×雇主负担比例）＝［100 000－（5 000－4 000）－210×10%］÷（1－10%×10%）＝（99 000－21）÷（1－1%）＝98 979÷99%＝99 978.79（元）

月应纳税所得额＝应纳税所得额÷12＝99 978.79÷12＝8 331.57（元）

应纳税额＝应纳税所得额×适用税率b－速算扣除数b

$$=8\,331.57\times10\%-210=841.57-210=623.16（元）$$

实际缴纳税额＝应纳税额－雇主为雇员负担的税额＝623.16－

623.16×10%＝560.84（元）

（三）自行申报

1. 自然人自行申报。纳税人取得综合所得需要办理汇算清缴；取得应税所得没有扣缴义务人，或者扣缴义务人未扣缴税款；取得境外所得；因移居境外注销中国户籍；非居民个人在中国境内从两处以上取得工资、薪金所得。按《个人所得税法》第十条规定，依法办理纳税申报。

《个人所得税法》第十三条规定：居民个人从中国境外取得所得的，在取得所得的次年三月一日至六月三十日内申报纳税。非居民个人在中国境内从两处以上取得工资、薪金所得的，在取得所得的次月十五日内申报纳税。纳税人因移居境外注销中国户籍的，在注销中国户籍前办理税款清算。

自然人纳税人初次向税务机关办理相关涉税事宜时填报《个人所得税基础信息表（B表，适用于自然人填报）》；初次申报后，以后仅需在信息发生变化时填报。

居民个人、非居民个人取得应税所得扣缴义务人未扣缴税款，在取得所得的次年6月30日前办理纳税申报。非居民个人在次年6月30日前离境（临时离境除外）的，在离境前办理纳税申报。非居民个人在中国境内从两处以上取得工资、薪金所得的，在取得所得的次月15日内办理纳税申报。

个人所得税自行纳税申报表（A表）

税款所属期：　　年　月　日至　　年　月　日　　　　金额单位：人民币元（列至角分）

纳税人姓名：

纳税人识别号：□□□□□□□□□□□□□□□□□□

自行申报情形
□居民个人取得应税所得，扣缴义务人未扣缴税款
□非居民个人取得应税所得，扣缴义务人未扣缴税款
□非居民个人在中国境内从两处以上取得工资、薪金所得
□其他＿＿＿＿

是否为非居民个人　□是　□否　　非居民个人本年度境内居住天数＿＿＿　□不超过 90 天　□超过 90 天，不超过 183 天　□超过 183 天

序号	所得项目	收入额计算				专项扣除				其他扣除			减按计税比例	准予扣除的捐赠额	税款计算						备注
		收入	费用	免税收入	减除费用	基本养老保险费	基本医疗保险费	失业保险费	住房公积金	房屋财产原值	允许扣除的税费	其他			应纳税所得额	税率	速算扣除数	应纳税额	减免税额	已缴税额	应补/退税额
		2	3	4	5	6	7	8	9	10	11	12	13	14	15	16	17	18	19	20	21	22	23
1										1 200 000	10 000				641 747.57	20%	0	128 349.61			

谨声明：本表是根据国家税收法律法规及相关规定填报的，是真实的、可靠的、完整的。

纳税人签字：　　　　　　　　　　　年　月　日

经办人签字：

经办人身份证件号码：

代理机构签章：

代理机构统一社会信用代码：

受理人：

受理税务机关（章）：

受理日期：　　年　月　日

自2020年1月1日起，《国家税务总局关于修订部分个人所得税申报表的公告》（2019年第46号）明确自然人个人所得税申报，使用A、B两种报表。《国家税务总局关于修订个人所得税申报表的公告》（2019年第7号）附件4《个人所得税自行纳税申报表》（A表）停止使用。

存在减免税情形时，《国家税务总局关于发布生产经营所得及减免税事项有关个人所得税申报表的公告》（2015年第28号）第二条第（四）项规定：纳税人自行纳税申报只需勾选减免项目并填写减免金额，扣缴义务人还需进一步填报《个人所得税减免税事项报告表》。

例如，某企业员工王某，2021年月工资薪金所得为1万元，2021年劳务报酬收入4万元，稿酬收入3万元。基本养老保险、基本医疗保险、失业保险以及专项附加扣除等数据如下表。

个人所得税年度自行纳税申报表（A表）

（仅取得境内综合所得年度汇算适用）

税款所属期：　　年　月　日至　　年　月　日

纳税人姓名：

纳税人识别号：□□□□□□□□□□□□□□□□□ - □□　　　　　金额单位：人民币元（列至角分）

基本情况					
手机号码		电子邮箱		邮政编码	□□□□□□
联系地址	省（区、市）　　　市　　区（县）　　　街道（乡、镇）				

纳税地点（单选）

1. 有任职受雇单位的，需选本项并填写"任职受雇单位信息"：		□任职受雇单位所在地
任职受雇 单位信息	名称	
	纳税人识别号	□□□□□□□□□□□□□□□□□
2. 没有任职受雇单位的，可以从本栏次选择一地：		□户籍所在地　□经常居住地
户籍所在地 / 经常居住地	省（区、市）　　　市　　区（县）　　　街道（乡、镇）	

申报类型（单选）

□首次申报　　　□更正申报

综合所得个人所得税计算		
项　目	行次	金额
一、收入合计（第1行＝第2行＋第3行＋第4行＋第5行）	1	190 000
（一）工资、薪金	2	120 000
（二）劳务报酬	3	40 000

项　　目	行次	金额
（三）稿酬	4	30 000
（四）特许权使用费	5	
二、费用合计［第 6 行 =（第 3 行 + 第 4 行 + 第 5 行）×20%］	6	14 000
三、免税收入合计（第 7 行 = 第 8 行 + 第 9 行）	7	7 200
（一）稿酬所得免税部分［第 8 行 = 第 4 行 ×（1-20%）×30%］	8	7 200
（二）其他免税收入（附报《个人所得税减免税事项报告表》）	9	
四、减除费用	10	60 000
五、专项扣除合计（第 11 行 = 第 12 行 + 第 13 行 + 第 14 行 + 第 15 行）	11	18 600
（一）基本养老保险费	12	9 600
（二）基本医疗保险费	13	2 400
（三）失业保险费	14	600
（四）住房公积金	15	6 000
六、专项附加扣除合计（附报《个人所得税专项附加扣除信息表》） （第 16 行 = 第 17 行 + 第 18 行 + 第 19 行 + 第 20 行 + 第 21 行 + 第 22 行）	16	70 800
（一）子女教育	17	12 000
（二）继续教育	18	4 800
（三）大病医疗	19	
（四）住房贷款利息	20	12 000
（五）住房租金	21	18 000
（六）赡养老人	22	24 000
七、其他扣除合计（第 23 行 = 第 24 行 + 第 25 行 + 第 26 行 + 第 27 行 + 第 28 行）	23	
（一）年金	24	
（二）商业健康保险（附报《商业健康保险税前扣除情况明细表》）	25	
（三）税延养老保险（附报《个人税收递延型商业养老保险税前扣除情况明细表》）	26	
（四）允许扣除的税费	27	
（五）其他	28	
八、准予扣除的捐赠额（附报《个人所得税公益慈善事业捐赠扣除明细表》）	29	
九、应纳税所得额 （第 30 行 = 第 1 行 - 第 6 行 - 第 7 行 - 第 10 行 - 第 11 行 - 第 16 行 - 第 23 行 - 第 29 行）	30	19 400
十、税率（%）	31	3%
十一、速算扣除数	32	0
十二、应纳税额（第 33 行 = 第 30 行 × 第 31 行 - 第 32 行）	33	582

全年一次性奖金个人所得税计算

（无住所居民个人预判为非居民个人取得的数月奖金，选择按全年一次性奖金计税的填写本部分）

项　目	行次	金额
一、全年一次性奖金收入	34	
二、准予扣除的捐赠额（附报《个人所得税公益慈善事业捐赠扣除明细表》）	35	
三、税率（%）	36	
四、速算扣除数	37	
五、应纳税额［第 38 行＝（第 34 行－第 35 行）× 第 36 行－第 37 行］	38	
税额调整		
一、综合所得收入调整额（需在"备注"栏说明调整具体原因、计算方式等）	39	
二、应纳税额调整额	40	
应补 / 退个人所得税计算		
一、应纳税额合计（第 41 行＝第 33 行＋第 38 行＋第 40 行）	41	
二、减免税额（附报《个人所得税减免税事项报告表》）	42	
三、已缴税额	43	
四、应补 / 退税额（第 44 行＝第 41 行－第 42 行－第 43 行）	44	

无住所个人附报信息			
纳税年度内在中国境内居住天数		已在中国境内居住年数	

退税申请

（应补 / 退税额小于 0 的填写本部分）

□ 申请退税（需填写"开户银行名称""开户银行省份""银行账号"）　　□ 放弃退税

开户银行名称		开户银行省份	
银行账号			

备注

谨声明：本表是根据国家税收法律法规及相关规定填报的，本人对填报内容（附带资料）的真实性、可靠性、完整性负责。

纳税人签字：　　　　　年　月　日

经办人签字： 经办人身份证件类型： 经办人身份证件号码： 代理机构签章： 代理机构统一社会信用代码：	受理人： 受理税务机关（章）： 受理日期：　年　月　日

　　（本适用于居民个人纳税年度内仅从中国境内取得工资薪金所得、劳务报酬所得、稿酬所得、特许权使用费所得，按照税法规定进行个人所得税综合所得汇算清缴。居民个人纳税年度内取得境外所得，不适用本表。）

例如，2019年5月，公民王某某将其商品房一间，原值100万元，通过县教育局送给辖区内某小学。取得县教育局开出的捐赠票据。相关数据填入下表：

个人所得税公益慈善事业捐赠扣除明细表

捐赠年度：2021 年
纳税人姓名：王某某
纳税人识别号：□□□□□□□□□□□□□□□□□ - □□
扣缴义务人名称：
扣缴义务人纳税人识别号：□□□□□□□□□□□□□□□□□　金额单位：人民币元（列至角分）

| 序号 | 捐赠信息 | | | | | | | 扣除信息 | | | | 备注 |
	纳税人姓名	纳税人识别号	受赠单位名称	受赠单位纳税人识别号（统一社会信用代码）	捐赠凭证号	捐赠日期	捐赠金额	扣除比例	扣除所得项目	税款所属期	扣除金额	
1	2	3	4	5	6	7	8	9	10	11	12	13
1	王某某					2019年5月	1 000 000	30%	财产转让所得	2019	300 000	

谨承诺：此表是根据国家税收法律法规及相关规定填报的，是真实的、可靠的、完整的。
纳税人或扣缴义务人负责人签字：　　　　年　　月　　日

经办人签字： 经办人身份证件号码： 代理机构签章： 代理机构统一社会信用代码：	受理人： 受理税务机关（章）： 受理日期：　年　月　日

例如，福建张三，他在2020年5月购买了3 000元固定期限15年月领的个人税收递延型商业养老保险a类产品。2021年月工资薪金10 000元，当年扣缴个人税收递延型商业养老保险7 200元（＝10 000×6%×12）。张三通过单位代为办理2019年度汇算清缴时，单位填报下表。

个人税收递延型商业养老保险税前扣除情况明细表

所属期：　年　月　日至　年　月　日　　　　　　　　　　　　金额单位：人民币元（列至角分）

单位或个人情况

填表人身份	□ 扣缴义务人　　□ 个体工商户和承包承租经营者 □ 个人独资企业投资者　　□ 合伙企业自然人合伙人 □ 其他		
单位名称		纳税人识别号 （统一社会信用代码）	

税收递延型商业养老保险税前扣除情况

序号	姓名	身份证件类型	身份证件号码	税延养老账户编号	申报扣除期	报税校验码	年度保费	月度保费	本期扣除金额
	张三				2019		7 200	600	7 200

谨声明：此表是根据《个人所得税法》及有关法律法规规定填写的，是真实的、完整的、可靠的。

纳税人或扣缴义务人负责人签字：　　　年　月　日

代理申报机构（人）签章： 经办人： 经办人身份证件类型： 经办人身份证件号码： 经办人执业证件号码： 代理申报日期：　年　月　日	主管税务机关受理章： 受理人： 受理日期：　年　月　日

例如，某企业员工张三，月工资1万元。2021年购买商业健康保险产品3 000元，在月申报个人所得税时只能扣除200元。年度扣除2 400元。相关数据填报下表。

商业健康保险税前扣除情况明细表

所属期： 年 月 日至 年 月 日　　　　　　　　　　金额单位：人民币元（列至角分）

扣缴义务人（被投资单位）情况								
名称				纳税人识别号				
商业健康保险税前扣除情况								
序号	姓名	身份证件类型	身份证件号码	税优识别码	保单生效日期	年度保费	月度保费	本期扣除金额
						2 400	200	2 400

谨声明：此表是根据《个人所得税法》及有关法律法规规定填写的，是真实的、完整的、可靠的。

纳税人或扣缴义务人负责人签字： 年 月 日

代理申报机构（人）签章： 经办人： 经办人执业证件号码： 代理申报日期： 年 月 日	主管税务机关受理章： 受理人： 受理日期： 年 月 日

个人所得税减免税事项报告表

税款所属期：　年　月　日至　年　月　日

纳税人姓名：

纳税人识别号：□□□□□□□□□□□□□□□□□ - □□

扣缴义务人名称：

扣缴义务人纳税人识别号：□□□□□□□□□□□□□□□□□　金额单位：人民币元（列至角分）

减免税情况							
编号	勾选	减免税事项		减免人数	免税收入	减免税额	备注
1	□	残疾、孤老、烈属减征个人所得税					
2	□	个人转让5年以上唯一住房免征个人所得税			—		
3	□	随军家属从事个体经营免征个人所得税			—		
4	□	军转干部从事个体经营免征个人所得税			—		
5	□	退役士兵从事个体经营免征个人所得税			—		
6	□	建档立卡贫困人口从事个体经营扣减个人所得税			—		
7	□	登记失业半年以上人员，零就业家庭、享受城市低保登记失业人员，毕业年度内高校毕业生从事个体经营扣减个人所得税			—		
8	□	取消农业税从事"四业"所得暂免征收个人所得税			—		
9	□	符合条件的房屋赠与免征个人所得税			—		
10	□	科技人员取得职务科技成果转化现金奖励				—	
11	□	外籍个人出差补贴、探亲费、语言训练费、子女教育费等津补贴				—	
12	□	税收协定	股息　税收协定名称及条款：		—		
13	□		利息　税收协定名称及条款：		—		
14	□		特许权使用费　税收协定名称及条款：		—		
15	□		财产收益　税收协定名称及条款：		—		
16	□		受雇所得　税收协定名称及条款：		—		
17	□		其他　税收协定名称及条款：		—		
18		其他	减免税事项名称及减免性质代码：				
19	□		减免税事项名称及减免性质代码：				
20			减免税事项名称及减免性质代码：				
合　计							

减免税人员名单

序号	姓名	纳税人识别号	减免税事项（编号或减免性质代码）	所得项目	免税收入	减免税额	备注

谨声明：本表是根据国家税收法律法规及相关规定填报的，本人（单位）对填报内容（附带资料）的真实性、可靠性、完整性负责。

纳税人或扣缴单位负责人签字：　　年　月　日

经办人签字： 经办人身份证件类型： 经办人身份证件号码： 代理机构签章： 代理机构统一社会信用代码：	受理人： 受理税务机关（章）： 受理日期：　　年　月　日

例如，某居民个人，已婚。2019年工资、薪金所得13万元。当年2月从美国取得稿酬所得1万美元。该居民个人在美国已经实际缴纳了这笔应该缴纳的税款6 985元（=69 850×10%）。假定不考虑专项扣除、专项附加扣除等因素。（1美元＝6.985元人民币）

取得稿酬的费用＝69 850×20%＝13 970（元）

收入额＝199 850－13 970－69 850×80%×30%＝185 880－16 764＝169 116（元）

应纳税额＝（收入额－费用）×税率－速算扣除数＝（169 116－60 000）×10%－2 520＝109 116×10%－2 520＝10 911.6－2 520＝8 391.6（元）

抵免限额＝（8 391.6－0）×169 116÷169 116＝8 391.6（元）

相关数据填入下表。

个人所得税年度自行纳税申报表（B 表）

（居民个人取得境外所得适用）

税款所属期：　年　月　日至　年　月　日
纳税人姓名：
纳税人识别号：□□□□□□□□□□□□□□□□□-□□　　　金额单位：人民币元（列至角分）

基本情况						
手机号码		电子邮箱		邮政编码	□□□□□□	
联系地址		省（区、市）　市　区（县）　街道（乡、镇）				

纳税地点（单选）

1. 有任职受雇单位的，需选本项并填写"任职受雇单位信息"：		□任职受雇单位所在地
任职受雇单位信息	名称	
	纳税人识别号	
2. 没有任职受雇单位的，可以从本栏次选择一地：		□户籍所在地 □经常居住地
户籍所在地／经常居住地	省（区、市）　市　区（县）　街道（乡、镇）	

申报类型（单选）

□首次申报　　　　　　　□更正申报

综合所得个人所得税计算

项　目	行次	金额
一、境内收入合计（第 1 行＝第 2 行＋第 3 行＋第 4 行＋第 5 行）	1	130 000
（一）工资、薪金	2	130 000
（二）劳务报酬	3	
（三）稿酬	4	
（四）特许权使用费	5	
二、境外收入合计（附报《境外所得个人所得税抵免明细表》） （第 6 行＝第 7 行＋第 8 行＋第 9 行＋第 10 行）	6	69 850
（一）工资、薪金	7	
（二）劳务报酬	8	
（三）稿酬	9	69 850
（四）特许权使用费	10	
三、费用合计 ［第 11 行＝（第 3 行＋第 4 行＋第 5 行＋第 8 行＋第 9 行＋第 10 行）×20%］	11	13 970
四、免税收入合计（第 12 行＝第 13 行＋第 14 行）	12	16 764

项　目	行次	金额
（一）稿酬所得免税部分［第13行＝（第4行＋第9行）×（1-20%）×30%］	13	16 764
（二）其他免税收入（附报《个人所得税减免税事项报告表》）	14	
五、减除费用	15	60 000
六、专项扣除合计（第16行＝第17行＋第18行＋第19行＋第20行）	16	
（一）基本养老保险费	17	
（二）基本医疗保险费	18	
（三）失业保险费	19	
（四）住房公积金	20	
七、专项附加扣除合计（附报《个人所得税专项附加扣除信息表》）（第21行＝第22行＋第23行＋第24行＋第25行＋第26行＋第27行）	21	
（一）子女教育	22	
（二）继续教育	23	
（三）大病医疗	24	
（四）住房贷款利息	25	
（五）住房租金	26	
（六）赡养老人	27	
八、其他扣除合计（第28行＝第29行＋第30行＋第31行＋第32行＋第33行）	28	
（一）年金	29	
（二）商业健康保险（附报《商业健康保险税前扣除情况明细表》）	30	
（三）税延养老保险（附报《个人税收递延型商业养老保险税前扣除情况明细表》）	31	
（四）允许扣除的税费	32	
（五）其他	33	
九、准予扣除的捐赠额（附报《个人所得税公益慈善事业捐赠扣除明细表》）	34	
十、应纳税所得额（第35行＝第1行＋第6行-第11行-第12行-第15行-第16行-第21行-第28行-第34行）	35	109 116
十一、税率（%）	36	10%
十二、速算扣除数	37	2 520
十三、应纳税额（第38行＝第35行×第36行-第37行）	38	8 391.6

除综合所得外其他境外所得个人所得税计算

（无相应所得不填本部分，有相应所得另需附报《境外所得个人所得税抵免明细表》）

项　目		行次	金额
一、经营所得	（一）经营所得应纳税所得额（第39行=第40行+第41行）	39	
	其中：境内经营所得应纳税所得额	40	
	境外经营所得应纳税所得额	41	
	（二）税率（%）	42	
	（三）速算扣除数	43	
	（四）应纳税额（第44行=第39行×第42行−第43行）	44	
二、利息、股息、红利所得	（一）境外利息、股息、红利所得应纳税所得额	45	
	（二）税率（%）	46	
	（三）应纳税额（第47行=第45行×第46行）	47	
三、财产租赁所得	（一）境外财产租赁所得应纳税所得额	48	
	（二）税率（%）	49	
	（三）应纳税额（第50行=第48行×第49行）	50	
四、财产转让所得	（一）境外财产转让所得应纳税所得额	51	
	（二）税率（%）	52	
	（三）应纳税额（第53行=第51行×第52行）	53	
五、偶然所得	（一）境外偶然所得应纳税所得额	54	
	（二）税率（%）	55	
	（三）应纳税额（第56行=第54行×第55行）	56	
六、其他所得	（一）其他境内、境外所得应纳税所得额合计（需在"备注"栏说明具体项目）	57	
	（二）应纳税额	58	

股权激励个人所得税计算
（无境外股权激励所得不填本部分，有相应所得另需附报《境外所得个人所得税抵免明细表》）

一、境内、境外单独计税的股权激励收入合计	59	
二、税率（%）	60	
三、速算扣除数	61	
四、应纳税额（第62行=第59行×第60行−第61行）	62	

全年一次性奖金个人所得税计算
（无住所个人预判为非居民个人取得的数月奖金，选择按全年一次性奖金计税的填写本部分）

一、全年一次性奖金收入	63	
二、准予扣除的捐赠额（附报《个人所得税公益慈善事业捐赠扣除明细表》）	64	
三、税率（%）	65	
四、速算扣除数	66	
五、应纳税额［第67行=（第63行−第64行）×第65行−第66行］	67	

税额调整

续表

项　目	行次	金额
一、综合所得收入调整额（需在"备注"栏说明调整具体原因、计算方法等）	68	
二、应纳税额调整额	69	
应补/退个人所得税计算		
一、应纳税额合计 （第 70 行 = 第 38 行 + 第 44 行 + 第 47 行 + 第 50 行 + 第 53 行 + 第 56 行 + 第 58 行 + 第 62 行 + 第 67 行 + 第 69 行）	70	8 391.6
二、减免税额（附报《个人所得税减免税事项报告表》）	71	
三、已缴税额（境内）	72	
其中：境外所得境内支付部分已缴税额	73	
境外所得境外支付部分预缴税额	74	
四、境外所得已纳所得税抵免额（附报《境外所得个人所得税抵免明细表》）	75	6 985
五、应补/退税额（第 76 行 = 第 70 行 - 第 71 行 - 第 72 行 - 第 75 行）	76	1 406.6

无住所个人附报信息

纳税年度内在中国境内居住天数		已在中国境内居住年数	

退税申请

（应补/退税额小于 0 的填写本部分）

□ 申请退税（需填写"开户银行名称""开户银行省份""银行账号"）　□ 放弃退税

开户银行名称		开户银行省份	
银行账号			

备　注

谨声明：本表是根据国家税收法律法规及相关规定填报的，本人对填报内容（附带资料）的真实性、可靠性、完整性负责。

纳税人签字：　　　　年　月　日

经办人签字： 经办人身份证件类型： 经办人身份证件号码： 代理机构签章： 代理机构统一社会信用代码：	受理人： 受理税务机关（章）： 受理日期：　年　月　日

　　（本表适用于居民个人纳税年度内取得境外所得，按照税法规定办理取得境外所得个人所得税自行申报。申报本表时应当一并附报《境外所得个人所得税抵免明细表》）。

境外所得个人所得税抵免明细表

税款所属期： 年 月 日至 年 月 日

纳税人姓名：

纳税人识别号：□□□□□□□□□□□□□□□□□ - □□　　　金额单位：人民币元（列至角分）

列　次		行　次	A	B	C	D	E
项　目			金　额				
国家（地区）		1	境内	境外			合计
一、综合所得	（一）收入	2		199 850			199 850
	其中：工资、薪金	3		130 000			130 000
	劳务报酬	4					
	稿酬	5		69 850			69 850
	特许权使用费	6					
	（二）费用	7		13 970			13 970
	（三）收入额	8		169 116			169 116
	（四）应纳税额	9	—	—	—	—	8 391.6
	（五）减免税额	10	—	—	—	—	0
	（六）抵免限额	11					8 391.6
二、经营所得	（一）收入总额	12	—				
	（二）成本费用	13	—				
	（三）应纳税所得额	14	—				
	（四）应纳税额	15	—	—	—		
	（五）减免税额	16	—	—	—		
	（六）抵免限额	17	—				
三、利息、股息、红利所得	（一）应纳税所得额	18	—				
	（二）应纳税额	19	—				
	（三）减免税额	20	—				
	（四）抵免限额	21	—				
四、财产租赁所得	（一）应纳税所得额	22	—				
	（二）应纳税额	23	—				
	（三）减免税额	24	—				
	（四）抵免限额	25	—				
五、财产转让所得	（一）收入	26	—				
	（二）财产原值	27	—				
	（三）合理税费	28	—				

项 目		行 次	金 额			
五、财产转让所得	（四）应纳税所得额	29	—			
	（五）应纳税额	30	—			
	（六）减免税额	31	—			
	（七）抵免限额	32	—			
六、偶然所得	（一）应纳税所得额	33	—			
	（二）应纳税额	34	—			
	（三）减免税额	35	—			
	（四）抵免限额	36	—			
七、股权激励	（一）应纳税所得额	37	—			
	（二）应纳税额	38	—	—	—	—
	（三）减免税额	39	—	—	—	—
	（四）抵免限额	40	—			
八、其他境内、境外所得	（一）应纳税所得额	41				
	（二）应纳税额	42				
	（三）减免税额	43				
	（四）抵免限额	44	—			
九、本年可抵免限额合计 （第 45 行＝第 11 行＋第 17 行＋第 21 行＋第 25 行＋第 32 行＋第 36 行＋第 40 行＋第 44 行）		45	—	8 391.6		8 391.6
本期实际可抵免额计算						
一、以前年度结转抵免额 （第 46 行＝第 47 行＋第 48 行＋第 49 行＋第 50 行＋第 51 行）		46	—	0		0
其中：前 5 年		47	—			
前 4 年		48	—			
前 3 年		49	—			
前 2 年		50	—			
前 1 年		51	—			
二、本年境外已纳税额		52	—	6 985		6 985
其中：享受税收饶让抵免税额（视同境外已纳）		53				
三、本年抵免额（境外所得已纳所得税抵免额）		54	—	6 985		6 985

项　　目	行　　次	金　　额	
四、可结转以后年度抵免额 （第55行＝第56行＋第57行＋第58行 ＋第59行＋第60行）	55	—	1 506.6
其中：前4年	56	—	—
前3年	57	—	—
前2年	58	—	—
前1年	59	—	—
本年	60	—	1 506.6
备注			

谨声明：本表是根据国家税收法律法规及相关规定填报的，本人对填报内容（附带资料）的真实性、可靠性、完整性负责。

纳税人签字：　　　　　年　月　日

经办人签字：	
经办人身份证件类型：	受理人：
经办人身份证件号码：	受理税务机关（章）：
代理机构签章：	受理日期：　　年　月　日
代理机构统一社会信用代码：	

2．非自然人自行申报。非自然人与自然人相对。包括个体工商户业主、个人独资企业投资人、合伙企业个人合伙人、承包承租经营者个人以及其他从事生产、经营活动的个人。查账征收和核定征收的非自然人在中国境内取得经营所得，在月度或者季度终了后15日内，向税务机关报送《个人所得税经营所得纳税申报表（A表）》。合伙企业有两个或者两个以上个人合伙人的分别填报。其表样及填写说明见《国家税务总局关于修订个人所得税申报表的公告》（2019年第7号）。

通常情况下申报后立即缴纳，特殊情况除外。2020年5月19日，国家税务总局发布的《关于小型微利企业和个体工商户延缓缴纳2020年所得税有关事项的公告》（2020年第10号）第二条规定：个体工商户在2020年剩余申报期按规定办理个人所得税经营所得纳税申报后，可以暂缓缴纳当期的个人所得税，延迟至2021年首个申报期内一并缴纳。其中，实行简易申报的，2020年5月至12月暂不扣划个人所得税，延迟至2021年首个申报期内一并划缴。

例如，某个体工商户2020年第二至四季度分别申报企业所得税2.8万元、2.2万元、4.2万元，在2021年4月10日，与当年第一季度申报的个人所得税3.8万元一并缴纳，共缴纳税额13万元。

自2020年1月1日起，《国家税务总局关于修订部分个人所得税申报表的公告》（2019年第46号）明确个人所得税经营所得申报，使用3种报表。《国家税务总局关于修订个人所得税申报表的公告》（2019年第7号）附件5《个人所得税经营所得纳税申报表》（A表）停止使用。

《财政部 税务总局 退役军人部关于进一步扶持自主就业退役士兵创业就业有关税收政策的通知》（财税〔2019〕21号）第一条规定：自主就业退役士兵从事个体经营的，自办理个体工商户登记当月起，在3年（36个月）内按每户每年12 000元为限额依次扣减其当年实际应缴纳的增值税、城市维护建设税、教育费附加、地方教育附加和个人所得税。限额标准最高可上浮20%，各省、自治区、直辖市人民政府可根据本地区实际情况在此幅度内确定具体限额标准。

例如，某个体工商户业主，查账征收（据实预缴），2021年收入总额20万元，成本费用8万元。缴纳基本养老保险费7 440元、基本医疗保险费38 808元。相关数据填入下表。

个人所得税经营所得纳税申报表（A表）

税款所属期：　年　月　日至　年　月　日

纳税人姓名：

纳税人识别号：□□□□□□□□□□□□□□□□□□

金额单位：人民币元（列至角分）

被投资单位信息	
名　　称	
纳税人识别号（统一社会信用代码）	□□□□□□□□□□□□□□□□□□

征收方式（单选）

□查账征收（据实预缴）　□查账征收（按上年应纳税所得额预缴）

□核定应税所得率征收　□核定应纳税所得额征收　□税务机关认可的其他方式

个人所得税计算

项　　目	行　　次	金额 / 比例
一、收入总额	1	200 000
二、成本费用	2	80 000
三、利润总额（第3行＝第1行－第2行）	3	120 000
四、弥补以前年度亏损	4	
五、应税所得率（%）	5	
六、合伙企业个人合伙人分配比例（%）	6	
七、允许扣除的个人费用及其他扣除（第7行＝第8行＋第9行＋第14行）	7	106 248
（一）投资者减除费用	8	60 000
（二）专项扣除（第9行＝第10行＋第11行＋第12行＋第13行）	9	46 248
1.基本养老保险费	10	7 440
2.基本医疗保险费	11	38 808
3.失业保险费	12	
4.住房公积金	13	
（三）依法确定的其他扣除（第14行＝第15行＋第16行＋第17行）	14	
1.	15	
2.	16	
3.	17	
八、准予扣除的捐赠额（附报《个人所得税公益慈善事业捐赠扣除明细表》）	18	
九、应纳税所得额	19	13 752
十、税率（%）	20	5%
十一、速算扣除数	21	0
十二、应纳税额（第22行＝第19行×第20行－第21行）	22	687.6
十三、减免税额（附报《个人所得税减免税事项报告表》）	23	

续表

项　目	行　次	金额／比例
十四、已缴税额	24	
十五、应补／退税额（第 25 行＝第 22 行－第 23 行－第 24 行）	25	687.6

备　注

谨声明：本表是根据国家税收法律法规及相关规定填报的，本人对填报内容（附带资料）的真实性、可靠性、完整性负责。

纳税人签字：　　　年 月 日

经办人签字： 经办人身份证件类型： 经办人身份证件号码： 代理机构签章： 代理机构统一社会信用代码：	受理人： 受理税务机关（章）： 受理日期：年 月 日

　　（本表适用于查账征收和核定征收的个体工商户业主、个人独资企业投资人、合伙企业个人合伙人、承包承租经营者个人以及其他从事生产、经营活动的个人在中国境内取得经营所得，办理个人所得税预缴纳税申报时，向税务机关报送。合伙企业有两个或者两个以上个人合伙人的，应分别填报本表。纳税人取得经营所得，应当在月度或者季度终了后15日内，向税务机关办理预缴纳税申报。）

　　个体工商户业主、个人独资企业投资人、合伙企业个人合伙人、承包承租经营者个人以及其他从事生产、经营活动的个人在中国境内取得经营所得，且实行查账征收的，在次年3月31日前，办理个人所得税汇算清缴纳税申报时，向税务机关报送《个人所得税经营所得纳税申报表（B表）》。合伙企业有两个或者两个以上个人合伙人的，分别填报。其表样及填写说明见《国家税务总局关于修订个人所得税申报表的公告》（2019年第7号）。

　　例如，某个体工商户业主，查账征收，2021年度收入总额100万元，成本费用80万元。其他相关数据及计算过程见下表。

个人所得税经营所得纳税申报表（B 表）

税款所属期： 年 月 日至 年 月 日

纳税人姓名：

纳税人识别号：□□□□□□□□□□□□□□□□□□ 金额单位：人民币元（列至角分）

被投资单位信息	名称		纳税人识别号 （统一社会信用代码）		
项　目			行　次	金额 / 比例	
一、收入总额			1	1 000 000	
其中：国债利息收入			2		
二、成本费用（3=4+…+10）			3	800 000	
（一）营业成本			4	600 000	
（二）营业费用			5	100 000	
（三）管理费用			6	30 000	
（四）财务费用			7	50 000	
（五）税金			8	10 000	
（六）损失			9	10 000	
（七）其他支出			10		
三、利润总额（11=1-2-3）			11	200 000	
四、纳税调整增加额（12=13+27）			12	20 000	
（一）超过规定标准的扣除项目金额（13=14+…+26）			13	10 000	
1. 职工福利费			14	1 000	
2. 职工教育经费			15	1 000	
3. 工会经费			16		
4. 利息支出			17	5 000	
5. 业务招待费			18	2 000	
6. 广告费和业务宣传费			19	1 000	
7. 教育和公益事业捐赠			20		
8. 住房公积金			21		
9. 社会保险费			22		
10. 折旧费用			23		
11. 无形资产摊销			24		
12. 资产损失			25		
13. 其他			26		
（二）不允许扣除的项目金额（27=28+…+36）			27	10 000	
1. 个人所得税税款			28	5 000	
2. 税收滞纳金			29		

続表

项　目	行　次	金额／比例
3. 罚金、罚款和被没收财物的损失	30	
4. 不符合扣除规定的捐赠支出	31	
5. 赞助支出	32	
6. 用于个人和家庭的支出	33	5 000
7. 与取得生产经营收入无关的其他支出	34	
8. 投资者工资薪金支出	35	
9. 其他不允许扣除的支出	36	
五、纳税调整减少额	37	
六、纳税调整后所得（38=11+12-37）	38	220 000
七、弥补以前年度亏损	39	
八、合伙企业个人合伙人分配比例（%）	40	
九、允许扣除的个人费用及其他扣除（41=42+43+48+55）	41	153 000
（一）投资者减除费用	42	40 000
（二）专项扣除（43=44+…+47）	43	11 000
1. 基本养老保险费	44	2 000
2. 基本医疗保险费	45	8 000
3. 失业保险费	46	1 000
4. 住房公积金	47	
（三）专项附加扣除（48=49+…+54）	48	102 000
1. 子女教育	49	24 000
2. 继续教育	50	36 000
3. 大病医疗	51	
4. 住房贷款利息	52	12 000
5. 住房租金	53	18 000
6. 赡养老人	54	12 000
（四）依法确定的其他扣除（55=56+…+59）	55	
1. 商业健康保险	56	
2. 税延养老保险	57	
3.	58	
4.	59	
十、投资抵扣	60	
十一、准予扣除的个人捐赠支出	61	
十二、应纳税所得额（62=38-39-41-60-61）或［62=（38-39）×40-41-60-61］	62	67 000

项　目	行　次	金额 / 比例
十三、税率（%）	63	10%
十四、速算扣除数	64	1 500
十五、应纳税额（65=62×63-64）	65	5 200
十六、减免税额（附报《个人所得税减免税事项报告表》）	66	
十七、已缴税额	67	
十八、应补 / 退税额（68=65-66-67）	68	5 200

谨声明：本表是根据国家税收法律法规及相关规定填报的，是真实的、可靠的、完整的。

纳税人签字：　　　年　月　日

经办人： 经办人身份证件号码： 代理机构签章： 代理机构统一社会信用代码：	受理人： 受理税务机关（章）： 受理日期：年　月　日

个体工商户业主、个人独资企业投资人、合伙企业个人合伙人、承包承租经营者个人以及其他从事生产、经营活动的个人在中国境内两处以上取得经营所得，办理合并计算个人所得税的年度汇总纳税申报时，向税务机关报送《个人所得税经营所得纳税申报表（C表）》，其表样及填写说明见《国家税务总局关于修订个人所得税申报表的公告》（2019年第7号）。

例如，某合伙企业个人合伙人2019年在A地、B地投资，汇总A地申报缴纳个人所得税。相关数据及计算过程见下表：

个人所得税经营所得纳税申报表（C 表）

税款所属期：　　年　月　日至　　年　月　日

纳税人姓名：

纳税人识别号：□□□□□□□□□□□□□□□□□□　　　　　　金额单位：人民币元（列至角分）

	单位名称			纳税人识别号 （统一社会信用代码）	投资者应纳税所得额
被投资单位 信息	汇总地		A		
	非汇总地	1	B		
		2			
		3			
		4			
		5			

项　目	行　次	金额／比例
一、投资者应纳税所得额合计	1	1 000 000
二、应调整的个人费用及其他扣除（2=3+4+5+6）	2	−800 000
（一）投资者减除费用	3	−700 000
（二）专项扣除	4	−50 000
（三）专项附加扣除	5	−50 000
（四）依法确定的其他扣除	6	
三、应调整的其他项目	7	
四、调整后应纳税所得额（8=1+2+7）	8	200 000
五、税率（%）	9	20%
六、速算扣除数	10	10 500
七、应纳税额（11=8×9-10）	11	29 500
八、减免税额（附报《个人所得税减免税事项报告表》）	12	
九、已缴税额	13	
十、应补／退税额（14=11-12-13）	14	29 500

谨声明：本表是根据国家税收法律法规及相关规定填报的，是真实的、可靠的、完整的。

纳税人签字：　　　年　月　日

经办人： 经办人身份证件号码： 代理机构签章： 代理机构统一社会信用代码：	受理人： 受理税务机关（章）： 受理日期：　　年　月　日

（四）汇算清缴。《个人所得税法》第十一条规定，居民个人取得综合所得需要办理汇算清缴的，应当在取得所得的次年三月一日至六月三十日内办理汇算清缴。非居民个人取得工资、薪金所得，劳务报酬所得，稿酬所得和特许权使用费所得，有扣缴义务人的由扣缴义务人按月或者按次代扣代缴税款，不办理汇算清缴。第十二条规定，纳税人取得经营所得由纳税人在月度或者季度终了后十五日内向税务机关报送纳税申报表并预缴税款，在次年三月三十一日前办理汇算清缴。

已预缴税额大于年度应纳税额且申请退税，综合所得收入全年超过12万元且需要补税金额超过400元的纳税人，《国家税务总局关于办理2019

年度个人所得税综合所得汇算清缴事项的公告》（2019年第44号）、《国家税务总局关于办理2020年度个人所得税综合所得汇算清缴事项的公告》（2021年第2号）均在第三条明确，需要进行个人所得税综合所得汇算清缴。

例如，2020年度居民个人张三取得综合所得时，扣缴义务人依法预扣预缴个人所得税税额3 000元。年度应纳税额2 800元，张三申请退税200元，需要办理汇算清缴。如果张三综合所得收入13万元，扣缴义务人也依法预扣预缴税款，若进行汇算清缴补税金额为420元，需要办理汇算清缴。

（五）特别纳税调整。个人与其关联方之间的业务往来不符合独立交易原则而减少本人或者其关联方应纳税额，且无正当理由；居民个人控制的，或者居民个人和居民企业共同控制的设立在实际税负明显偏低的国家（地区）的企业，无合理经营需要，对应当归属于居民个人的利润不作分配或者减少分配；个人实施其他不具有合理商业目的的安排而获取不当税收利益。《个人所得税法》第八条规定：税务机关有权按照合理方法进行纳税调整。需要补征税款的应当补征税款，并依法加收利息。

外籍个人以非现金或实报实销形式取得的住房补贴、伙食补贴、洗衣费、搬迁费、出差补贴、探亲费、语言训练费、子女教育费等补贴，按《财政部 国家税务总局关于个人所得税若干政策问题的通知》（财税字〔1994〕20号）第二条、《国家税务总局关于外籍个人取得有关补贴征免个人所得税执行问题的批复》（国税发〔1997〕54号）规定，由纳税人提供有关凭证，主管税务机关核准后给予免征个人所得税。《国家税务总局关于取消及下放外商投资企业和外国企业以及外籍个人若干税务行政审批项目的后续管理问题的通知》（国税发〔2004〕80号）第十四条规定，取消上述核准后，在申报缴纳或代扣代缴个人所得税时，主管税务机关应按国税发〔1997〕54号的规定对提供的有关有效凭证及证明资料逐项审核。凡未能提供有效凭证及证明资料的补贴收入，有权给予纳税调整。

在我国境内无住所的个人来华后一次性取得数月奖金，凡能提供雇佣单位有关奖励制度规定，证明上述数月奖金含有属于来华之前在我国境外工作月份相应奖金，《国家税务总局关于三井物产（株）大连事务所外籍雇员取得数月奖金确定纳税义务问题的批复》（国税函〔1997〕546号）第一条规定，经当地主管税务机关核准后，不予征收个人所得税。国税发〔2004〕80号文第十五条规定，取消上述核准后，在申报纳税时，应就取得的上述不予征税的奖金作出说明，并附送雇佣单位有关奖励制度，可以扣除并不予征税。否则，税务机关有权进行纳税调整。

九、案例分析

（一）注销清算时虚假纳税申报，构成逃税罪。2011年12月，杜某芬以1 800万元价格将黄山市徽州区城北加油站（以下简称加油站）转让给中石化黄山分公司。次年3月向原徽州区地税局城关分局申请注销清算，申报资产出让收入1 000万元，隐瞒收入800万元。经税务机关核查应纳税总额为5 049 853.43元，逃避缴纳个人所得税额2 053 740.98元，占比40.67%。2016年8月22日，原黄山市地方税务局稽查局（以下简称稽查局）向杜某芬送达《税务处理决定书》（黄地税稽处〔2016〕61号）、《税务行政处罚决定书》（黄地税稽罚〔2016〕61号），除追缴个人所得税外，加收滞纳金1 274 346.29元，并处少缴税款0.5倍罚款，即1 026 870.49元。杜某芬不予理睬。2017年3月1日，稽查局送达《税务事项通知书》催缴，杜某芬补缴部分款项。

经黄山市公安局传唤到案，杜某芬如实供述犯罪事实，并于2018年11月缴清了税款、滞纳金、罚款余额共计3 154 350.58元。此案由检察院起诉，指控杜某芬构成犯罪。

法院认为，被告人杜某芬在个人独资企业注销清算中，采取隐瞒手段虚假纳税申报，逃避缴纳个人所得税款数额巨大并且占应纳税额30%以上，其行为已构成逃税罪。依照《中华人民共和国刑法》第二百〇一条第一款、第六十七条第一款、第七十二条第一款及第三款、第七十三条第二款及第三款、第五十二条、第五十三条第一款之规定，《安徽省黄山市徽州区人民法院刑事判决书》（〔2019〕皖1004刑初32号）判决：被告人杜某芬犯逃税罪，判处有期徒刑二年，缓刑三年，并处罚金一百一十万元。①

（二）税务机关在征个人所得税时，要分清劳动关系还是劳务关系，尤其在建筑行业，否则有败诉的风险。例如，2013年10月16日至12月4日，沈阳市地方税务局第二稽查局（以下简称第二稽查局）对浙江中成建工集团（沈阳）建筑工程有限公司（以下简称中成沈阳公司）2010年6月1日至2012年12月31日纳税情况进行检查，发现中成沈阳公司2010年至2012年未按规定代扣代缴"劳务报酬"个人所得税，少代扣代缴个人所得税6 060 776.12元，因而进行处罚。中成沈阳公司不服，向沈阳市和平区法院提起诉讼。

初审法院认为，对原告中成沈阳公司作出1倍罚款并无不当。第一，从被告提供的原告中成沈阳公司财务账册中，明确记载了"同方广场付人工费、劳务费、民工工资"等科目，在原告中成沈阳公司2010至2012年的劳务费发放明细表中也记载了支付金额并有领取人的签字盖章。第二，原告浙江中成沈阳公司向临时用工人员支付的报酬，根据《个人所得税法实施条例》（2011年版）第八条第（四）项这规定，可以纳入其他劳务取得的所得范围，应按《个人所得税法》第二条规定的劳务报酬所得缴纳个人所得税。第三，原告浙江中成沈阳公司将发放的劳务费列入企业工程施工科

---

① 案件资料来源：《杜某芬逃税罪一审刑事判决书》，中国裁判文书网，2019年11月12日。

目人工费支出项目，直接向用工人员发放，属于《个人所得税法》第八条规定的个人所得税扣缴义务人。

按照《最高人民法院关于执行〈中华人民共和国行政诉讼法（以下简称行政诉讼法）〉若干问题的解释》（法释〔2000〕8号）第五十六条第一款第（四）项之规定，沈阳市和平区人民法院（2014）沈和行初字第84号行政判决：驳回原告中成沈阳公司的诉讼请求。

中成沈阳公司不服，提起上诉。二审法院认为，依据《中华人民共和国劳动法》（以下简称劳动法）第十六条第二款规定，《国家劳动和社会保障部关于确立劳动关系有关事项的通知》（劳社部发〔2005〕12号）第一条规定，本案中，上诉人虽未与其建筑工人签订劳动合同，但因建筑行业具有特殊性，建筑工人作业具有周期性，结合法院对类型情况的判决结论，上诉人与其雇佣的建筑工人符合事实劳动关系的要件。上诉人作为涉案建设项目人工费的支付单位，其应为个人所得税的代扣代缴义务主体，但税务机关基于劳务关系计税系认定事实不清。依照《行政诉讼法》第八十九条第一款第（二）项之规定，《辽宁省沈阳市中级人民法院行政判决书》（〔2015〕沈中行终字第326号）判决：撤销沈阳市和平区人民法院（2014）和行初字第84号行政判决；撤销被上诉人沈阳市地方税务局第二稽查局于2014年1月3日作出的沈地税二稽罚〔2014〕0002号税务行政处罚决定主文第二项。①

第二稽查局不服，申请再审。再审法院认为，第二稽查局的再审申请不符合《行政诉讼法》第九十一条规定的情形。依照《最高人民法院关于适用〈行政诉讼法〉的解释》（法释〔2000〕8号）第一百一十六条第二款的规定，《辽宁省高级人民法院行政裁定书》（〔2017〕辽行申419号）裁

---

① 案件资料来源：《浙江中成建工集团（沈阳）建筑工程有限公司与沈阳市地方税务局第二稽查局行政处罚决定纠纷二审行政判决书》，中国裁判文书网，2016年10月8日。

定：驳回第二稽查局的再审申请。[①]

　　本案中，中成沈阳公司与其雇佣的建筑工人之间的关系，稽查局、一审法院认为是劳务关系，而二审、再审法院认为是劳动关系。笔者认为劳动关系是成立的。

---

① 案件资料来源：《国家税务总局沈阳市税务局第二稽查局、浙江中成建工集团（沈阳）建筑工程有限　公司税务行政管理（税务）再审审查与审判监督行政裁定书》，中国裁判文书网，2020年3月20日。

第三篇

财　产　税

　　财产税是对纳税人所有的或者属其支配的动产或者不动产征收的税。财产税属于直接税的范畴，理论比较完备。我国财产税包括房产税、土地增值税、车辆购置税、契税和车船税等。自2021年6月1日起，纳税人申报缴纳除车辆购置税以外的财产税，《国家税务总局关于简并税费申报有关事项的公告》（2021年第9号）明确，使用《财产和行为税纳税申报表》、《财产和行为税减免税明细申报附表》（均见第七章）、《财产和行为税税源明细表》。

第七章　房产税

房产税是以房产为征税对象，按房产的计税余值或租金收入为计税依据，向产权所有人征收的一种财产税。

一、纳税人

《中华人民共和国房产税暂行条例》（以下简称房产税暂行条例）第二条规定："房产税由产权所有人缴纳。产权属于全民所有的，由经营管理单位缴纳。产权出典的，由承典人缴纳。产权所有人、承典人不在房产所在地的，或者产权未确定及租典纠纷未解决的，由房产代管人或者使用人缴纳。"房产税纳税人包括产权所有人、经营管理单位、承典人、房产代管人或者使用人。

（一）房产的产权所有人。房产的产权所有人是指房产登记的合法拥有者，对其房产享有占有、使用、收益和处分权。地下人防工程已按商品房销售并办理产权证，《国家税务总局关于新疆地下人防工程征收房产税问题的批复》（税总函〔2013〕602号）明确，购房人即是产权所有人，应按规定缴纳房产税。承租人使用房产，以支付修理费抵交房产租金，《财政部 国家税务总局关于房产税若干具体问题的解释和暂行规定》（财税地字〔1986〕第008号）第二十三条规定："仍应由房产的产权所有人依照规定缴纳房税。"房产产权转移时，产权承受人应督促原产权所有人交清各期税款，《福建省房产税实施细则》（闽政〔1986〕93号）第三条第三款规定："否则由产权承受人负责缴纳。"

免收租金者由产权所有人为纳税人。《财政部 国家税务总局关于安置残疾人就业单位城镇土地使用税等政策的通知》（财税〔2010〕121号）第二条明确：房屋租赁合同约定有免收租金期限，免收租金期间由产权所有人按房产原值缴纳房产税。

（二）经营管理单位。经营管理单位包括政府所属部门或者控制的经济组织。房产在不动产登记机构根据《不动产登记暂行条例》（国务院令第656号）进行登记。对全民所有房产进行管理的经营管理单位为纳税人。

（三）承典人。出典人在一定时期将房产赎回，出典期间，由承典人为纳税人。《财政部 国家税务总局关于房产税城镇土地使用税有关问题的通知》（财税〔2009〕128号）第二条规定："产权出典的房产，由承典人依照房产余值缴纳房产税。"

（四）房产代管人或者使用人。无租使用其他单位房产者为纳税人。《财政部 国家税务总局关于房产税、城镇土地使用税有关问题的通知》（财税〔2009〕128号）第一条规定："无租使用其他单位房产的应税单位和个人，依照房产余值代缴纳房产税。"例如，某房地产开发企业建设某项目2018年6月1日开工建设，2020年5月31日办理竣工手续，同年7月1日将坯房出租某公司，合同约定租期5年，年租金为0，2021年5月31日办理决算，决算价5 000万元。该房地产开发企业2020年应缴纳房产税＝5 000×（1－30%）×1.2%÷2＝21（万元）。

对居民住宅区内业主共有的经营性房产，《财政部 国家税务总局关于房产税城镇土地使用税有关政策的通知》（财税〔2006〕186号）第一条规定："由实际经营（包括自营和出租）的代管人或使用人缴纳房产税。"

对于房屋开发公司售出的房屋，不再在其会计账簿中记载及核算，而购买该房屋的单位未取得产权，《国家税务总局关于房屋产权未确定如何征收房产税问题的批复》（国税函〔1998〕426号）规定，由使用人缴纳房产税。

二、征税对象

房产税的征税对象为城镇、工矿区的房产及具备房屋功能的地下建筑。该房产有两大特征：

（一）位于城市、县城、建制镇和工矿区。《房产税暂行条例》第一条规定："房产税在城市、县城、建制镇和工矿区征收。"《财政部 税务总局关于房产税若干具体问题的解释和暂行规定》（财税地字〔1986〕8号）规定，城市是指经国务院批准设立的市，征税范围为市区、郊区和市辖县县城，不包括农村。县城是指未设立建制镇的县人民政府所在地。建制镇是指经省、自治区、直辖市人民政府批准设立的建制镇，征税范围为镇人民政府所在地，不包括所辖的行政村。工矿区是指工商业比较发达，人口比较集中，符合国务院规定的建制镇标准，但尚未设立镇建制的大中型工矿企业所在地。

（二）表现形式为房屋。《财政部 国家税务总局关于房产税和车船使用税几个业务问题的解释与规定》（财税地字〔1987〕3号）的第一条规定："房产"是以房屋形态表现的财产。房屋是指有屋面和围护结构（有墙或两边有柱），能够遮风避雨，可供人们在其中生产、工作、学习、娱乐、居住或储藏物资的场所。独立于房屋之外的建筑物，如围墙、烟囱、水塔、变电塔、油池油柜、酒窖菜窖、酒精池、糖蜜池、室外游泳池、玻璃暖房、砖瓦石灰窑以及各种油气罐等，不属于房产。《财政部 国家税务总局关于加油站罩棚房产税问题的通知》（财税〔2008〕123号）规定："加油站罩棚不属于房产。"

凡在房产税征收范围内的具备房屋功能的地下建筑，《财政部 国家税务总局关于具备房屋功能的地下建筑征收房产税的通知》（财税〔2005〕181号）第一条规定：包括与地上房屋相连的地下建筑以及完全建在地面以下的建筑、地下人防设施等，均应当征收房产税。

对房地产开发企业建造的商品房在售出前，《国家税务总局关于房产税、城镇土地使用税有关政策规定的通知》（国税函〔1998〕426号）规定，不征收房产税，但对已使用或出租、出借者除外。

三、计税方法

房产税实行从价计征、从租计征。

（一）从价计征。《房产税暂行条例》第四条规定：依照房产余值计算缴纳的，房产税的税率为1.2％。第三条第一款规定：房产税依照房产原值一次减除10％至30％后的余值计算缴纳。具体减除幅度由省、自治区、直辖市人民政府规定。比如，《中共福建省委 福建省人民政府关于加快民营企业发展的若干意见》（闽委发〔2018〕21号）第（六）项规定："现行房产税按房产原值减除30％后的余值缴纳。"此前，《福建省房产税实施细则》第七条规定：一律以房产原值减除25％后的余值计算缴纳房产税。

按房产余值计算，原值的确定很关键。企业取得土地使用权，在"无形资产——土地使用权"科目单独核算，没有记入"固定资产——房屋"科目，土地摊余额价值并入房产原值计征房产税。如果纳税人从价计征房产税的房产，又有出租的情形，将出租房的原值从价计征房产原值中扣除。财税〔2010〕121号文第三条明确：不论会计上如何核算房产原值均应包含地价、取得土地使用权支付的价款、开发土地发生的成本费用等。

具备房屋功能的地下建筑应税房产，《财政部 国家税务总局关于具备房屋功能的地下建筑征收房产税的通知》（财税〔2005〕181号）规定，工业用途房产以房屋原价50～60％、商业和其他用途房产以房屋原价70～80％作为应税房产原值。《福建省财政厅 福建省地方税务局转发财政部 国家税务总局关于具备房屋功能的地下建筑征收房产税的通知》（闽财税〔2006〕10号）将上述比例分别确定为50％、80％。

原值＝原价（购买价款）＋相关税费＋运输费、装卸费、安装费＋专业人员服务费

比如，《企业会计准则第4号——固定资产》第八条规定："外购固定资产的成本，包括购买价款、相关税费、使固定资产达到预定可使用状态前所发生的可归属于该项资产的运输费、装卸费、安装费和专业人员服务费等。"所以，通常原价低于原值。

从价计征的房产税＝房产原值×（1－30％）×1.2％

从价计征的地下建筑的房产税＝房产原价×折算比例×［1－（10％－30％）］×1.2％＝计税房产原值×（1＋20％）×1.2％。这一规定，应该是考虑加上相关税额和费用，进而提高房产余值。

例如，2021年12月，福建南平市延平区某纳税人购进具备房屋功能的工业用途地下建筑房产，交易价格1 000万元。2022年及以后年度的房产税：

房产原值为500万元（＝1 000×50％）。

应纳房产税税额＝房产原值×［1－（10％－30％）］×1.2％＝500×（1＋20％）×1.2％＝600×1.2％＝7.2（万元）

（二）从租计征。《房产税暂行条例》第四条规定：依照房产租金收入计算缴纳的，房产税的税率为12％。第三条第三款规定：房产出租的以房产租金收入为房产税的计税依据。2016年5月1日起，营改增后，租金收

入征收增值税。个人出租住房，按照5%的征收率减按1.5%征收。从2019年4月1日起，一般纳税人不动产租赁适用税率9%。

自2021年10月1日起，企事业单位、社会团体以及其他组织向个人、专业化规模化住房租赁企业出租住房，《财政部 税务总局 住房城乡建设部关于完善住房租赁有关税收政策的公告》（2021年第24号）规定，向专业化规模化住房租赁企业出租住房减按4%税率征收房产税。例如，某企业向专业化规模化住房租赁企业出租2 000套（间），2021年第四季度取得租金收入109万元。应缴房产税＝109÷（1＋9%）×4%＝4（万元）。

自2016年5月1日起，《财政部 国家税务总局关于营改增后契税 房产税 土地增值税 个人所得税计税依据问题的通知》（财税〔2016〕43号）规定：计征房产税的租金收入不含增值税。免征增值税的确定计税依据时，租金收入不扣减增值税额。其他个人采取一次性收取租金的形式出租不动产，取得的租金收入可在租金对应的租赁期内平均分摊，《国家税务总局关于营改增试点若干征管问题的公告》（2016年第53号）第二条规定："分摊后的月租金收入不超过3万元的，可享受小微企业免征增值税优惠政策。"相应地，在缴纳房产税时，该租金收入不得换算为不含税收入。

一个纳税人房屋既有自用，又有出租，分别计算房产税。例如，甲公司增值税一般纳税人，有一幢办公楼原值为5 000万元，建筑面积为3 000平方米。2022年1月1日，甲公司将办公楼的一部分出租给乙企业，出租面积为600平方米，年租金为20万元，租赁期限为5年，该公司于1月1日一次性取得2022年度租金，则甲企业2022年全年应纳房产税：

出租部分房产税＝20÷（1＋9%）×12%＝2.20（万元）

自用部分房产税＝5 000×（1－30%）×（3 000－600）÷3 000×1.2%＝33.6（万元）

应纳房产税＝2.20＋33.6＝35.80（万元）

相关数据填入《财产和行为税纳税申报表》。

四、会计处理

房产原值的确定按相关的会计制度。比如，执行企业会计准则的企业，按固定资产或者投资性房地产准则确定。

《财政部关于印发〈增值税会计处理规定〉的通知》（财会〔2016〕22号）第二条第（二）项明确，全面试行营业税改征增值税后，核算房产税的"营业税金及附加"科目名称调整为"税金及附加"科目。此前规定除投资性房地产相关的房产税在"税金及附加"科目核算外，企业按规定计算应交房产税，借记"管理费用"科目。营业税改征增值税后，都在"税金及附加"科目核算。贷记"应交税费——应交房产税"科目。交纳房产税，借记"应交税费——应交房产税"科目，贷记"银行存款"等科目。

例如，某公司房屋建筑面积5 000平方米，房屋原值为5 000万元，该公司2021年将房产出租，应缴纳房产税＝5 000×（1－30%）×1.2%＝42（万元）。

借：税金及附加 420 000

    贷：应交税费——应交房产税 420 000

交纳房产税：

借：应交税费——应交房产税 420 000

    贷：银行存款 420 000

五、税收优惠

（一）免税。国家机关、人民团体、军队自用的房产；由国家财政部门拨付事业经费的单位自用的房产；宗教寺庙、公园、名胜古迹自用的房产；个人所有非营业用的房产；以及经财政部批准免税的其他房产，《房产税暂行条例》第五条规定，免纳房产税。

对高校学生公寓；按照去产能和调结构政策要求停产停业、关闭的企业；农产品批发市场、农贸市场；为居民供热所使用的厂房；国家机关、军队、人民团体、财政补助事业单位、居民委员会、村民委员会拥有的体育场馆，用于体育活动的房产；对长江上游、黄河中上游地区，东北、内蒙古等国有林区天然林二期工程实施企业和单位专门用于天然林保护工程的房产；对中国国家铁路集团有限公司所属铁路运输、工业、供销、建筑施工企业，铁路局的工副业企业和自行解决工交事业费的单位自用的房产等，财政部规定免征房产税。

（二）减税。从2008年3月1日起，《财政部 国家税务总局关于廉租住房经济适用住房和住房租赁有关税收政策的通知》（财税〔2008〕24号）明确：对个人出租住房不区分用途，企事业单位、社会团体以及其他组织按市场价格向个人出租用于居住的住房，减按4%税率征收房产税。例如，2020年第四季度，福建省南平市延平区张三出租房屋收入1.05万元，缴纳房产税0.04万元〔＝1.05÷（1＋5%）×4%〕。再如，2020年度某公司继续将10套房屋按市场价格向个人出租用于居住，收取月租金60万元，每个月应缴房产税＝60÷（1＋9%）×4%＝2.20（万元）。

纳税人纳税确有困难，《房产税暂行条例》第六条规定，可由省、自治区、直辖市人民政府定期免征房产税。如《福建省财政厅 福建省税务局关于落实小微企业普惠性税收减免政策的通知》（闽财税〔2019〕5号）规定：2019年至2021年，对增值税小规模纳税人减按50%征收房产税。例如，福建省南平市某增值税小规模纳税人2021年下半年出租房屋收入10.9万元，应缴纳房产税0.6万元〔＝10.9÷（1＋9%）×12%×50%〕。

各省推出新冠肺炎疫情防控税收优惠政策。比如，不动产出租方在疫情期间通过减免同一个体工商户至少一个月租金，《福建省税务局关于疫情期间因减免个体工商户租金相应减免房产税和城镇土地使用税的公告》（2020年第3号）规定，可以申请减征或免征房产税。减免税额不超过减免个体工商户租金的总额且不超过三个月应纳房产税税额。例如，3年前，福州市民李四将其面积20平方米的店面，出租给张三从事"沙县小吃"经营，月租金5 000元。2020年3月，减免张三一个月店面租金。李四月房产税、城镇土地使用税各为600元。李四可以在2020年9月30日前，通过办税服务厅或选择登录福建省电子税务局"非接触式"提交申请减免房产税和城镇土地使用税，最高限额为3 600元（＝1 200×3）。

六、征收管理

（一）纳税义务发生时间。房产税纳税义务的发生，不以是否取得房产证为标志。《财政部 国家税务总局关于房产税若干具体问题的解释和暂行规定》（财税地字〔1986〕第008号）第十九条规定："纳税人自建的房屋，自建成之次月起征收房产税。纳税人委托施工企业建设的房屋，从办理验收手续之次月起征收房产税。纳税人在办理验收手续前已使用或出租、出借的新建房屋，应按法规征收房产税。"《国家税务总局关于房产税、城镇土地使用税有关政策规定的通知》（国税发〔2003〕89号）第二条规定：购置新建商品房自房屋交付使用之次月起计征房产税。购置存量房自办理房屋权属转移、变更登记手续，房地产权属登记机关签发房屋权属证书之次月起计征房产税。出租、出借房产，自交付出租、出借房产之次月起计征房产税。房地产开发企业自用、出租、出借本企业建造的商品房，自房屋使用或交付之次月起计征房产税。例如，某房地产开发公司建设某项目2018年6月1日开工建设，2020年5月31日办理竣工手续，同年6月30日将坯房出租A公司，合同约定10年，年租金110万元，当日收到当年租金55万元。2021年5月31日办理决算。2020年应缴房产税＝55÷（1＋

10%）×12％＝6（万元）。相关数据填入《财产和行为税纳税申报表》。

《财政部 国家税务总局关于房产税城镇土地使用税有关问题的通知》（财税〔2009〕128号）第三条规定，融资租赁的房产，由承租人自融资租赁合同约定开始日的次月起依照房产余值缴纳房产税。合同未约定开始日的，由承租人自合同签订的次月起依照房产余值缴纳房产税。

（二）纳税申报表。《房产税暂行条例》第七条规定："房产税按年征收、分期缴纳。"《财产和行为税纳税申报表》、《财产和行为税减免税明细申报附表》、《城镇土地使用税、房产税税源明细表》表样见下表。

财产和行为税纳税申报表

纳税人识别号（统一社会信用代码）：□□□□□□□□□□□□□□□□□□

纳税人名称：　　　　　　　　　　　　　　　　　金额单位：人民币元（列至角分）

序号	税种	税目	税款所属期起	税款所属期止	计税依据	税率	应纳税额	减免税额	已缴税额	应补、退税额
1										
2										
3										
4										
5										
6										
7										
8										
9										
10										
11										
合计	—	—	—	—	—					

声明：此表是根据国家税收法律法规及相关规定填写的，本人（单位）对填报内容（及附带资料）的真实性、可靠性、完整性负责。

纳税人（签章）：　　　　年　月　日

经办人： 经办人身份证号： 代理机构签章： 代理机构统一社会信用代码：	受理人： 受理税务机关（章）： 受理日期：　年　月　日

财产和行为税减免税明细申报附表

纳税人识别号（统一社会信用代码）：

纳税人名称：   金额单位：人民币元（列至角分）

本期是否适用增值税小规模纳税人减征政策	□是　□否	本期适用增值税小规模纳税人减征政策起始时间	年　月
		本期适用增值税小规模纳税人减征政策终止时间	年　月
合计减免税额			

城镇土地使用税

序号	土地编号	税款所属期起	税款所属期止	减免性质代码和项目名称	减免税额
1					
2					
小计	—			—	

房产税

序号	房产编号	税款所属期起	税款所属期止	减免性质代码和项目名称	减免税额
1					
2					
小计	—			—	

车船税

序号	车辆识别代码/船舶识别码	税款所属期起	税款所属期止	减免性质代码和项目名称	减免税额
1					
2					
小计				—	

印花税

序号	税目	税款所属期起	税款所属期止	减免性质代码和项目名称	减免税额
1					
2					
小计	—			—	

资源税

序号	税目	子目	税款所属期起	税款所属期止	减免性质代码和项目名称	减免税额
1						
2						
小计	—	—			—	

耕地占用税

序号	税源编号	税款所属期起	税款所属期止	减免性质代码和项目名称	减免税额
1					
2					
小计	—			—	

契税

序号	税源编号	税款所属期起	税款所属期止	减免性质代码和项目名称	减免税额
1					
2					
小计	—			—	

土地增值税

序号	项目编号	税款所属期起	税款所属期止	减免性质代码和项目名称	减免税额
1					
2					
小计	—			—	

环境保护税

序号	税源编号	污染物类别	污染物名称	税款所属期起	税款所属期止	减免性质代码和项目名称	减免税额
1							
2							
小计	—	—	—			—	

声明：此表是根据国家税收法律法规及相关规定填写的，本人（单位）对填报内容（及附带资料）的真实性、可靠性、完整性负责。

纳税人（签章）：　　　　年　月　日

经办人： 经办人身份证号： 代理机构签章： 代理机构统一社会信用代码：	受理人： 受理税务机关（章）： 受理日期：　年　月　日

城镇土地使用税、房产税税源明细表

纳税人识别号（统一社会信用代码）：

纳税人名称：　　　　　　　　　　　　金额单位：人民币元（列至角分）；面积单位：平方米

一、城镇土地使用税税源明细

纳税人类型	土地使用权人□ 集体土地使用人□ 无偿使用人□ 代管人□ 实际使用人□（必选）	土地使用权人纳税人识别号（统一社会信用代码）		土地使用权人名称	
土地编号	*	土地名称		不动产权证号	
不动产单元号		宗地号		土地性质	国有□ 集体□ （必选）
土地取得方式	划拨□ 出让□ 转让□ 租赁□ 其他□（必选）	土地用途		工业□ 商业□ 居住□ 综合□ 房地产开发企业的开发用地□ 其他□ （必选）	
土地坐落地址（详细地址）	省（自治区、直辖市）　市（区）　县（区）　　乡镇（街道）　　　　（必填）				
土地所属主管税务所（科、分局）					
土地取得时间	年　月	变更类型	纳税义务终止（权属转移□ 其他□） 信息项变更（土地面积变更□土地等级变更□ 减免税变更□其他□）	变更时间	年月
占用土地面积		土地等级		税额标准	
地价		其中取得土地使用权支付金额		其中土地开发成本	

减免税部分	序号	减免性质代码	减免项目名称	减免起止时间		减免税土地面积	月减免税金额
				起始月份	终止月份		
	1			年　月	年　月		
	2						
	3						

二、房产税税源明细

（一）从价计征房产税明细

纳税人类型	产权所有人□ 经营管理人□ 承典人□ 房屋代管人□ 房屋使用人□ 融资租赁承租人□（必选）	所有权人纳税人识别号（统一社会信用代码）		所有权人名称	
房产编号	*	房产名称			
不动产权证号		不动产单元号			
房屋坐落地址（详细地址）	省（自治区、直辖市）　　市（区）　　县（区）　　乡镇（街道）　　（必填）				
房产所属主管税务所（科、分局）					
房屋所在土地编号	*	房产用途		工业□ 商业及办公□ 住房□ 其他□（必选）	
房产取得时间	年　月 ｜ 变更类型	纳税义务终止（权属转移□ 其他□）信息项变更（房产原值变更□ 出租房产原值变更□ 减免税变更□ 其他□）		变更时间	年　月
建筑面积	（必填）	其中：出租房产面积			
房产原值	（必填）	其中：出租房产原值		计税比例	系统设定

减免税部分	序号	减免性质代码	减免项目名称	减免起止时间		减免税房产原值	月减免税金额
				起始月份	终止月份		
	1						
	2						
	3						

（二）从租计征房产税明细

房产编号	*	房产名称	
房产用途	工业□ 商业及办公□ 住房□ 其他□		
房产坐落地址（详细地址）	省（自治区、直辖市）　　市（区）　　县（区）　　乡镇（街道）　　（必填）		
房产所属主管税务所（科、分局）			
承租方纳税人识别号（统一社会信用代码）		承租方名称	
出租面积		合同租金总收入	

合同约定租赁期起			合同约定租赁期止	
申报租金收入		申报租金所属租赁期起		申报租金所属租赁期止
减免性质代码		减免项目名称		享受减免税租金收入
减免税额				

声明：此表是根据国家税收法律法规及相关规定填写的，本人（单位）对填报内容（及附带资料）的真实性、可靠性、完整性负责。

纳税人（签章）：　　　　年　月　日

经办人： 经办人身份证号： 代理机构签章： 代理机构统一社会信用代码：	受理人： 受理税务机关（章）： 受理日期：　年　月　日

第八章　土地增值税

土地增值税是指转让国有土地使用权、地上的建筑物及其附着物所取得的增值额为征税对象，依照规定税率征收的一种税。

$$应交税额 = 增值额 \times 税率 - 扣除项目金额 \times 速算扣除系数$$

从上式可以看出，增值额、扣除项目金额是计算土地增值税的重要因素，而增值额的计算与收入密切相关。增值额是指纳税人转让房地产所取得的收入减除扣除项目金额后的余额。土地增值税执行四级超率累进税率，《中华人民共和国土地增值税暂行条例（以下简称土地增值税暂行条例）》第二条规定了税率、速算扣除系数（见下表）。

土地增值税四级超率累进税率表

级　数	土地增值额	税率（%）	速算扣除系数
1	增值额未超过扣除项目金额 50% 的部分	30%	0
2	增值额超过扣除项目金额 50% 未超过 100%	40%	5%
3	增值额超过扣除项目金额 100% 未超过 200%	50%	15%
4	增值额超过扣除项目金额 200% 的部分	60%	35%

一、纳税人

《土地增值税暂行条例》第二条规定：转让国有土地使用权、地上的建筑物及其附着物并取得收入的单位和个人，为土地增值税的纳税义务人。《国家税务总局关于印发〈土地增值税宣传提纲〉的通知》（国税函发〔1995〕110号）第七条明确：该纳税义务人包括各类企业、事业单位、机关、社会团体、个体工商业户以及其他单位和个人。《国务院关于外商投资企业和外国企业适用增值税、消费税、营业税等税收暂行条例的有关问题的通知》（国发〔1994〕10号）第一条规定，土地增值税也同样适用于涉外企业、单位和个人。外商投资企业、外国企业、外国驻华机构、外国公民、华侨等，只要转让房地产并取得收入，就是土地增值税的纳税义务人。

转让包括股权转让，以及土地使用权转让、抵押或置换。《国家税务总局关于天津泰达恒生转让土地使用权土地增值税征缴问题的批复》（国税函〔2011〕415号）明确"北京国泰恒生投资有限公司利用股权转让方式让渡土地使用权，实质是房地产交易行为"，应征收土地增值税。再如，广西玉柴营销有限公司在2007年10月30日将房地产作价入股后，于2007年12月6日、18日办理了房地产过户手续，同月25日即将股权进行了转让，且股权转让金额等同于房地产的评估值。《国家税务总局关于土地增值税相关政策问题的批复》（国税函〔2009〕387号）明确："这一行为实质上是房地产交易行为，应按规定征收土地增值税。"土地使用者转让、抵押或置换土地，《国家税务总局关于未办理土地使用权证转让土地有关税收问题的批复》（国税函〔2007〕645号）明确：无论其是否取得了该土地的使用权属证书，无论其是否与对方当事人办理了土地使用权属证书变更登记手续，只要土地使用者享有占有、使用、收益或处分该土地的权利，且有合同等证据表明其实质转让、抵押或置换了土地并取得了相应的经济利益，土地使用者为土地增值税纳税人。

建筑物包括码头泊位、机场跑道等基础设施。比如，《国家税务总局关于转让地上建筑物土地增值税征收问题的批复》（国税函〔2010〕347号）规定，对转让码头泊位、机场跑道等基础设施性质的建筑物行为，应当征收土地增值税。

二、收入

收入是指纳税人转让房地产收进的钱财。纳税人转让房地产所取得的收入，《土地增值税暂行条例》第五条规定："包括货币收入、实物收入和其他收入。"在实际业务处理中，有些特殊规定：

代收费用作收入。《财政部 国家税务总局关于土地增值税一些具体问题规定的通知》（财税字〔1995〕048号）第六条规定：县级及县级以上人民政府要求房地产开发企业在售房时代收的各项费用，如果计入房价向购买方一并收取，作为转让房地产所取得的收入。该费用比如基础设施配套费、房屋维修基金等。

视同销售收入。纳税人将开发产品用于职工福利、奖励、对外投资、分配给股东或投资人、抵偿债务、换取其他单位和个人的非货币性资产，纳税人拆迁安置用房应税收入，按《国家税务总局关于房地产开发企业土地增值税清算管理有关问题的通知》（国税发〔2006〕187号）第三条规定方法和顺序确认收入。比如，2021年度，在清算时发现某房地产开发企业将开发产品1 000套用于职工福利，该企业在同一城市销售同类房地产的平均价格为每套100万元，应确定收入为100 000万元。数据填入《土地增值税税源明细表》第5行。

三、土地增值税扣除项目金额

扣除项目是指从收入中减除的内容。《中华人民共和国土地增值税暂行条例实施细则》（以下简称土地增值税暂行条例实施细则）第七条明确：扣除项目金额包括取得土地使用权所支付的金额、开发土地和新建房及配套设施的成本、开发土地和新建房及配套设施的费用、旧房及建筑物的评估价格、与转让房地产有关的税金、财政部规定的其他扣除项目。营改增后，土地增值税纳税人接受建筑安装服务取得的增值税发票，国家税务总局公告2016年第70号第五条规定：应按《国家税务总局关于全面推开营业税改征增值税试点有关税收征收管理事项的公告》（2016年第23号）规定，在发票的备注栏注明建筑服务发生地县（市、区）名称及项目名称，否则不得计入土地增值税扣除项目金额。

（一）取得土地使用权所支付的金额。取得土地使用权所支付的金额是指纳税人为取得土地使用权所支付的地价款和按国家统一规定交纳的有关费用。《土地出让合同》通常会对土地出让金、土地用途等内容加以约定。

转让旧房对取得土地使用权时未支付地价款或不能提供已支付的地价款凭据，财税字〔1995〕048号文第十条规定："不允许扣除取得土地使用权所支付的金额。"

纳税人转让旧房及建筑物，凡不能取得评估价格，但能提供购房发票，《土地增值税暂行条例》第六条第一、三项规定的扣除项目的金额的计算，国家税务总局公告2016年第70号第六条规定：提供的购房凭据为营改增前取得的营业税发票按发票所载金额（不扣减营业税），提供的购房凭据为营改增后取得的增值税普通发票金额或增值税专用发票不含税价加不允许抵扣的增值税进项税额，从购买年度起至转让年度止每年加计5%计算。例如，2021年10月8日，某工业企业转让其在市区的土地并地上附着物取得收入8 000万元。不能取得评估价格，但能提供2006年10月7日购房发票（缴纳了营业税），金额2 000万元。

发票加计扣除金额＝购房发票金额×5%×房产实际持有年数＝2 000×5%×15＝1 500（万元）。

改制重组后再转让房地产其"取得土地使用权所支付的金额"，《关于继续实施企业改制重组有关土地增值税政策的公告》（财政部、税务总局公告2021年第21号）第六条规定，按改制重组前取得该宗国有土地使用权所支付的地价款加有关费用确定，若有购房发票者按所载金额并每年加计5%计算扣除；经批准以国有土地使用权作价出资入股，为县级及以上自然资源部门批准的评估价格。

（二）开发土地和新建房及配套设施的成本。开发土地和新建房及配套设施的成本是指纳税人房地产开发项目实际发生的成本，包括土地征用及拆迁补偿费、前期工程费、建筑安装工程费、基础设施费、公共配套设施费、开发间接费用。

土地征用及拆迁补偿费包括土地征用费、耕地占用税、劳动力安置费及有关地上、地下附着物拆迁补偿的净支出、安置动迁用房支出等。

前期工程费包括规划、设计、项目可行性研究和水文、地质、测绘、"三通一平"等支出。防止企业出多个设计方案，开了多份发票，其实只有一个是真实，虚列成本。

建筑安装工程费是指以出包方式支付给承包单位或以自营方式发生的建筑安装工程费。

基础设施费包括开发小区内道路、供水、供电、供气、排污、排洪、通讯、照明、环卫、绿化等工程发生的支出。

公共配套设施费包括不能有偿转让的开发小区内公共配套设施发生的支出。

开发间接费用是指直接组织、管理开发项目发生的费用，包括工资、职工福利费、折旧费、修理费、办公费、水电费、劳动保护费、周转房摊销等。

各项费用的具体解释与国税发〔2009〕31号文大致相同。房地产开发企业将不能出售的配套设施对外出租，其土地增值税的扣除项目的处理，《国家税务总局关于房地产开发企业土地增值税清算管理有关问题的通知》（国税发〔2006〕187号）第四条第（三）项明确：建成后产权属于全体业主所有，建成后无偿移交给政府、公用事业单位用于非营利性社会公共事业，建成后有偿转让并计入收入，准予扣除成本、费用。《征地、拆迁补偿协议》一般会对拆迁补偿房式（货币补偿还是产权调换），货币拆迁补偿的金额，征地补偿费标准、金额及计算过程作出明确。

（三）开发土地和新建房及配套设施的费用。开发土地和新建房及配套设施的费用在纳税申报表中称"房地产开发费用"，是指与房地产开发项目的期间费用，即销售费用、管理费用和财务费用。

《土地增值税暂行条例实施细则》第七条第一款第（六）规定：对从事房地产开发的纳税人，可按取得土地使用权所支付的金额、开发土地和新建房及配套设施的成本计算的金额之和加计20％扣除。对于代收费用，财税字〔1995〕048号文第十二条规定：作为转让收入计税，在计算扣除项目金额时可予扣除，但不允许作为加计20％扣除的基数；未作为转让房地产的收入计税，在计算增值额时不允许扣除。

（四）旧房及建筑物的评估价格。旧房及建筑物的评估价格是指在转让已使用的房屋及建筑物时，由政府批准设立的房地产评估机构评定的重置成本价乘以成新度折扣率后的价格，该价格须经当地税务机关确认。纳税人转让旧房及建筑物时因计算纳税的需要而对房地产进行评估，财税字〔1995〕048号文第十一条规定：其支付的评估费用允许在计算增值额时予以扣除。对《土地增值税暂行条例》第九条规定的纳税人隐瞒、虚报房地产成交价格等情形而按房地产评估价格计算征收土地增值税所发生的评估费用，不允许在计算土地增值税时予以扣除。例如，某工业企业转让其在市区的土地并地上附着物，通过提供评估价格方式确认扣除项目金额。旧房及建筑物的重置成本价5 000万元，成新度折扣率为40%。

旧房及建筑物的评估价格＝旧房及建筑物的重置成本×成新度折扣率＝5 000×40%＝2 000（万元）

（五）与转让房地产有关的税金。与转让房地产有关的税金是指在转让房地产时缴纳的税金。房地产开发企业按照《施工 房地产开发企业财产制度》，其缴纳的印花税列入管理费用，不得再作扣除。财税字〔1995〕048号文第八条规定：其他的土地增值税纳税义务人在计算土地增值税时允许扣除转让时缴纳的印花税。

对于个人购入房地产再转让的，其在购入时已缴纳的契税，在旧房及建筑物的评估价中已包括了此项因素，在计征土地增值税时，财税字〔1995〕048号文第十一条规定：不得另作为"与转让房地产有关的税金"予以扣除。

营改增后，国家税务总局公告2016年第70号第三条规定：计算土地增值税增值额的扣除项目中"与转让房地产有关的税金"不包括增值税。房地产开发企业实际缴纳的城市维护建设税、教育费附加，凡能够按清算项目准确计算，允许据实扣除。否则按该清算项目预缴增值税时实际缴纳的城市维护建设税、教育费附加扣除。其他转让房地产行为的城市维护建设税、教育费附加扣除比照执行。

例如，某房地产开发公司，增值税一般纳税人，有一个位于市区的老项目于2021年9月正式签订一写字楼转让合同，取得转让收入15 000万元。已知该公司为取得土地使用权而支付的地价款和按国家统一规定缴纳的有关费用为3 000万元，另按5%税率缴纳契税150万元。开发土地和新建房及配套设施的成本4 000万元；开发土地和新建房及配套设施的费用中的利息支出1 200万元（含罚息100万元，不能按开发项目分摊，不能提供金融机构证明）。管理费用、销售费用和其他费用400万元。计算如下：

取得土地使用权所支付的金额＝3 000＋150＝3 150（万元）

开发土地和新建房及配套设施的成本4 000万元。

开发土地和新建房及配套设施的费用（即房地产开发费用），利息不能按开发项目分摊，不能提供金融机构证明。

利息支出＝（3 000＋150＋4 000）×5%＝357.5（万元）

其他房地产开发费用＝（3 000＋150＋4 000）×5%＝357.5（万元）

增值税＝15 000÷（1＋6%）×6%＝849.06（万元）

城市维护建设税＝849.06×7%＝59.43（万元）

教育费附加＝849.06×3%＝25.47（万元）

地方教育附加费＝849.06×2%＝16.98（万元）

加计扣除金额＝（3 000＋150＋4 000）×20%＝1 430（万元）

扣除项目总金额＝3 000＋150＋4 000＋715＋101.88＋1 430＝9 396.88（万元）

增值额＝（15 000－849.06）－9 396.88＝4 754.06（万元）

增值额超过扣除项目金额比例＝增值额÷扣除项目总金额＝4 754.96÷9 396.88＝50.59%＞50%

应交土地增值税额＝增值额×税率－扣除项目金额×速算扣除系数＝4 753.96×40%－9 396.88×5%＝1 901.58－469.84＝1 431.74（万元）

土地增值税在"税金及附加""固定资产"科目核算。

四、土地增值税的预征

土地增值税预征对象是纳税人在项目全部竣工结算前转让房地产或者房地产开发企业销售其所开发的房地产项目。除此之外不适用，如二手房买卖不适用。纳税人在项目全部竣工结算前转让房地产取得的收入，由于涉及成本确定或其他原因，而无法据以计算土地增值税，《土地增值税暂行条例实施细则》第十六条规定："可以预征土地增值税，待该项目全部竣工、办理结算后再进行清算，多退少补。"纳税人预售房地产所取得的收入，财税字〔1995〕048号文第十四条规定："当地税务机关规定预征土地增值税的，纳税人应当到主管税务机关办理纳税申报，并按规定比例预交、待办理决算后，多退少补；当地税务机关规定不预征土地增值税的，也应在取得收入时先到税务机关登记或备案。"

土地增值税预征率有最低线。《国家税务总局关于加强土地增值税征管工作的通知》（国税发〔2010〕53号）第二条规定："除保障性住房外，东部地区省份预征率不得低于2%，中部和东北地区省份不得低于1.5%，西部地区省份不得低于1%。"各省征收率有些规定，比如《福建省税务局关于土地增值税若干政策问题的公告》（2018年第21号）第二条规定：除保障性住房实行零预征率外，各地不同类型房地产预征率：住房类型（其中普通住房2%；非普通住房福州市4%，其他设区市3%）；非住房类型（福州市6%，其他设区市5%。其中非住房中的工业厂房2%）。房地产开发企业对适用不同预征率的不同类型房地产销售收入分别核算并申报预缴；对未分别核算预缴的从高适用预征率预征土地增值税。对测算的土地增值税税负率明显偏高的房地产开发项目，可实行单项预征率。确定单项预征率未超过6%（含）由县级局确定；超过6%的报经设区市局确定。

土地增值税预征的基础是准确计算增值税。国家税务总局公告2016年第70号第一条规定：营改增后，纳税人转让房地产的土地增值税应税收入不含增值税。适用增值税一般计税方法的纳税人，其转让房地产的土地增值税应税收入不含增值税销项税额；适用简易计税方法的纳税人，其转让房地产的土地增值税应税收入不含增值税应纳税额。请注意在一般计税方法下，用的是"不含增值税销项税额"，而在简易计税方法下，用的是"不含增值税应纳税额"。对收到同一笔预收款，只能用一种计算办法，不可以两种办法都用。房地产开发企业采取预收款方式销售所开发的房地产项目，《财政部 国家税务总局关于全面推开营业税改征增值税试点的通知》（财税〔2016〕36号）附件2《营业税改征增值税试点有关事项的规定》第一条第（八）项第9目规定："在收到预收款时按照3%的预征率预缴增值税。"

免征增值税的，确定土地增值税计税依据时，《财政部 国家税务总局关于营改增后契税、房产税、土地增值税、个人所得税计税依据问题的通知》（财税〔2016〕43号）第五条规定："转让房地产取得的收入不扣减增值税额。"

例如：某房地产开发企业，增值税一般纳税人，开发A项目（开工日期在2016年5月1日后），2021年9月销售普通住房预收房款1 090万元，采用增值税一般计税方式，土地增值税预征率2%。

土地增值税预征的计征依据＝不含增值税收入＝1 090÷（1＋9%）＝1 000（万元）

预交土地增值税税款＝不含增值税收入×土地增值税预征率＝1 000×2%＝20（万元）

企业预交土地增值税时：

借：应交税费——应交土地增值税　　　　　　　　　　200 000

　　贷：银行存款　　　　　　　　　　　　　　　　　200 000

待开发项目达到完工条件，相应的收入及成本结转损益时：

借：税金及附加　　　　　　　　　　　　　　　　　200 000

　　贷：应交税费——应交土地增值税　　　　　　　　200 000

为方便纳税人，简化土地增值税预征税款计算，房地产开发企业采取预收款方式销售自行开发的房地产项目的，可按照以下方法计算土地增值税预征计征依据：

土地增值税预征的计征依据＝预收款－应预缴增值税税款＝1 090－1 000×3%＝1 060（万元）

预交土地增值税税款＝1 060×2%＝21.2（万元）

假设项目开工日期在2016年4月30日之前。企业选择简易计税方式，则：

应交的增值税税款＝1 090÷（1＋5%）×5%＝51.90（万元）

土地增值税预征的计征依据＝预收款－应缴增值税税款＝1 090－51.90＝1 038.1（万元）

预交土地增值税税款＝1 038.1×2%＝20.76（万元）

财务处理（略）。

注意到3种不同计税方法下，预交土地增值税税额不同，主要原因是税率与征收率的差异形成。这种差异是时间性差异，到清算时就消化了。

五、土地增值税清算

土地增值税清算是指纳税人在符合土地增值税清算条件后，依照税收法律、法规及土地增值税有关政策规定，计算应缴纳的土地增值税税额，并填写《土地增值税清算申报表》，向主管税务机关提供有关资料，办理土地增值税清算手续，结清应缴纳土地增值税税款的行为。

（一）土地增值税清算的条件。清算是指彻底地查核、计算。企业因解散、破产，以及其他条件，进行企业清算。

1. 解散。解散是指分散或者离散。《公司法》（中华人民共和国主席令第42号）第一百八十一条、第一百八十三条、第一百八十四条规定：公司章程规定的营业期限届满或者公司章程规定的其他解散事由出现；股东会或者股东大会决议解散；依法被吊销营业执照、责令关闭或者被撤销；公司经营管理发生严重困难，继续存续会使股东利益受到重大损失，通过其他途径不能解决，持有公司全部股东表决权百分之十以上的股东，可以请求人民法院解散公司，人民法院予以解散。上述原因解散需要清算。

2. 破产。破产是指债务人因不能偿债或者资不抵债时，由债权人或债务人诉请法院宣告破产并依破产程序偿还债务的一种法律制度。狭义的破产仅指破产清算，广义的破产还包括重整与和解。《企业破产法》（中华人民共和国主席令第54号）第二条、第七条规定：企业法人不能清偿到期债务，并且资产不足以清偿全部债务或者明显缺乏清偿能力可以向人民法院提出破产清算申请，或者由债权人向人民法院提出对债务人进行破产清算的申请。企业法人已解散但未清算或者未清算完毕，资产不足以清偿债务的，依法负有清算责任的人应向人民法院申请破产清算。

3. 其他条件。主要为财政部、国家税务总局规定的针对房地产开发企业清算条件。

（二）房地产开发项目的土地增值税清算。国税发〔2006〕187号文第一条规定：土地增值税以国家有关部门审批的房地产开发项目为单位进行清算，对于分期开发的，以分期项目为单位清算。开发项目中同时包含普通住宅和非普通住宅的分别计算增值额。福建省税务局公告2018年第21号第三条规定：房地产开发企业应自取得《建设工程规划许可证》的次月15日前，向主管税务机关申报备案《建设工程规划许可证》所载的建设项目名称等基础信息，并以申报备案的建设项目为单位进行土地增值税清算。《国家税务总局关于印发〈土地增值税清算管理规程〉的通知》（国税发〔2009〕91号），从文件题目是针对整个土地增值税清算的规程，实际在文件的第二条就明确只适用于房地产开发项目土地增值税清算，适用范围大缩水。

1. 房地产开发项目土地增值税的清算条件、时间和报送的资料。土地增值税的清算分为应清算和可清算。房地产开发项目全部竣工、完成销售，或者整体转让未竣工决算房地产开发项目，或者直接转让土地使用权，国税发〔2006〕187号文第二条第（一）项规定：纳税人应进行土地增值税清算。纳税人须在满足清算条件之日起，《国家税务总局关于房地产开发企业土地增值税清算管理有关问题的通知》（国税发〔2006〕187号）第五条第一款规定："90日内到主管税务机关办理清算手续。"

主管税务机关可要求纳税人进行土地增值税清算的情形，国税发〔2006〕187号文第二条第（一）项规定：一是已竣工验收的房地产开发项目，已转让的房地产建筑面积占整个项目可售建筑面积在85％以上，或虽未超过85％但剩余的可售建筑面积已经出租或自用。其中"已转让的房地产建筑面积"福建省税务局公告2018年第21号第四条明确：包括房地产开发企业将开发产品用于职工福利、奖励、对外投资、分配给股东或投资人、抵偿债务、换取其他单位和个人的非货币性资产等，发生所有权转移时应视同销售的房地产面积。比如，福建某房地产开发企业的建设项目

A，于2013月7月1日取得《建设工程规划许可证》，同年8月5日向主管税务机关申报备案。截至2018年7月31日，建设项目A已竣工验收，并且已转让的房地产建筑面积占整个项目可售建筑面积的90％。该项目需要进行土地增值税清算。二是取得销售（预售）许可证满三年仍未销售完毕。三是纳税人申请注销税务登记但未办理土地增值税清算手续。

上述情形的清算纳税申报时间，福建省税务局关公告2018年第21号第六条第（一）项规定：房地产开发企业应当在满足应清算条件之日起，或者在税务机关要求清算的《税务事项通知书》送达之日起，90日内到主管税务机关办理清算纳税申报。

房地产开发项目土地增值税清算要报送的资料。《国家税务总局关于房地产开发企业土地增值税清算管理有关问题的通知》（国税发〔2006〕187号）第五条第一款规定：房地产开发企业清算土地增值税书面申请、土地增值税纳税申报表；项目竣工决算报表、取得土地使用权所支付的地价款凭证、国有土地使用权出让合同、银行贷款利息结算通知单、项目工程合同结算单、商品房购销合同统计表等与转让房地产的收入、成本和费用有关的证明资料；主管税务机关要求报送的其他与土地增值税清算有关的证明资料等。比如，纳税人委托税务中介机构审核鉴证的清算项目，还应报送中介机构出具的《土地增值税清算税款鉴证报告》。

2．房地产开发项目的收入。土地增值税清算时，国税函〔2010〕220号文第一条规定：已全额开具商品房销售发票，按照发票所载金额确认收入；未开具发票或未全额开具发票，以交易双方签订的销售合同所载的售房金额及其他收益确认收入。

房地产开发企业在营改增后进行房地产开发项目土地增值税清算，国家税务总局公告2016年第70号第四条规定：土地增值税应税收入＝营改增前转让房地产取得的收入＋营改增后转让房地产取得的不含增值税收入。

3．房地产开发项目土地增值税的扣除项目。房地产开发企业办理土地增值税清算时计算与清算项目有关的扣除项目金额，国税发〔2006〕187号文第四条第（一）项规定：应根据《土地增值税暂行条例》第六条及其实施细则第七条的规定执行。扣除取得土地使用权所支付的金额、房地产开发成本、费用及与转让房地产有关税金，须提供合法有效凭证；不能提供合法有效凭证的不予扣除。

（1）取得土地使用权所支付的金额。房地产开发企业为取得土地使用权所支付的契税，国税函〔2010〕220号文第四条规定计入"取得土地使用权所支付的金额"中扣除。

（2）开发土地和新建房及配套设施的成本。房地产开发企业办理土地增值税清算所附送的前期工程费、建筑安装工程费、基础设施费、开发间接费用的凭证或资料不符合清算要求或不实，国税发〔2006〕187号文第四条第（二）项规定：税务机关可参照当地建设工程造价管理部门公布的建安造价定额资料，结合房屋结构、用途、区位等因素，核定上述四项开发成本的单位面积金额标准，并据以计算扣除。

房地产开发企业开发建造的与清算项目配套的居委会和派出所用房、会所、停车场（库）、物业管理场所、变电站、热力站、水厂、文体场馆、学校、幼儿园、托儿所、医院、邮电通讯等公共设施，国税发〔2006〕187号文第四条第（三）项规定：建成后产权属于全体业主所有，或者建成后无偿移交给政府、公用事业单位用于非营利性社会公共事业，或者建成后有偿转让计算了收入，准予扣除成本、费用。

房地产开发企业销售已装修的房屋，国税发〔2006〕187号文第四条第（四）项规定：其装修费用可以计入房地产开发成本。房地产开发企业的预提费用、房地产开发企业逾期开发缴纳的土地闲置费，国税发〔2006〕187号文第四条第（四）项规定、国税函〔2010〕220号文第四条分别规定：不得扣除。

属于多个房地产项目共同的成本费用，国税发〔2006〕187号文第四条第（五）项规定：应按清算项目可售建筑面积占多个项目可售总建筑面积的比例或其他合理的方法，计算确定清算项目的扣除金额。

同一清算单位中包含住房（普通住房、非普通住房）和非住房不同类型房地产，福建省税务局公告2018年第21号第五条规定：其扣除项目金额在不同类型房地产间按可售面积或者税务机关确认的其他合理方式计算分摊。

开发企业采取异地安置，异地安置的房屋属于自行开发建造，国税函〔2010〕220号文第六条第（二）项规定：房屋价值按国税发〔2006〕187号第三条第（一）款的规定计算计入本项目的拆迁补偿费；异地安置的房屋属于购入的，以实际支付的购房支出计入拆迁补偿费。货币安置拆迁，国税函〔2010〕220号文第六条第（三）项规定：房地产开发企业凭合法有效凭据计入拆迁补偿费。

在计算土地增值税时，国税函〔2010〕220号文第二条规定：建筑安装施工企业就质量保证金对房地产开发企业开具发票的按发票所载金额予以扣除，未开具发票的扣留的质保金不得计算扣除。房地产开发企业将开发的部分房地产转为企业自用或用于出租等商业用途时，国税发〔2006〕187号文第三条第（二）项规定：如果产权未发生转移不征收土地增值税，在税款清算时不列收入不扣除相应的成本和费用。

（3）开发土地和新建房及配套设施的费用，即房地产开发费用，其计算扣除方法在国税函〔2010〕220号文第三条加以明确：

方法一：财务费用中的利息支出凡能够按转让房地产项目计算分摊并提供金融机构证明的允许据实扣除，但最高不能超过按商业银行同类同期贷款利率计算的金额。其他房地产开发费用在按照"取得土地使用权所支付的金额"与"房地产开发成本"金额之和的5%以内计算扣除。例如,某房地产开发企业项目开发期间"财务费用——利息支出"100万元,"取得土地使用权所支付的金额"为5 000万元,"房地产开发成本"为8 000万元,商业银行同类同期贷款利率8%。按同类同期银行贷款利率计算利息仅为80万元,虽然能按转让房地产项目计算分摊利息支出且能提供金融机构证明,但利息支出只能扣除80万元。同时,企业已缴土地增值税税额59 300万元,应补土地增值税税额6.5万元。其他房地产开发费用为650万元〔=(5 000+8 000)×5%〕。房地产开发费用730万元(=80+650)。

方法二:凡不能按转让房地产项目计算分摊利息支出或不能提供金融机构证明,全部使用自有资金没有利息支出,房地产开发费用在按"取得土地使用权所支付的金额"与"房地产开发成本"金额之和的10%以内计算扣除。承上例,则房地产开发费用为1 300万元〔=(5 000+8 000)×10%〕。注意"10%以内"通常控制在10%。

如果房地产开发企业既向金融机构借款,又有其他借款,其房地产开发费用计算扣除时在上述两种办法中二选一。

注意在土地增值税清算时,已经计入房地产开发成本的利息支出,应调整至财务费用中计算扣除。上例方法一,"利息支出"在"财务费用"中归集,不需要调整。

(4)旧房及建筑物的评估价格。纳税人转让旧房及建筑物,凡不能取得评估价格,但能提供购房发票的,《土地增值税暂行条例》第六条第(一)、(三)项规定的扣除项目的金额,《财政部 国家税务总局关于土地增值税若干问题的通知》(财税〔2006〕21号)第二条第一款规定:可按发票所载金额并从购买年度起至转让年度止每年加计5%计算。

(5)与转让房地产有关的税金。房地产开发企业在营改增后进行房地产开发项目土地增值税清算，国家税务总局公告2016年第70号第四条规定：与转让房地产有关的税金＝营改增前实际缴纳的营业税、城市维护建设税、教育费附加＋营改增后允许扣除的城市维护建设税、教育费附加。

六、转让房地产不征土地增值税举要

（一）继承、赠与方式无偿转让房地产。《土地增值税暂行条例实施细则》第二条规定：国有土地使用权、地上的建筑物及其附着物取得收入，是指以出售或者其他方式有偿转让房地产的行为。不包括以继承、赠与方式无偿转让房地产的行为。《财政部 国家税务总局关于土地增值税一些具体问题规定的通知》（财税字〔1995〕048号）第四条明确，赠与是指房产所有人、土地使用权所有人将房屋产权、土地使用权赠与直系亲属或承担直接赡养义务人。或者通过中国境内非营利的社会团体、国家机关将其赠与教育、民政和其他社会福利、公益事业。

（二）企业改制重组。按《财政部 国家税务总局关于企业改制重组有关土地增值税政策的通知》（财税〔2015〕5号）、《财政部 税务总局关于继续实施企业改制重组有关土地增值税政策的通知》（财税〔2018〕57号）、财政部、税务总局公告2021年第21号规定，从2015至2023年企业改制重组以下4种情形暂不征土地增值税。但不包括房地产转移任意一方为房地产开发企业。

1. 整体改制。整体改制是指不改变原企业的投资主体，并承继原企业权利、义务的行为。如非公司制企业改制为有限责任公司或股份有限公司，有限责任公司与股份有限公司相互变更，对改制前的企业将国有土地使用权、地上的建筑物及其附着物转移、变更到改制后的企业。例如，中信集团整体改制为中国中信集团有限公司，对中信集团无偿转移到中信集团有限公司、中国中信股份有限公司的房地产，《财政部 国家税务总局关于中国中信集团公司重组改制过程中土地增值税等政策的通知》（财税〔2013〕3号）明确，不征土地增值税。

2. 企业合并。两个或两个以上企业合并为一个企业，且原企业投资主体存续，对原企业将房地产转移、变更到合并后的企业。例如，2021年6月，A、B、C三家企业合并为D企业，三家企业投资主体均为投资公司E，企业合并后，E仍然对D企业实施控制。三家企业将房地产转移、变更到D企业，对三家企业暂不征土地增值税。

3. 企业分立。企业分设为两个或两个以上与原企业投资主体相同的企业，对原企业将房地产转移、变更到分立后的企业。例如，投资公司E对D企业实施控制。2021年6月，D企业分立为A、B、C三家，三家企业投资主体仍然为投资公司E，对D企业将房地产转移、变更到三家企业，暂不征土地增值税。

4. 房地产作价入股。单位、个人在改制重组时以房地产作价入股进行投资，对其将房地产转移、变更到被投资的企业。例如，2021年6月，A企业在改制重组时，将国有土地使用权、地上的建筑物及其附着物评估价5亿元，投资到D企业。对A企业房地产转移、变更，暂不征土地增值税。

七、税收优惠

土地增值税的税收优惠表现在免税。

（一）因城市实施规划或国家建设的需要而搬迁，由纳税人自行转让原房地产。《土地增值税暂行条例实施细则》第十一条第四款规定：免征土地增值税。《财政部 国家税务总局关于土地增值税若干问题的通知》（财税〔2006〕21号第四条）明确：因城市实施规划而搬迁是指因旧城改造或因企业污染、扰民（指产生过量废气、废水、废渣和噪声，使城市居民生活受到一定危害），而由政府或政府有关主管部门根据已审批通过的城市规划确定进行搬迁；因国家建设的需要而搬迁是指因实施国务院、省级人民政府、国务院有关部委批准的建设项目而进行搬迁。

（二）对被撤销金融机构财产用来清偿债务。《财政部 国家税务总局关于被撤销金融机构有关税收政策问题的通知》（财税〔2003〕141号）规定：免征被撤销金融机构转让不动产、无形资产等应缴纳土地增值税。

（三）纳税人建造普通标准住宅出售，增值额未超过扣除项目金额20%。《土地增值税暂行条例》第八条规定免征土地增值税。《土地增值税暂行条例实施细则》第十一条明确：普通标准住宅是指按所在地一般民用住宅标准建造的居住用住宅。具体划分界限由各省、自治区、直辖市人民政府制定。

"普通标准住宅"为解决特定人群的住房，销售价格受到限制，比普通住宅范围小。比如，《江苏省财政厅 江苏省国家税务局 江苏省地方税务局转发〈中华人民共和国土地增值税暂行条例实施细则〉的通知》（苏地税发（1995）103号）第二条明确，普通标准住宅暂定为按当地政府部门规定和建筑标准建造，按商品房住宅价格管理的要求实行国家定价或限价，为安排住房困难户、解决中低档收入者住房而建造的经济适用房、微利房、解困解危房、拆迁安置住房、落实私改房等。

普通住宅（房）仅在建筑标准、实际成交价格等方面有限制。《国务院办公厅转发建设部等部门关于做好稳定住房价格工作意见的通知》（国办发〔2005〕26号）第五条规定，中小套型、中低价位普通住房原则上应同时满足住宅小区建筑容积率在1.0以上、单套建筑面积在120平方米以下、实际成交价格低于同级别土地上住房平均交易价格1.2倍以下。允许单套建筑面积和价格标准适当浮动，但向上浮动的比例不得超过上述标准的20%。比如，平均交易价格1万元，实际成交价格1.2万元以内。

普通住宅不可混同"普通标准住宅"免税，否则注定不能成功。例如，金诺·墨香苑由江苏金诺置业有限公司金湖分公司（以下简称金诺置业公司）开发销售。2014年7月13日淮安市三得利税务师事务所金湖分公司出具《土地增值税自行清算申报鉴证报告》（淮三金土鉴字〔2014〕第3号），称该项目已具备土地增值税清算条件，截至同年5月30日，销售住宅收入总额232 081 855.00元、扣除项目金额220 045 411.62元、增值额12 036 443.38元、增值率5.47%、适用税率30%、应缴土地增值税税额3 610 933.01元。同年7月22日，原淮安市金湖地方税务局第二税务分局向金诺置业公司发出《土地增值税清算结论通知书》，普通住宅应缴土地增值税税额3 619 608.19元，同年9月23日金诺置业公司将应补税额全部入库。

2019年6月16日，金诺置业公司以普通住宅增值额未超过其扣除项目20%的免征土地增值税为由，向国家税务总局金湖县税务局（以下简称金湖税务局）申请退税。同年9月5日，戴楼税务分局回复"普通住宅"不是"普通标准住宅"，不在免税范围内不予退税。

金诺置业公司不服，2019年9月27日向金湖税务局申请行政复议，同年10月8日金湖税务局受理复议申请。同年12月6日，金湖税务局作出维持戴楼税务分局意见。金诺置业公司不服，提起行政诉讼。经过审理，淮安市清江浦区人民法院（2020）苏0812行初1号行政判决："驳回原告金诺置业公司的诉讼请求。"

金诺置业公司又不服，上诉到中级法院。2020年10月29日，《江苏省淮安市中级人民法院行政判决书》（〔2020〕苏08行终202号）"驳回上诉，维持原判。"[①]

（四）因国家建设需要依法征收、收回的房地产，《土地增值税暂行

[①] 案件资料来源：《江苏金诺置业有限公司金湖分公司与国家税务总局金湖县税务局戴楼税务分局、国家税务总局金湖县税务局行政复议二审行政判决书》，中国裁判文书网，2020年12月29日。

条例》第八条规定免征土地增值税。

（五）企业改制重组。《关于继续实施企业改制重组有关土地增值税政策的公告》（财政部、税务总局公告2021年第21号）第四条规定，整体改制、企业合并、企业分立、房地产作价入股等暂不征土地增值税。前述行为导致土地使用权、房屋所有转移，本属于征税范围，"暂不征土地增值税"应理解为"免征土地增值税"。

（六）个人销售住房。《财政部 国家税务总局关于调整房地产交易环节税收政策的通知》（财税〔2008〕137号）第三条规定：暂免征收土地增值税。

八、征收管理

《土地增值税暂行条例》第十条至十二条规定：纳税人应当自转让房地产合同签订之日起七日内向房地产所在地主管税务机关办理纳税申报，并在税务机关核定的期限内缴纳土地增值税。土地增值税由税务机关征收。土地管理部门、房产管理部门应当向税务机关提供有关资料，并协助税务机关依法征收土地增值税。纳税人未按照本条例缴纳土地增值税的，土地管理部门、房产管理部门不得办理有关的权属变更手续。

房地产开发企业依照法律、行政法规的规定应当设置但未设置账簿的；擅自销毁账簿或者拒不提供纳税资料；虽设置账簿，但账目混乱或者成本资料、收入凭证、费用凭证残缺不全，难以确定转让收入或扣除项目金额；符合土地增值税清算条件，未按照规定的期限办理清算手续，经税务机关责令限期清算，逾期仍不清算；申报的计税依据明显偏低又无正当理由等情形，《国家税务总局关于房地产开发企业土地增值税清算管理有关问题的通知 》（国税发〔2006〕187号）第七条规定：税务机关可以参照与其开发规模和收入水平相近的当地企业的土地增值税税负情况，按不低于预征率的征收率核定征收土地增值税。各省的征收率有自己的规定，比如，福建省税务局公告2018年第21号第八条规定：对房地产开发企业符合核定征收条件的可以实行核定征收。普通住房、非普通住宅、非住房核定征收率分别不得低于5%、5.5%、6%。对转让旧房及建筑物，既未提供评估价格，也未提供购房发票的核定征收率不得低于5%。

《土地增值税暂行条例实施细则》（财法字〔1995〕6号）第七条第（二）项房地产开发成本中的前期"三通一平"土石方挖运工程费、建筑安装工程费、基础设施费和公共配套设施费之工程造价成本，《福建省税务局关于土地增值税清算中工程造价成本核定扣除等问题的公告》（2019年第12号）对成本核定作出规定。《福建省税务局 住房和城乡建设厅关于发布福建省房地产开发项目工程造价计税成本标准的公告》（2019年第9号 ）对《工程造价计税成本标准》作出规定。

新增税源或税源变化时，需先填报《土地增值税税源明细表》，该表吸纳《国家税务总局关于修订土地增值税纳税申报表的通知》（税总函〔2016〕309号）所规定的《土地增值税项目登记表（从事房地产开发的纳税人适用）》、《土地增值税纳税申报表（一）（从事房地产开发的纳税人预征适用）》等8张表的内容。

例如，某从事房地产开发的A公司，2019年10月立项甲开发项目，建设项目起讫时间2020年1月1日至2023年12月31日。总预算成本5 000万元，开发土地总面积60 000平方米，开发建筑总面积50 000平方米。相关数据填入下表。

土地增值税税源明细表

税款所属期限：自 年 月 日至 年 月 日
纳税人识别号（统一社会信用代码）：☐☐☐☐☐☐☐☐☐☐☐☐☐☐☐☐☐☐
纳税人名称：　　　　　　　　　　　　　　金额单位：人民币元（列至角分）；面积单位：平方米

土地增值税项目登记表（从事房地产开发的纳税人适用）				
项目名称	甲开发项目		项目地址	×市×区×镇
土地使用权受让（行政划拨）合同号			受让（行政划拨）时间	
建设项目起讫时间	2020年1月1日至2023年12月31日	总预算成本	50 000 000	单位预算成本	
项目详细坐落地点	×市×区×镇			
开发土地总面积	60 000	开发建筑总面积	50 000	房地产转让合同名称
转让次序	转让土地面积（按次填写）	转让建筑面积（按次填写）	转让合同签订日期（按次填写）	
第1次				
第2次				
…………				
备注				

土地增值税申报计算及减免信息

申报类型：

1. 从事房地产开发的纳税人预缴适用 ☐

2. 从事房地产开发的纳税人清算适用 ☐

3. 从事房地产开发的纳税人按核定征收方式清算适用 ☐

4. 纳税人整体转让在建工程适用 ☐

5. 从事房地产开发的纳税人清算后尾盘销售适用 ☐

6. 转让旧房及建筑物的纳税人适用 ☐

7. 转让旧房及建筑物的纳税人核定征收适用 ☐

项目名称		项目编码		
项目地址				
项目总可售面积		自用和出租面积		
已售面积		其中：普通住宅已售面积	其中：非普通住宅已售面积	其中：其他类型房地产已售面积
清算时已售面积		清算后剩余可售面积		

（本表适用于从事房地产开发与建设的纳税人，在立项后及每次转让时填报。）

续表一

申报类型	项目	序号	金额			
			普通住宅	非普通住宅	其他类型房地产	总额
1. 从事房地产开发的纳税人预缴适用	一、房产类型子目	1				—
	二、应税收入	2=3+4+5	11 000 000			11 000 000
	1. 货币收入	3	11 000 000			11 000 000
	2. 实物收入及其他收入	4				
	3. 视同销售收入	5				
	三、预征率（%）	6	2%			—
2. 从事房地产开发的纳税人清算适用 3. 从事房地产开发的纳税人按核定征收方式清算适用 4. 纳税人整体转让在建工程适用	一、转让房地产收入总额	1=2+3+4	1 000 000 000		100 000 000	1 100 000 000
	1. 货币收入	2			100 000 000	100 000 000
	2. 实物收入及其他收入	3				
	3. 视同销售收入	4	1 000 000 000			1 000 000 000
	二、扣除项目金额合计	5=6+7+14+17+21+22	7 300 000		80 000 000	87 300 000
	1. 取得土地使用权所支付的金额	6			30 000 000	30 000 000
	2. 房地产开发成本	7=8+9+10+11+12+13			30 000 000	30 000 000
	其中：土地征用及拆迁补偿费	8			10 000 000	10 000 000
	前期工程费	9			5 000 000	5 000 000
	建筑安装工程费	10			2 000 000	2 000 000
	基础设施费	11			6 000 000	6 000 000
	公共配套设施费	12			5 000 000	5 000 000
	开发间接费用	13			2 000 000	2 000 000
	3. 房地产开发费用	14=15+16	7 300 000		10 000 000	173 000 000
	其中：利息支出	15	800 000		800 000	1 600 000
	其他房地产开发费用	16	6 500 000		2 000 000	8 500 000

申报类型	项目		序号	金额			
				普通住宅	非普通住宅	其他类型房地产	总额
同上	4. 与转让房地产有关的税金等		17=18+19+20				
	其中：营业税		18				
	城市维护建设税		19				
	教育费附加		20				
	5. 财政部规定的其他扣除项目		21				
	6. 代收费用（纳税人整体转让在建工程不填此项）		22				
	三、增值额		23=1-5	992 700 000		20 000 000	1 012 700 000
	四、增值额与扣除项目金额之比（%）		24=23÷5	13 598.63%		25%	
	五、适用税率（核定征收率）（%）		25	60%		30%	
	六、速算扣除系数（%）		26	35%		0	
	七、减免税额		27=29+31+33				
	其中：（1）减免税	减免性质代码和项目名称（1）	28				
		减免税额（1）	29				
	（2）减免税	减免性质代码和项目名称（2）	30				
		减免税额（2）	31				
	（3）减免税	减免性质代码和项目名称（3）	32				
		减免税额（3）	33				

例一，福建某房地产开发企业负责普通住房开发，2021年6月预收销房款1 100万元，按2%征收率预征土地增值税22万元。相关数据填入上表和《财产和行为税纳税申报表》（下同）。

例二，某房地产开发企业负责普通住房开发，2021年9月进行清算。视同销售收入10亿元，扣除项目成本730万元，利息支出80万元，其他房地产开发费用650万元。

例三，福建某房地产开发企业负责普通住房的开发，2017年9月符合土地增值税清算条件，未按照规定的期限办理清算手续，主管税务机关责令在30日内清算，逾期仍不清算，主管税务机关依据规定，核定其应税收入10 000万元，按5%征收率核实征收其土地增值税500万元。

例四，某工业企业位于市区，增值税一般纳税人，2021年9月整体转让在建工程，取得不含增值税收入1亿元。该公司项目开发期间"财务费用——利息支出"为100万元，"取得土地使用权所支付的金额"为3 000万元，"房地产开发成本"为1 000万元，商业银行同类同期贷款利率8%。按同类同期银行贷款利率计算利息仅为80万元，虽然能按转让房地产项目计算分摊利息支出且能提供金融机构证明，但利息支出只能扣除80万元。其他房地产开发费用为200万元［＝（3 000＋1 000）×5%］。

税金及附加计算如下：

城市维护建设税＝10 000×9%×7%＝63（万元）

教育费附加＝10 000×9%×3%＝27（万元）

例如，某从事房地产开发公司2020年12月进行清算，2021年1至9月尾盘销售非普通住宅收入350万元，扣除项目金额合计200万元。计算过程见下表。

续表三

申报类型	项目	序号	金额			
			普通住宅	非普通住宅	其他类型房地产	总额
5.从事房地产开发的纳税人清算后尾盘销售适用	一、转让房地产收入总额	1=2+3+4	3 500 000			
	1.货币收入	2	3 500 000			
	2.实物收入及其他收入	3				
	3.视同销售收入	4				
	二、扣除项目金额合计	5=6×7+8	2 000 000			
	1.本次清算后尾盘销售的销售面积	6	3 980 000			
	2.单位成本费用	7	5 000			
	3.本次与转让房地产有关的税金	8=9+10+11				
	其中:营业税	9				
	城市维护建设税	10	7 000			
	教育费附加	11	3 000			
	三、增值额	12=1-5	150 000			
	四、增值额与扣除项目金额之比(%)	13=12÷5	75%			
	五、适用税率(核定征收率)(%)	14	40%			

续表四

申报类型	项目		序号	金额			
				普通住宅	非普通住宅	其他类型房地产	总额
同上	六、速算扣除系数(%)		15	5%			
	七、减免税额		16=18+20+22				
	其中:减免税(1)	减免性质代码和项目名称(1)	17				
		减免税额(1)	18				
	减免税(2)	减免性质代码和项目名称(2)	19				
		减免税额(2)	20				
	减免税(3)	减免性质代码和项目名称(3)	21				
		减免税额(3)	22				

例一,2021年10月8日,某工业企业转让其在市区的土地并地上附着物取得收入8 000万元。通过提供评估价格方式确认扣除项目金额。取得土地

使用权所支付的金额3 000万元，旧房及建筑物的重置成本价5 000万元，成新度折扣率为40%。评估费用10万元。税费计算如下：

增值税＝8 000÷（1＋6%）×6%＝452.83（万元）

城市维护建设税＝452.83×7%＝31.698（万元）

印花税＝（8 000－452.83）×0.05%＝3.774（万元）

教育费附加＝452.83×3%＝13.585（万元）

旧房及建筑物的评估价格＝旧房及建筑物的重置成本×成新度折扣率＝5 000×40%＝2 000（万元）

土地增值税＝增值额×税率－扣除项目金额×速算扣除系数＝29 409 430×40%－50 590 570×5%＝29 409 430×40%－50 590 570×5%＝11 763 772－2 529 528.5＝9 234 243.5（元）

续表五

申报类型	项目	序号	金额			
			普通住宅	非普通住宅	其他类型房地产	总额
6. 转让旧房及建筑物的纳税人适用 7. 转让旧房及建筑物的纳税人核定征收适用	一、转让房地产收入总额	1=2+3+4			80 000 000	
	1. 货币收入	2			80 000 000	
	2. 实物收入	3				
	3. 其他收入	4				
	二、扣除项目金额合计	（1）5=6+7+10+15 （2）5=11+12+14+15			50 590 570	
	1. 提供评估价格					
	（1）取得土地使用权所支付的金额	6			30 000 000	
	（2）旧房及建筑物的评估价格	7=8×9			20 000 000	
	其中：旧房及建筑物的重置成本价	8			50 000 000	
	成新度折扣率	9			40%	
	（3）评估费用	10			100 000	
	2. 提供购房发票					

申报类型	项目		序号	金额			
				普通住宅	非普通住宅	其他类型房地产	总额
同上	（1）购房发票金额		11				
	（2）发票加计扣除金额		12=11×5%×13				
	其中：房产实际持有年数		13				
	（3）购房契税		14				
	（4）与转让房地产有关的税金等		15=16+17+18+19			490 570	
	其中：营业税		16				
	城市维护建设税		17			316 980	
	印花税		18			37 740	
	教育费附加		19			135 850	
	三、增值额		20=1-5			29 409 430	
	四、增值额与扣除项目金额之比（%）		21=20÷5			58.123%	
	五、适用税率（核定征收率）（%）		22			40%	
	六、速算扣除系数（%）		23			5%	
	七、减免税额		24=26+28+30				
	其中：（1）减免税	减免性质代码和项目名称（1）	25				
		减免税额（2）	26				
	（2）减免税	减免性质代码和项目名称（2）	27				
		减免税额（2）	28				
	（3）减免税	减免性质代码和项目名称（3）	29				
		减免税额（3）	30				

例二，2021年10月8日，某工业企业转让其在市区的土地并地上附着物取得收入8 000万元。核定土地增值税征收率5%。 应缴土地增值税400万元。

第九章　车辆购置税

车辆购置税是对中国境内购置汽车、有轨电车、汽车挂车、排气量超过150毫升的摩托车车辆的单位和个人征收的一种税。发生车辆转让行为，受让人为车辆购置税纳税人。购置包括购买、进口、自产、受赠、获奖或者以其他方式取得并自用应税车辆的行为。"单位"范围与耕地占用税同。现行征收主要依据《中华人民共和国车辆购置税法》（以下简称车辆购置税法）、《车辆购置税征收管理办法》（国家税务总局令第33号、38号）、《国家税务总局关于车辆购置税征收管理有关问题的补充公告》（2016年第52号）。车辆购置税税率为10%。

一、征收对象

车辆购置税的征收对象见下表。地铁、轻轨等城市轨道交通车辆，装载机、平地机、挖掘机、推土机等轮式专用机械车，以及起重机（吊车）、叉车、电动摩托车，《财政部 税务总局关于车辆购置税有关具体政策的公告》（2019年第71号）第一条明确："不属于应税车辆。"

车辆购置税的征收对象表

应税车辆	具体范围	注　释
汽车	各类汽车	
摩托车	轻便摩托车	最高设计时速不大于50km/h，发动机汽缸总排置不大于50cm^{3}的两个或者三个车轮的机动车
	二轮摩托车	最高设计车速大于50km/h，或者发动机汽缸总排置大于50cm^{3}的两个车轮的机动车
	三轮摩托车	最高设计车速大于50km/h，或者发动机汽缸总排置大于50cm^3，空车质量不大于400kg的三个车轮的机动车
电车	无轨电车	以电能为动力，由专用输电电缆线供电的轮式公共车辆
	有轨电车	以电能为动力，在轨道上行驶的公共车辆
挂车	全挂车	无动力设备，独立承载，由牵引车辆牵引行驶的车辆
	半挂车	无动力设备，与牵引车辆共同承载，由牵引车辆牵引行驶的车辆

续表

应税车辆	具体范围	注　释
农用运输车	三轮农用运输车	柴油发动机，功率不大于 7.4kW，载重量不大于 500kg，最高车速不大于 40km/h 的三个车轮的机动车。（《财政部 国家税务总局关于农用三轮车免征车辆购置税的通知》（财税〔2004〕66 号）规定 2004 年 10 月 1 日起对农用三轮车免税）
	四轮农用运输车	柴油发动机，功率不大于 28kW，载重量不大于 1 500 kg，最高车速不大于 40km/h 的四个车轮的机动车

二、计税价格

车辆购置税是价内税，车辆成本中包含车辆购置税。

应纳税额 = 计税价格 × 税率

计税价格就是计算应征税额时使用或依据的价格，是从价税的计税基础。《车辆购置税法》第六条规定：纳税人购买自用应税车辆的计税价格，为纳税人实际支付给销售者的全部价款；纳税人自产自用应税车辆的计税价格，按照纳税人生产的同类应税车辆的销售价格确定；纳税人以受赠、获奖或者其他方式取得自用应税车辆的计税价格，按照购置应税车辆时相关凭证载明的价格确定。上述计税价格均不包括增值税税款。纳税人进口自用应税车辆的计税价格，为关税完税价格加上关税和消费税。第七条规定：纳税人申报的应税车辆计税价格明显偏低，又无正当理由的，由税务机关依照《税收征收管理法》的规定核定其应纳税额。

在征收实践中，除核定征收者外，将发票价格与《国家税务总局关于印发〈车辆购置税价格信息管理办法（试行）〉的通知》（国税发〔2006〕93号）所附《车辆购置税车辆（国产）价格信息采集表》和《车辆购置税车辆（进口）价格信息采集表》的价格比对，按孰高的原则确定计税价格。例如，中国公民2022年1月17日购入5座国产家用汽车一辆，4S店开出价格19.8万元的发票，而《车辆购置税车辆（国产）价格信息采集表》价格标明23.2万元，税务机关按后者征收车辆购置税。

三、会计处理

《财政部关于印发〈车辆购置税会计处理规定〉的通知》（财会〔2000〕18号）规定，企业购置（包括购买、进口、自产、受赠、获奖或者以其他方式取得并自用）应税车辆，应交纳的车辆购置税，企业购置的减税、免税车辆改制后用途发生变化，应补交的车辆购置税，借记"固定资产"科目，贷记"银行存款"科目。

例如，某单位2022年1月5日购买一辆管理部门使用的汽车，价款为113 000元，车辆购置税为10 000元，车辆牌照费等相关费用为500元。其会计处理如下：

（1）购入汽车时：

借：固定资产   110 500（=100 000+10 000+500）

    应交税费——应交增值税（进项税额）   13 000

      贷：应交税费——应交车辆购置税   10 000

                [=113 000÷（1+13%）×10%]

      银行存款   113 500

（2）上交车辆购置税时：

借：应交税费——应交车辆购置税   10 000

    贷：银行存款   10 000

四、征收管理

外国驻华使馆、领事馆和国际组织驻华机构及其有关人员自用的车辆；中国人民解放军和中国人民武装警察部队列入装备订货计划的车辆；

悬挂应急救援专用号牌的国家综合性消防救援车辆；设有固定装置的非运输专用作业车辆；城市公交企业购置的公共汽电车辆，依据《车辆购置税法》第九条规定，免征车辆购置税。

免税、减税车辆因转让、改变用途等原因不再属于免税、减税范围，依据《车辆购置税法》第十四条规定："纳税人应当在办理车辆转移登记或者变更登记前缴纳车辆购置税。计税价格以免税、减税车辆初次办理纳税申报时确定的计税价格为基准，每满一年扣减百分之十。"

例如，2019年1月1日，某单位购入免税车辆一辆，不含税价格20万元。2022年1月1日，改变用途，应补车辆购置税1.4万元［＝20×（1－10%×3）×10%］。

纳税人办理纳税申报或者申请退税时，如实填写《车辆购置税纳税申报表》、《车辆购置税退税申请表》。

第十章　车 船 税

车船税是对在我国境内应税车辆、船舶，按规定的计税依据和年税额标准征收的一种财产税。从事机动车第三者责任强制保险业务的保险机构为机动车车船税的扣缴义务人，交通运输部门海事管理机构代为征收船舶车船税税款。从2012年1月1日起，在中华人民共和国境内属于《中华人民共和国车船税法》所附《车船税税目税额表》（见下表）规定的车辆、船舶的所有人或者管理人，为车船税的纳税人。

捕捞、养殖渔船；军队、武装警察部队专用的车船；警用车船；依照法律规定应当予以免税的外国驻华使领馆、国际组织驻华代表机构及其有关人员的车船，《车船税法》第三条明确：免征车船税。

《车船税法》第七条规定，车船税的纳税地点为车船的登记地或者车船税扣缴义务人所在地。依法不需要办理登记的车船，车船税的纳税地点为车船的所有人或者管理人所在地。

车船税税目税率表

税　　目		计税单位	年基准税额	备　　注
乘用车［按发动机汽缸容量（排气量）分档］	1升（含）以下	每辆	60～360元	核定载客人数9人（含）以下
	1～1.6升（含）		300～540元	
	1.6～2升（含）		360～660元	
	2～2.5升（含）		660～1 200元	
	2.5～3升（含）		1 200～2 400元	
	3～4升（含）		2 400～3 600元	
	4升以上		3 600～5 400元	
商用车	客车	每辆	480～1 440元	核定载客人数9人以上，包括电车
	货车	整备质量每吨	16～120元	包括半挂牵引车、三轮汽车和低速载货汽车等
挂车	—	整备质量每吨	按照货车税额的50%计算	
其他车辆	专用作业车	整备质量每吨	16～120元	不包括拖拉机
	轮式专用机械车			
摩托车	—	每辆	36～180元	
船舶	机动船舶	净吨位每吨	3～6元	拖船、非机动驳船分别按照机动船舶税额的50%计算
	游艇	艇身长度每米	600～2 000元	—

《车船税法实施条例》（国务院令第611号）第四条、第五条分别规定机动船舶、游艇具体适用税额如下：

<h4 style="text-align:center">机动船舶、游艇适用税额</h4>

机动船舶净吨位	适用税额（元／每吨）	游艇身长度（米）	适用税额（元／米）
＜ 200	3	＜ 10	600
200 ～ 2 000	4	10 ～ 18	900
2 000 ～ 10 000	5	18 ～ 30	1 300
10 000	6	30 ～ 2 000	2 000
拖船按照发动机功率每1千瓦折合净吨位0.67吨计算征收车船税		辅助动力帆艇每米600元	

《财政部 税务总局 工业和信息化部 交通运输部关于节能、新能源车船享受车船税优惠政策的通知》（财税〔2018〕74号）规定，纯电动乘用车和燃料电池乘用车不属于车船税征税范围，对节能汽车减半征收车船税。对新能源车船免征车船税。

《财政部关于印发〈增值税会计处理规定〉的通知》（财会〔2016〕22号）第二条第（二）项明确，全面试行营业税改征增值税后，核算车船税的"营业税金及附加"科目名称调整为"税金及附加"科目。企业按规定计算应交车船税，借记"税金及附加"科目，贷记"应交税费——应交车船税"科目。交纳车船税，借记"应交税费——应交车船税"科目，贷记"银行存款"等科目。

新增税源或税源变化时，先填报《车船税税源明细表》。保险公司等单位代扣代缴税的填报《车船税代收代缴报告表》。例如，某个人拥有一辆七座的别克汽车，2018年11月，办理车辆保险，汽车发动机汽缸容量2升，当地执行年基准税额720元，该个人应该缴纳的由保险公司代扣代缴的车船税720元。申报时，相关数据填入《财产和行为税纳税申报表》和《车船税税源明细表》等。

车船税税源明细表

纳税人识别号（统一社会信用代码）：　　　　纳税人名称：

体积单位：升；　质量单位：吨；　功率单位：千瓦；　长度单位：米

车辆税源明细

序号	车牌号码	*车辆识别代码（车架号）	*车辆类型	车辆品牌	车辆型号	*车辆发票日期或注册登记日期	排（气）量	核定载客	整备质量	*单位税额	减免性质代码和项目名称	纳税义务终止时间
1				别克						720		
2												
3												

船舶税源明细

序号	船舶登记号	*船舶识别号	*船舶种类	*中文船名	初次登记号码	发证日期	取得所有权日期	船籍港	建成日期	净吨位	主机功率	艇身长度（总长）	*单位税额	减免性质代码和项目名称	纳税义务终止时间
1															
2															
3															

第十一章 契　税

契税是以中国境内土地使用权、房屋所有权转移，向产权承受人的单位和个人征收的一种财产税。有四种情形，不属于契税征税范围：

一是非契税征收范围。《国家税务总局关于以土地、房屋作价出资及租赁使用土地有关契税问题的批复》（国税函〔2004〕322号）明确，土地租赁行为不属于契税征收范围。四方机车车辆有限责任公司将土地租赁给南车四方机车车辆股份有限公司使用，不征收契税。

二是房屋、土地权属登记。《财政部　税务总局关于支持农村集体产权制度改革有关税收政策的通知》（财税〔2017〕55号）第三条规定："对农村集体土地所有权、宅基地和集体建设用地使用权及地上房屋确权登记，不征收契税。"例如，2021年8月24日，某自然人在当地产权交易中心，对其正在使用的宅基地及地上房屋确权登记，不征收契税。

三是房屋、土地权属未发生转移。比如，财税〔2012〕82号文第五条规定：单位、个人以房屋、土地以外的资产增资，相应扩大其在被投资公司的股权持有比例。《财政部　税务总局关于继续支持企业事业单位改制重组有关契税政策的通知》（财税〔2018〕17号）第九条规定：在股权（股份）转让中，单位、个人承受公司股权（股份）。

四是无效产权转移。征收契税主要是土地、房屋权属转移，这个转移必须合法有效，如果采取欺骗、隐瞒等手段导致土地、房屋权属转移，不征收契税。《国家税务总局关于无效产权转移征收契税的批复》（国税函〔2008〕438号）规定，对经法院判决的无效产权转移行为不征收契税。

一、纳税人和税率

《中华人民共和国契税法》（以下简称契税法）第一条规定："在

中华人民共和国境内转移土地、房屋权属，承受的单位和个人为契税的纳税人。"因共有不动产份额变化，因共有人增加或者减少，因人民法院、仲裁委员会的生效法律文书或者监察机关出具的监察文书等因素发生土地使用权、房屋所有权转移，《关于贯彻实施契税法若干事项执行口径的公告》（财政部、税务总局公告2021年第23号）第一条第（二）项规定，承受方依法缴纳契税。《财政部 国家税务总局关于企业以售后回租方式进行融资等有关契税政策的通知》（财税〔2012〕82号）规定：对金融租赁公司开展售后回租业务，承受承租人房屋、土地权属者为纳税人。以招拍挂方式出让国有土地使用权的，最终与自然资源管理部门签订出让合同的土地使用权承受人为纳税人。对人民法院司法拍卖的房产，原权利所有人未申报缴纳契税的，《福建省税务局关于契税若干政策问题的公告》（2018年第20号）第五条规定："应当对原权利人按规定征收契税。"

《契税法》第三条规定：契税税率为百分之三至百分之五。适用税率由省、自治区、直辖市人民政府在本幅度内提出，报同级人民代表大会常务委员会决定。比如，《广东省人民代表大会常务委员会关于广东省契税具体适用税率等事项的决定》（2021年7月30日广东省第十三届人大第三十三次会议通过）规定：自2021年9月1日起，我省契税适用税率为百分之三。国家有免征或者减征规定的，从其规定。

二、计税依据

契税的计税依据包括成交价格、交换差价和核定价格，均不包括增值税。

（一）成交价格。成交价格是指土地、房屋权属转移合同确定的价格。《契税法》第四条第一款第（一）项规定：土地使用权出让、出售，房屋买卖，为土地、房屋权属转移合同确定的成交价格，包括应交付的货币以及实物、其他经济利益对应的价款。《中华人民共和国契税暂行条例细则》（以下简称契税暂行条例细则）第五条、第六条分别明确，土地使用权出售是指土地使用者以土地使用权作为交易条件，取得货币、实物、无形资产或者其他经济利益的行为。房屋买卖是指房屋所有者将其房屋出售，由承受者交付货币、实物、无形资产或者其他经济利益的行为。比如，甲公司将房屋低价卖给乙公司，要求后者送一辆汽车，该车价值计入成交价格内。

有两点需要注意：

1. 出让土地使用权的成交价格为承受人取得该土地使用权而支付的全部经济利益。《契税法》第二条、第三条均在第（一）项"土地使用权"之前删除"国有"两字，范围扩大。财政部、税务总局公告2021年第23号第二条规定，先以划拨后出让方式重新取得土地使用权，以补缴的土地出让价款（包括土地出让金、土地补偿费、安置补助费、地上附着物和青苗补偿费、征收补偿费、城市基础设施配套费、实物配建房屋等应交付的货币以及实物、其他经济利益对应的价款）为计税依据。先以划拨方式取得土地使用权，后经批准转让房地产，划拨土地性质改为出让，以补缴的土地出让价款和房地产权属转移合同确定的成交价格为计税依据；如果划拨土地性质未发生改变，仅以转移合同确定的成交价格为计税依据。土地使用权及所附建筑物、构筑物等（包括在建的房屋、其他建筑物、构筑物和其他附着物）转让，承受方应交付的总价款为计税依据。承受已装修房屋装修费用计入承受方应交付的总价款。房屋附属设施（包括停车位、机动车库、非机动车库、顶层阁楼、储藏室及其他房屋附属设施）与房屋为同一不动产单元，计税依据为承受方应交付的总价款；属不同不动产单元的，计税依据为转移合同确定的成交价格。

《财政部 国家税务总局关于国有土地使用权出让等有关契税问题的通知》（财税〔2004〕134号）第一条有相似规定。企业承受土地使用权用于房地产开发，并在该土地上代政府建设保障性住房，《财政部 国家税务总局关于企业以售后回租方式进行融资等有关契税政策的通知》（财税〔2012〕82号）第四条规定，计税价格为取得全部土地使用权的成交价格。

2. 成交价格为不含税价。《财政部 国家税务总局关于营改增后契税、房产税、土地增值税、个人所得税计税依据问题的通知》（财税〔2016〕43号）第一条明确：营改增后计征契税的成交价格不含增值税。

例如，某房地产开发公司2021年10月，取得一地块，增值税普通发票注明成交价格21 800万元。适用增值税率9%。

应交契税＝21 800÷（1＋9%）×3%＝20 000×3%＝600（万元）

其会计处理：

借：无形资产——土地使用权   6 000 000

  贷：银行存款   6 000 000

（二）交换差价。《契税法》第四条第一款第（二）项规定："土地使用权互换、房屋互换，为所互换的土地使用权、房屋价格的差额。"包括土地使用权互换、房屋互换、土地使用权与房屋交换等3种。由差价支付方缴纳契税。财政部、税务总局公告2021年第23号第二条第（八）项规定："土地使用权互换、房屋互换，互换价格相等的，互换双方计税依据为零；互换价格不相等的，以其差额为计税依据，由支付差额的一方缴纳契税。"比如，《福建省人民政府关于修改〈福建省贯彻中华人民共和国契税暂行条例实施办法〉的通知》（闽政〔2003〕20号）第五条第（三）项规定："土地使用权交换、房屋所有权交换、土地使用权与房屋所有权之间交换，为所交换土地使用权、房屋所有权价格的差额。由多支付货币、实物、无形资产或者其他经济利益的一方缴纳税款。"

1. 土地使用权互换。《契税暂行条例细则》第六条第四款明确，土地使用权互换是指土地使用者之间相互交换土地使用权的行为。例如，2020年8月26日，甲公司将其A地块与乙公司B地块交换，A地块、B地块账面净值分别1.018亿元、0.8亿元。乙公司向甲公司支付差价2 180万元。甲公司开出增值税普通发票。

应征收契税额＝2 180÷（1＋9%）×3%＝2 000×3%＝60（万元）

乙公司会计处理：

交换地块

借：无形资产——A地块土地使用权　　　　　　　　　101 800 000

　　贷：银行存款　　　　　　　　　　　　　　　　　21 800 000

　　　　无形资产——B地块土地使用权　　　　　　　80 000 000

缴纳契税

借：无形资产——A地块土地使用权　　　　　　　　　600 000

　　贷：银行存款　　　　　　　　　　　　　　　　　600 000

2. 房屋互换。《契税暂行条例细则》第七条第三款明确，房屋互换是指房屋所有者之间相互交换房屋的行为。例如，2021年8月26日，甲公司将其A幢建筑物与乙公司B幢建筑物交换，A、B幢建筑物账面净值分别10 180万元、8 000万元。乙公司向甲公司支付差价2 180万元。甲公司开出增值税普通发票。

乙公司应缴纳契税额＝2 180÷（1＋9%）×3%＝2 000×3%＝60（万元）

其会计处理：

交换房屋

借：无形资产——A幢建筑物	101 800 000
贷：银行存款	21 800 000
无形资产——B幢建筑物	80 000 000

缴纳契税

借：无形资产——A幢建筑物	600 000
贷：银行存款	600 000

3. 土地使用权交换房屋所有权。即将土地使用权交换房屋所有权，或者房屋所有权交换土地使用权。例如，2021年8月26日，甲公司将其A地块与乙公司B幢房屋交换，A地块、B幢房屋账面净值分别1.018亿元、0.8亿元。乙公司向甲公司支付差价2 180万元。甲公司开出增值税普通发票。

应征收契税额＝2 180÷（1＋9%）×3%＝2 000×3%＝60（万元）

乙公司会计处理：

借：无形资产——A地块土地使用权	101 800 000
贷：银行存款	21 800 000
固定资产——B幢房屋	80 000 000

缴纳契税

借：无形资产——A地块土地使用权	600 000
贷：银行存款	600 000

（三）核定价格。《契税法》第四条第一款第（四）项规定：土地使用权赠与、房屋赠与以及其他没有价格的转移土地、房屋权属行为，为税务机关参照土地使用权出售、房屋买卖的市场价格依法核定的价格。纳税人申报的成交价格、互换价格差额明显偏低且无正当理由的，由税务机关依照《税收征收管理法》的规定核定。《财政部 国家税务总局关于国有土

地使用权出让等有关契税问题的通知》（财税〔2004〕134号）第一条规定：出让国有土地使用权，没有成交价格或者成交价格明显偏低，征收机关可依次按评估价格、土地基准地价确定。

1. 受赠土地使用权。《契税暂行条例细则》第六条第三款明确，土地使用权赠与是指土地使用者将其土地使用权无偿转让给受赠者的行为。第八条规定，以获奖方式承受土地权属等视同土地使用权赠与。例如，2021年10月，某生产性公司获赠集体土地使用权1 000平方米。税务机关参照当地土地使用权出售的市场价格，依法核定的不含税总价格为100万元。

该公司应纳税额＝核定价格×适用税率＝100×3%＝3（万元）

2. 受赠房屋。《契税暂行条例细则》第七条第二款明确，房屋赠与是指房屋所有者将其房屋无偿转让给受赠者的行为。第八条规定，以获奖方式承受房屋权属等视同房屋赠与。例如，2021年10月，某生产性公司获赠房屋1幢，150平方米。税务机关参照当地房屋出售的市场价格，依法核定不含税总价格为100万元。

该公司应纳税额＝核定价格×适用税率＝100×3%＝3（万元）

3. 成交价格、互换价格差额明显偏低且无正当理由。例如，某房地产开发公司2021年10月，取得一地块，增值税普通发票注明成交价格15 000万元。主管税务机关认为成交价格明显偏低且无正当理由，依照《税收征收管理法》第三十五条第一款第（六）项规定核定为21 800万元。企业表示接受。

应交契税＝21 800÷（1＋9%）×3%＝20 000×3%＝600（万元）

其会计处理：

借：无形资产——土地使用权　　　　　　　　　　　6 000 000

　　贷：银行存款　　　　　　　　　　　　　　　　6 000 000

三、税收优惠

（一）减税。《财政部 国家税务总局 住房和城乡建设部关于调整房地产交易环节契税、营业税优惠政策的通知》（财税〔2016〕23号）第一条规定：个人购买家庭唯一住房（家庭成员范围包括购房人、配偶以及未成年子女）面积为90平方米及以下的减按1%税率；面积为90平方米以上减按1.5%税率。个人购买家庭第二套改善性住房，面积为90平方米及以下减按1%税率；面积为90平方米以上减按2%税率。

（二）免税。《契税法》第六条规定免征6种情形。《关于继续执行企业事业单位改制重组有关契税政策的公告》（财政部、税务总局公告2021年第17号）规定，企业整体改制、合并、分立等8种情形免征契税。《福建省税务局关于契税若干政策问题的公告》（2018年第20号）规定，自建房建成后自用的不征收房屋契税。因灾倒房、严重危房和受地质灾害威胁需重建住房的农户，其退出原旧宅基地后到所在县（市）首次购买普通住房免征契税。

四、会计处理

企业取得土地使用权、房屋按规定交纳的契税，《财政部关于对契税会计处理办法请示的复函》（财会字〔1998〕36号）明确：计入所取得土地使用权和房屋的成本，借记"固定资产""无形资产"等科目，贷记"银行存款""库存现金"等科目。具体会计分录参见本章"计税依据"部分。

五、征收管理

契税的纳税义务发生时间，《契税法》第九条规定："为纳税人签订土地、房屋权属转移合同的当日，或者纳税人取得其他具有土地、房屋权属转移合同性质凭证的当日。"财政部、税务总局公告2021年第23号第四条规定，法律文书等生效当日，改变有关土地、房屋用途等情形的当日，改变土地使用条件当日。

新增税源或税源变化时，先填报《契税税源明细表》。例如，2021年8月，黄某住房被政府征收后选择货币补偿重新购置了80平方米的房屋，购房成交价格超过货币补偿10万元（不含税），按现行政策规定，黄某应就超过货币补偿的10万元缴纳契税，该房屋符合当地普通房屋标准，且为黄某家庭唯一住房，可享受1%优惠税率，当地契税适用税率为3%。计征税额＝100 000×3%＝3 000元，减免税额＝100 000×（3%－1%）＝2 000元，应纳税额＝100 000×1%＝1 000元。相关数据填入下表。

契税税源明细表

纳税人识别号（统一社会信用代码）：□□□□□□□□□□□□□□□□□□

纳税人名称：　　　　　　　　　　　　　金额单位：人民币元（列至角分）；面积单位：平方米

＊税源编号		＊土地房屋坐落地址		不动产单元号（或房屋编号）	
合同编号		＊合同签订日期		＊共有方式	单独所有 共同共有 （共有人：＿＿＿＿） 按份共有＿＿＿＿％
＊权属转移对象		＊权属转移方式		＊用途	
＊成交价格 □含税 □不含税	100 000	＊权属转移面积		＊成交单价	
＊评估价格		＊计税价格		100 000	
＊适用税率	3%	减免性质代码和项目名称			

第四篇

行 为 税

　　行为税是国家为了对某些特定行为进行限制或开辟某些财源而课征的一类税收。包括印花税、耕地占用税、环境保护税、烟叶税、城市维护建设税、船舶吨税和城镇土地使用税。自2021年6月1日起，纳税人申报缴纳除城市维护建设税、船舶吨税以外的行为税，《国家税务总局关于简并税费申报有关事项的公告》（2021年第9号）明确，使用《财产和行为税纳税申报表》、《财产和行为税减免税明细申报附表》、《财产和行为税税源明细表》。

第十二章 印花税

印花税是对境内书立应税凭证、进行证券交易，以及境外书立境内使用的应税凭证所征收的一种税。该税种是一个舶来品，1624年创自荷兰，当时的荷兰政府因财政困难而想出聚财之招。1912年10月，北洋政府公布《印花税法》，次年正式实施，这是中国征收印花税的开始。1950年12月中央政府公布《印花税暂行条例》，次年1月公布《印花税暂行条例施行细则》。1988年8月6日《中华人民共和国印花税暂行条例》发布，同年10月1日恢复征收印花税。《中华人民共和国印花税法》（以下简称印花税法）第一条规定，在中华人民共和国境内书立应税凭证、进行证券交易，在境外书立境内使用的应税凭证的单位和个人，为印花税的纳税人。

一、征税对象

印花税的征税对象为合同、产权转移书据、营业账簿和证券交易4类。其中，合同包括借款合同、融资租赁合同等11项，产权转移书据包括土地使用权出让书据等4项。对纳税人以电子形式签订的各类应税凭证，《财政部 国家税务总局关于印花税若干政策的通知》（财税〔2006〕162号）第一条规定：征收印花税。对于企业集团内具有平等法律地位的主体之间自愿订立、明确双方购销关系、据以供货和结算、具有合同性质的凭证，《国家税务总局关于企业集团内部使用的有关凭证征收印花税问题的通知》（国税函〔2009〕9号）规定：征收印花税。例如，2017年，某地稽查局查处了一起某集团公司内的某子公司与同一集团公司内的另一子公司通

286 | 精准缴纳税费（第2版）

过企业管理软件（SAP系统）设定的事项，完成购销货物交易，未申报缴纳"购销合同"，征收印花税250余万元。按讲税务机关征收的政策清算，是一个很好的案例。后来因税企双方分歧较大，税款退还纳税人。

税法没有列举的合同不征收印花税。如国家回收土地使用权签订的合同，体检合同，房屋拆迁补偿合同。财税〔2006〕162号文第二条规定：电网与用户之间签订的供用电合同不属于印花税列举征税的凭证，不征收印花税。

二、税目税率

《印花税法》第四条规定：印花税的税目、税率，依照本法所附《印花税税目税率表》（见下表）执行。从表中可以看出比例税率有万分之零点五、万分之二点五、万分之三、万分之五、千分之一等5档。

印花税税目税率表

税　目		税　率	备　注
合同（书面合同）	借款合同	借款金额万分之零点五	指银行业金融机构、经国务院银行业监督管理机构批准设立的其他金融机构与借款人（不包括同业拆借）的借款合同
	融资租赁合同	租金的万分之零点五	
	买卖合同	价款的万分之三	动产的买卖合同（不包括个人书立者）
	建设工程合同		
	承揽合同	报酬的万分之三	
	运输合同	运输费用的万分之三	指货运合同和多式联运合同（不包括管道运输合同）
	技术合同	价款、报酬或者使用费的万分之三	不包括专利权、专用技术使用权转让书据
	租赁合同	租金的千分之一	
	保管合同	保管费的千分之一	
	仓储合同	仓储费的千分之一	
	财产保险合同	保险费的千分之一	不包括再保险合同

税　目		税　率	备　注
产权转移书据	土地使用权出让书据	价款的万分之五	转让包括买卖（出售）、继承、赠与、互换、分割
	土地使用权、房屋等建筑物和构筑物所有权转让书据（不包括土地承包经营权和土地经营权转移）		
	股权转让书据（不包括应缴纳证券交易印花税的）		
	商标专用权、著作权、专利权、专有技术使用权等转移书据	价款的万分之三	
营业账簿		实收资本（股权）、资本公积合计金额的万分之二点五	
证券交易		成交金额的千分之一	

三、税收优惠

（一）免税。包括法定免税和临时性免税。

1．法定免税。应税凭证的副本或者抄本等8类凭证，《印花税法》第十二条规定免征印花税。《财政部　国家税务总局关于廉租住房、经济适用住房和住房租赁有关税收政策的通知》（财税〔2008〕24号）第二条第（二）项规定："对个人出租、承租住房签订的租赁合同，免征印花税。"《财政部　国家税务总局关于调整房地产交易环节税收政策》（财税〔2008〕137号）明确：个人销售或购买住房暂免征收印花税。《财政部　国家税务总局关于农民专业合作社有关税收政策的通知》（财税〔2008〕81号）第四条明确：农民专业合作社与本社成员签订的农业产品和农业生产资料购销合同免征印花税。

2．临时性免税。《财政部　税务总局关于延长部分税收优惠政策执行期限的公告》（2021年第6号）、《财政部　国家税务总局关于支持小微企业融资有关税收政策的通知》（财税〔2017〕77号）第二条规定：2018年1月1日起至2023年12月31日，金融机构与小型、微型企业签订的借款合同免征印花税。

（二）减税。《财政部 国家税务总局关于实施小微企业普惠性税收减免政策的通知》（财税〔2019〕13号）第三条规定，各省、自治区、直辖市人民政府根据本地区实际情况，对增值税小规模纳税人可以在50%的税额幅度内减征印花税（不含证券交易印花税）。因此，《福建省财政厅 福建省税务局关于落实小微企业普惠性税收减免政策的通知》（闽财税〔2019〕5号）规定：2019年至2021年，对增值税小规模纳税人减按50%征收印花税（不含证券交易印花税）。

四、会计处理

《财政部关于印发〈增值税会计处理规定〉的通知》（财会〔2016〕22号）第二条第（二）项明确，全面试行营业税改征增值税后，核算印花税的"营业税金及附加"科目名称调整为"税金及附加"科目。企业按规定计算应交印花税，借记"税金及附加"科目，贷记"应交税费——印花税"科目。交纳时，借记"应交税费——印花税"科目，贷记"银行存款"等科目。

五、征收管理

纳税人书立应税凭证或者完成证券交易的当日，为印花税纳税义务发生时间。按季、按年或者按次计征。

$$应缴印花税额 = 计税依据 \times 税率$$

计税依据是否含税，是2016年5月1日起营业税改征增值税后突出问题，《印花税法》第五条规定，应税合同的计税依据为合同所列的金额，应税产权转移书据的计税依据为产权转移书据所列的金额，均不包括列明的增值税税款。应税营业账簿的计税依据为账簿记载的实收资本（股本）、资本公积合计金额，证券交易的计税依据为成交金额。例如，2021年9月，某自然人在上海证券交易所抛售股票10 000股，每股交易价28元，实际成交金额28万元，该自然人应缴纳印花税280元（＝280 000×1‰）。

新增税源或税源变化时，先填报《印花税税源明细表》。

印花税税源明细表

纳税人识别号（统一社会信用代码）：

纳税人名称：　　　　　　　　　　　　　　　　　　金额单位：人民币元（列至角分）

序号	*税目	*税款所属期起	*税款所属期止	应纳税凭证编号	应纳税凭证书立（领受）日期	*计税金额或件数	核定比例	*税率	减免性质代码和项目名称
				按期申报					
1									
2									
3									
				按次申报					
1	印花税	2021年9月1日	2021年9月30日			280 000		1‰	
2									
3									

第十三章　烟　叶　税

烟叶税是指在中国境内收购烟叶的单位就其收购金额而征收的一种税。《中华人民共和国烟叶税法》规定，依照《中华人民共和国烟草专卖法》的规定收购烟叶的单位为烟叶税的纳税人。烟叶包括烤烟叶、晾晒烟叶。其计税依据为纳税人收购烟叶实际支付的价款总额。税率为20%。

烟叶税应纳税额 = 实际支付的价款总额 × 税率

实际支付的价款包括纳税人支付给烟叶销售者的烟叶收购价款和价外补贴（暂按收购价款10%计入）。

购进烟叶，还可以计算增值税进项税额。自2017年7月1日起，《财政部 税务总局关于简并增值税税率有关政策的通知》（财税〔2017〕37号）规定：以取得（开具）农产品销售发票或收购发票注明的农产品买价和11%的扣除率计算进项税额。自2018年5月1日起，《财政部 税务总局关于调整增值税税率的通知》第二条规定，其扣除率调整为10%。《财政部 税务总局 海关总署关于深化增值税改革有关政策的公告》（2019年第39号）第二条规定，其扣除率调整为9%。

烟叶税进入资产的计税基础，直接计入有关成本费用之中。借记"材料采购""在途物资""原材料"等科目，贷记"银行存款""库存现金"等科目。

例如，2021年7月，增值税一般纳税人的某烟草公司向烟农收购晾晒烟叶，增值税普通发票注明收购价格10万元。货款从银行支付。同时，支付了价外补贴1万元。

收购金额＝收购价款×（1+10%）＝10×（1+10%）＝11（万元）

本例中，实际支付的价外补贴与税法规定"暂按收购价款10%计入"的金额契合，否则应按实际支付数计算。

应缴纳烟叶税额＝烟叶收购金额×税率＝11×20%＝2.2（万元）

烟草公司的会计处理：

（1）购进烟叶：

借：材料采购　　　　　　　　　　　　　　　　　　100 100

　　应交税费——应交增值税（进项税额）　　　　　　9 900

$$(=110\,000 \times 9\%)$$

　　　　贷：银行存款　　　　　　　　　　　　　　110 000

　　（2）计算应缴烟叶税：

　　借：材料采购　　　　　　　　　　　　　　　22 000

　　　　贷：应交税费——应交烟叶税　　　　　　　22 000

　　（3）缴纳烟叶税时：

　　借：应交税费——应交烟叶税　　　　　　　　22 000

　　　　贷：银行存款　　　　　　　　　　　　　　22 000

　　新增税源或税源变化时，需先填报《烟叶税税源明细表》。

烟叶税税源明细表

税款所属期限：自　年　月　日至　年　月　日
纳税人识别号（统一社会信用代码）：
纳税人名称：　　　　　　　　　　　　　　　　　　金额单位：人民币元（列至角分）

序　号	烟叶收购价款总额	税　率
1		
2		
3		
4		
5		
6		

第十四章　船舶吨税

　　船舶吨税是自中华人民共和国境外港口进入境内港口的船舶，按规定征收的一种税。现行征收依据是《中华人民共和国船舶吨税法》。税目按船舶净吨位划分为4档：不超过2 000净吨、2 000至1万净吨、1万至5万净吨、超过5万净吨。税率根据船舶净吨位和吨税执照期限长短分别设置，并分为普通税率和优惠税率。中国籍应税船舶，船籍国（地区）与中国签订含有相互给予船舶税费最惠国待遇条款的条约或者协定的应税船舶适用优惠税率。其他应税船舶适用普通税率。

船舶吨税由海关负责征收。海关发现少征或者漏征税款的，自应税船舶应缴纳税款之日起一年内补征税款。但因应税船舶违反规定造成少征或者漏征税款，海关可以自应当缴纳税款之日起三年内追征税款，并自应缴纳税款之日起按日加征少征或者漏征税款万分之五的税款滞纳金。

船舶吨税按照船舶净吨位和吨税执照期限征收。应税船舶负责人在每次申报纳税时，可按《船舶吨税税目税率表》（见下表）选择申领一种期限的船舶吨税执照。船舶吨税的应纳税额按照船舶净吨位乘以适用税率计算。

船舶吨税税目税率表

税　目 （按船舶净吨位划分）	税　率（元／净吨）						备　注
	普通税率 （按执照期限划分）			优惠税率 （按执照期限划分）			
	1 年	90 日	30 日	1 年	90 日	30 日	
≤ 2 000	12.6	4.2	2.1	9.0	3.0	1.5	拖船和非机动驳船按相同净吨位船舶税率的50%计征税款
2 000＜净吨位≤ 10 000	24.0	8.0	4.0	17.4	5.8	2.9	
10 000＜净吨位≤ 50 000	27.6	9.2	4.6	19.8	6.6	3.3	
＞ 50 000	31.8	10.6	5.3	22.8	7.6	3.8	

企业按规定缴纳船舶吨税，借记"税金及附加"科目，贷记"银行存款"等科目。

第十五章　环境保护税

环境保护税是对排放污水、废气、噪声和废弃物等突出的"显性污染"而征收的一种税。我国在2018年1月1日起开征此税。《中华人民共和国环境保护税法》（以下简称环境保护税法）第二条规定："在中华人民共和国领域和中华人民共和国管辖的其他海域，直接向环境排放应税污染物的企业事业单位和其他生产经营者为环境保护税的纳税人。"

一、征税对象

环境保护税的征税对象是应税污染物。《环境保护税法》第三条明确：应税污染物是指《环境保护税法》所附《环境保护税税目税额表》、《应税污染物和当量值表》规定的大气污染物、水污染物、固体废物和噪声。《财政部 税务总局 生态环境部关于明确环境保护税应税污染物适用等有关问题的通知》（财税〔2018〕117号）第一条规定：燃烧产生废气中的颗粒物按照烟尘，排放的扬尘、工业粉尘等颗粒物（除可以确定为烟尘、石棉尘、玻璃棉尘、炭黑尘的外）按照一般性粉尘征收环境保护税。《国家税务总局 国家海洋局关于发布〈海洋工程环境保护税申报征收办法〉的公告》（2017年第50号）第四条第二款规定：生活垃圾按照环境保护税法"其他固体废物"税额标准执行。

不属于直接向环境排放污染物，不属于环境保护税的征税对象。比如，《环境保护税法》第四条明确，企业事业单位和其他生产经营者向依法设立的污水集中处理、生活垃圾集中处理场所排放应税污染物，或者在符合国家和地方环境保护标准的设施、场所储存或者处置固体废物。《中华人民共和国环境保护税法实施条例》（以下简称环境保护税法实施条例）第四条规定，依法对畜禽养殖废弃物进行综合利用和无害化处理。

二、应纳税额

（一）大气污染物、水污染物的应纳税额。《环境保护税法》第十一条第一款第（一）（二）项规定：应税大气污染物、水污染物的应纳税额为污染当量数乘以具体适用税额。用公式表示：

$$应纳税额 = 污染当量数 \times 适用税额$$

应税大气、水污染物的污染当量数，《环境保护税法》第八条规定："以该污染物的排放量除以该污染物的污染当量值计算。"用公式表示：

$$污染当量数 = 污染物排放量 \div 污染物的污染当量值$$

应税大气污染物、水污染物的排放量，《环境保护税法》第十条规定依次为，纳税人安装使用符合国家规定和监测规范的污染物自动监测设备的自动监测数据；监测机构出具的符合国家有关规定和监测规范的污染物监测数据；国务院生态环境主管部门规定的排污系数、物料衡算方法计算的数据；省、自治区、直辖市人民政府生态环境主管部门规定的抽样测算的方法核定的数据，如按《福建省税务局 生态环境厅关于发布〈福建省环境保护税核定征收办法（试行）〉的公告》（2019年第2号）核实的数据。例如，福建某房地产公司请施工企业建设楼盘，建筑面积10 000平方米，2020年9月施工面积2 000平方米，施工时设置了边界围挡，对挖土方等易扬尘物料按规定进行覆盖，同时对运输车辆设置机械冲洗装置防止二次扬尘污染。经查该公告扬尘产生量系数、扬尘排放量削减系数，排放量计算如下：

排放量＝（扬尘产生量系数－扬尘排放量削减系数）×月建筑面积或施工面积＝（1.01－0.047－0.025－0.31）×2 000＝0.628×2 000＝1 256（千克）

每种应税大气、水污染物的具体污染当量值，《环境保护税法》第八条规定：依照本法所附《应税污染物和当量值表》执行。

《环境保护税法》第九条规定：每一排放口或者没有排放口的应税大气污染物，按照污染当量数从大到小排序，对前三项污染物征收环境保护税。每一排放口的应税水污染物，按照污染当量数从大到小排序，对第一类水污染物按照前五项征收环境保护税，对其他类水污染物按照前三项征收环境保护税。按《应税污染物和当量值表》所列，第一类水污染物包括总汞、总镉等10项，第二类水污染物包括悬浮物、生化需氧量等51项，其他水污染物包括pH值、色度、大肠菌群数、余氯量等。《环境保护税法》第九条将第二类水污染物、其他水污染物均归入"其他类水污染物"，适用"按照前三项征收环境保护税"。

适用税额，查《环境保护税税目税额表》（见下表）及当地执行标准。

环境保护税税目税额表

税目		计税单位	税额（元）
大气污染物		每污染当量	1.2～12
水污染物		每污染当量	1.4～14
固体废物	煤矸石	每吨	5
	尾矿	每吨	15
	危险废物	每吨	1 000
	冶炼渣、粉煤灰、炉渣、其他固体废物（含半固态、液态废物）	每吨	25
噪声	工业噪声	超标1～3分贝	每月350
		超标4～6分贝	每月700
		超标7～9分贝	每月1 400
		超标10～12分贝	每月2 800
		超标13～15分贝	每月5 600
		超标16分贝以上	每月11 200

例一：某市A企业只有一个排放口，2021年10月向大气中排放二氧化硫10千克、氮氧化物20千克、一氧化碳300千克、汞及其化合物1千克。该市大气污染物适用税额标准为二氧化硫6.65元/污染当量、氮氧化物7.6元/污染当量、其他大气污染物1.2元/污染当量。（二氧化硫、氮氧化物、一氧化碳、汞及其化合物的污染当量值分别为0.95千克、0.95千克、16.7千克和0.000 1千克）

应税大气污染物污染当量数＝污染物排放量÷污染物的污染当量值

二氧化硫：10÷0.95＝10.53　　　氮氧化物：20÷0.95＝21.05

一氧化碳：300÷16.7＝17.96　　汞及其化合物：1÷0.000 1＝10 000

按污染当量数排序：

汞及其化合物（10 000）＞氮氧化物（21.05）＞一氧化碳（17.96）＞二氧化硫（10.53）

应税大气污染物应纳税额＝污染当量数（前三项）×适用税额

汞及其化合物：10 000×1.2＝12 000（元）

氮氧化物：21.05×7.6＝159.98（元）

一氧化碳：17.96×1.2＝21.55（元）

大气污染物应纳税额＝12 000＋159.98＋21.55＝12 181.53（元）

例二：福建某煤炭企业，2021年9月装卸煤炭10 000吨，同时建有固定除尘设施和移动除尘设施。福建省税务局公告2019年第2号规定，同时建有固定除尘设施和移动除尘设施，核减后的煤炭装卸煤粉尘排放系数为1.6千克/装卸吨煤。（查《应税污染物和当量值表》一般性粉尘污染当量值为4千克。闽财税〔2017〕37号规定适用税额为每污染当量1.2元）。

煤炭装卸应税大气污染当量数＝煤炭装卸煤粉尘排放系数×月装卸数量÷一般性粉尘污染当量值＝1.6×10 000÷4＝4 000

煤炭装卸大气污染物应纳税额＝应税大气污染当量数×单位税额＝4 000×1.2＝4 800（元）

例三：某市B企业2021年10月向水体直接排放第一类水污染物总汞、总镉、总铬、六价铬、总铅、总铍各1千克。排放其他类水污染物悬浮物（SS）、化学需氧量（CODcr）、氨氮各20千克，pH值检测出是6、污水排放量400吨。该市水污染物每污染当量适用税额为化学需氧量5元、氨氮4.8元、第一类水污染物1.4元、其他类水污染物1.4元。第一类水污染物的污染当量值分别为0.000 5、0.005、0.04、0.02、0.025、0.01；第二类水污染物的污染当量值分别为4、1、0.8（单位：千克）；pH值5~6的污染当量值为5吨污水。

1. 第一类水污染物的应纳税额

第一类水污染物的应税水污染物污染当量数＝该污染物排放量÷该污染物的污染当量值

总汞：1÷0.0005＝2 000   总镉：1÷0.005＝200

总铬：1÷0.04＝25   六价铬：1÷0.02＝50

总铅：1÷0.025＝40   总铍：1÷0.01＝100

污染当量数排序：

总汞（2 000）＞总镉（200）＞总铍（100）＞六价铬（50）＞总铅（40）＞总铬（25）

应税水污染物应纳税额＝污染当量数（第一类前五项）×适用税额

总汞：2 000×1.4＝2 800（元）   总镉：200×1.4＝280（元）

总铍：100×1.4＝140（元）   六价铬：50×1.4＝70 （元）

总铅：40×1.4＝56 （元）

应纳税额合计：2 800＋280＋140＋70＋56＝3 346（元）

2. 其他类水污染物应纳税额

污染当量数并排序（单位：千克）：

悬浮物：20÷4＝5   化学需氧量：20÷1＝20

氨氮：20÷0.8＝25   pH值：400÷5＝80

pH值（80）＞氨氮（25）＞化学需氧量（20）＞悬浮物（5）

应税水污染物应纳税额＝污染当量数（其他类前三项）×适用税额

pH值：80×1.4＝112（元）   氨氮：25×4.8＝120（元）

化学需氧量：20×5＝100（元）

应纳税额合计：112＋120＋100＝332（元）

3．水污染物应纳税额

水污染物应纳税额＝3 346＋332＝3 678（元）

（二）固体废物的应纳税额。《环境保护税法实施条例》第五条规定，应税固体废物的计税依据按照固体废物的排放量确定。固体废物的排放量为当期应税固体废物的产生量减去当期应税固体废物的储存量、处置量、综合利用量的余额。固体废物的储存量、处置量是指在符合国家和地方环境保护标准的设施、场所储存或者处置的固体废物数量；固体废物的综合利用量是指按照国务院发展改革、工业和信息化主管部门关于资源综合利用要求以及国家和地方环境保护标准进行综合利用的固体废物数量。第六条明确，非法倾倒应税固体废物，或者进行虚假纳税申报，以其当期应税固体废物的产生量作为固体废物的排放量。

《环境保护税法》第十一条第一款第（三）项规定："应税固体废物的应纳税额为固体废物排放量乘以具体适用税额。"用公式表示：

应纳税额＝排放量×适用税额

例如，某企业2020年10月产生煤矸石100吨，其中综合利用的煤矸石20

吨（符合国家和地方环境保护标准），在符合国家和地方环境保护标准的设施储存30吨。

应纳税额＝［产生量－综合利用量（免征）－储存量和处置量（不属于直接向环境排放污染物）］×适用税额

应纳税额＝（100－20－30）×5＝250（元）

（三）噪声的应纳税额。《环境保护税法》第十一条第一款第（四）项规定："应税噪声的应纳税额为超过国家规定标准的分贝数对应的具体适用税额。"

例如，某企业2021年10月在作业场存在噪声超标。昼间作业场所超标1～3分贝，沿边界长度超过100米只有一处噪声超标，超标天数为14天；夜间作业场所超标7～9分贝，沿边界长度超过100米有两处以上噪声超标，超标天数为15天。

昼、夜均超标的环境噪声，分别计算应纳税额。

昼间应纳税额＝350÷2＝175（元）（声源一个月内超标不足15天，减半计算）

夜间应纳税额＝1 400×2＝2 800（元）（沿边界长度超过100米有两处以上噪声超标，按两处计算）

应纳税额＝175＋2 800＝2 975（元）

三、税收优惠

（一）免税。农业生产（不包括规模化养殖）排放应税污染物；机动车、铁路机车、非道路移动机械、船舶和航空器等流动污染源排放应税污染物；依法设立的城乡污水集中处理、生活垃圾集中处理场所排放不超过国家和地方规定的排放标准的应税污染物；纳税人综合利用符合国家和地方环境保护标准的固体废物《环境保护税法》第十二条规定，暂予免征环境保护税。

依法设立的生活垃圾焚烧发电厂、生活垃圾填埋场、生活垃圾堆肥厂，排放应税污染物不超过国家和地方规定的排放标准的，财税〔2018〕117号文第二条规定：免征环境保护税。

（二）减征。纳税人排放应税大气污染物或者水污染物的浓度值低于国家和地方规定的污染物排放标准30%或者50%，《环境保护税法》第十三条规定，减按75%或者50%征收环境保护税。

上述规定中的"浓度值"如何计算？《环境保护税法实施条例》第十条规定：应税大气污染物或水污染物的浓度值是指纳税人安装使用的污染物自动监测设备当月自动监测的应税大气污染物或水污染物浓度值的小时平均值再平均所得数值，或者监测机构当月监测的应税大气污染物或水污染物浓度值的平均值。

例如，某水泥生产企业安装了污染物自动监测设备，2021年9月自动监测的应税大气污染物浓度值的小时平均值分别为90.775千克/吨—熟料、91.075千克/吨—熟料、90.875千克/吨—熟料……720个数字（每个小时均有1个小时平均值），再将所有数值和除以720，得出的平均数。

$$\sum 第i个小时平均值 \div (24 \times 30) = 90.975（千克/吨—熟料）$$

四、会计处理

计提环境保护税时，借"税金及附加"科目，贷记"应交税费——应交环境保护税"科目。交纳环境保护税，借记"应交税费——应交环境保护税"科目，贷记"银行存款"等科目。

例如，福建某煤炭企业，2021年9月堆存煤炭10 000吨，仅建有挡风墙。福建省税务局公告2019年第2号规定，仅建有挡风墙，核减后的煤炭堆存煤粉尘排放系数1.28千克/吨煤·年。适用税额为每污染当量1.2元。

煤炭堆存应税大气污染当量数＝煤炭堆存煤粉尘排放系数×月堆存数量÷12÷一般性粉尘污染当量值＝1.28×10 000÷12÷4＝266.67

煤炭堆存大气污染物应纳税额＝应税大气污染当量数×单位税额＝266.67×1.2＝320（元）

计提时：

借：税金及附加   320

    贷：应交税费——应交环境保护税   320

交纳环境保护税：

借：应交税费——应交环境保护税   320

    贷：银行存款   320

五、征收管理

《环境保护税法实施条例》第四章规定了环境保护税征收管理的内容，明确税务机关依法履行环境保护税纳税申报受理、涉税信息比对、组织税款入库等职责。环境保护主管部门依法负责应税污染物监测管理，制定和完善污染物监测规范。其通过涉税信息共享平台向税务机关交送信息范围，《环境保护税法实施条例》第十五条明确，排污单位的名称、统一社会信用代码以及污染物排放口、排放污染物种类等基本信息；排污单位的污染物排放数据（包括污染物排放量以及大气污染物、水污染物的浓度值等数据）；排污单位环境违法和受行政处罚情况；对税务机关提请复核的纳税人的纳税申报数据资料异常或者纳税人未按照规定期限办理纳税申报的复核意见；与税务机关商定交送的其他信息等。

《国家税务总局 国家海洋局关于发布〈海洋工程环境保护税申报征收办法〉的公告》（2017年第50号）第八条规定，纳税人应根据排污许可有关规定，向税务机关如实填报纳税人及排放应税污染物的基本信息。纳税人基本信息发生变更的，及时到税务机关办理变更手续。海洋行政主管部门将纳税人的基本信息、污染物排放数据、污染物样品检测校验结果、处理处罚等海洋工程环境保护涉税信息，定期交送税务机关。

（一）纳税申报表。《环境保护税法》第十七条："纳税人应当向应税污染物排放地的税务机关申报缴纳环境保护税。"第十八条规定："环境保护税按月计算，按季申报缴纳。不能按固定期限计算缴纳的，可以按次申报缴纳。"第十九条规定，纳税人自季度终了之日起十五日内，或者纳税义务发生之日起十五日内，向税务机关办理纳税申报并缴纳税款。

自2021年6月1日起，使用《财产和行为税纳税申报表》、《财产和行为税减免税明细申报附表》等。新增税源或税源变化时，需先填报《环境保护税税源明细表》。此前，按《国家税务总局关于发布〈环境保护税纳税申报表〉的公告》（2018年第7号）规定报送。

（二）《环境保护税税源明细表》。表中排污许可证的问题，《排污许可管理办法（试行）》（环境保护部令第48号）第三条规定："纳入固定污染源排污许可分类管理名录的企业事业单位和其他生产经营者按规定的时限申请并取得排污许可证；未纳入固定污染源排污许可分类管理名录的排污单位，暂不需申请排污许可证。"《固定污染源排污许可分类管理名录（2019年版）》（生态环境部令第11号）第六条规定，属于本名录第1至107类行业的排污单位，按本名录第109至112类规定的锅炉、工业炉窑、表面处理、水处理等通用工序实施重点管理或者简化管理，只需对其涉及的通用工序申请取得排污许可证，不需要对其他生产设施和相应的排放口等申请取得排污许可证。第七条规定，属于本名录第108类行业的排污单位，涉及本名录规定的通用工序重点管理、简化管理或者登记管理，对其涉及的本名录第109至112类规定的锅炉、工业炉窑、表面处理、水处理等通用工序申请领取排污许可证或者填报排污登记表。如果企业被列入重点排污单位名录，二氧化硫或者氮氧化物年排放量大于250吨，烟粉尘年排放量大于500吨，化学需氧量年排放量大于30吨或者总氮年排放量大于10吨或者总磷年排放量大于0.5吨，氨氮、石油类和挥发酚合计年排放量大于30吨，其他单项有毒有害大气、水污染物污染当量数大于3 000者，还应对其生产设施和相应的排放口等申请取得重点管理排污许可证。

1. 大气、水污染物基础信息。"税源编号"由税务机关通过征管系统根据纳税人的排放口信息赋予编号。纳税人首次申报或新增排放口的无须填写。当发生税源变更情形时，须填写该项。

取得排污许可证的，"排放口编号"按排污许可证载明的大气、水污染物排放口编号填写。《固定污染源（水、大气）编码规则》规定，固定污染源排污许可编码体系由固定污染源编码、生产设施编码、污染治理设施编码、排放口编码共同组成。

"排放口名称"纳税人可自行命名每一个排放口名称或噪声源的名称。"污染物名称"按照《环境保护税法》附表二中的污染物名称填写。标准排放限值执行《环境保护部关于执行大气污染物特别排放限值的公告》（2013年第14号）以及本地区的规定，比如《上海市生态环境局关于重点行业执行国家排放标准大气污染物特别排放限值的通告》（沪环规〔2019〕13号）。按规定标准填报。第8列污染物排放量计算方法，按《环境保护税法》第十条规定填报。

2. 固体废物基础信息。表中"固体废物名称"依《国家危险废物名录》（环境保护部令2016年第39号）填写。

3. 噪声基础信息。噪声声环境功能区分为4类，每类限值也不同。

声环境功能区类别

功能区类别		区域范围
0 类		康复疗养区等特别需要安静的区域
1 类		以居民住宅、医疗卫生、文化教育、科研设计、行政办公为主要功能，需要保持安静的区域
2 类		以商业金融、集市贸易为主要功能，或者居住、商业、工业混杂，需要维护住宅安静的区域
3 类		以工业生产、仓储物流为主要功能，需要防止工业噪声对周围环境产生严重影响的区域
4a	4a 类	高速公路、一级公路、二级公路、城市快速路、城市主干路、城市次干路、城市轨道交通（地面段）、内河航道两侧区域
	4b 类	铁路干线两侧区域

1982年8月1日起实施的《中华人民共和国城市区域环境噪声标准》。自2008年10月1日起，城市区域环境噪声标准GB 3096—2008，按《环境保护部关于发布国家环境质量标准〈声环境质量标准〉的公告》（2008年第45号）这规定。乡村居住环境可参照执行该类标准。

环境噪声限值

单位：dB（A）

声环境功能区类别		时　段	
		昼　间	夜　间
0 类		50	40
1 类		55	45
2 类		60	50
3 类		65	55
4 类	a 类	70	55
	b 类	70	60

注：4b 类声环境功能区环境噪声限值，适用于 2011 年 1 月 1 日起环境影响评价文件通过审批的新建铁路（含新开廊道的增建铁路）干线建设项目两侧区域；各类声环境功能区夜间突发噪声，其最大声级超过环境噪声限值的幅度不得高于 15dB（A）

4. 产排污系数基础信息。排污系数是指在正常技术经济和管理条件下，生产单位产品所应排放的污染物量的统计平均值。《生态环境部 财政部 税务总局关于发布计算环境保护税应税污染物排放量的排污系数和物料衡算方法的公告》（2021年第16号）第一条、第二条规定："属于排污许可管理的排污单位，适用生态环境部发布的排污许可证申请与核发技术规范中规定的排（产）污系数、物料衡算方法计算应税污染物排放量；排污许可证申请与核发技术规范未规定相关排（产）污系数的，适用生态环境部发布的排放源统计调查制度规定的排（产）污系数方法计算应税污染物排放量。""不属于排污许可管理的排污单位，适用生态环境部发布的排放源统计调查制度规定的排（产）污系数方法计算应税污染物排放量。"比如，《环境保护部关于发布计算污染物排放量的排污系数和物料衡算方法的公告》（2017年第81号）明确，纳入排污许可管理的火电等17个行业排污单位，适用《纳入排污许可管理的火电等17个行业污染物排放量计算方法（含排污系数、物料衡算方法）（试行）》。未纳入排污许可管理的锡矿采选业等行业排污单位，适用《未纳入排污许可管理行业适用的排污系数、物料衡算方法（试行）》。第三条规定，各省、自治区、直辖市生态环境主管部门制定的方法。比如，《福建省税务局 生态环境厅关于发布〈福建省环境保护税核定征收办法（试行）〉的公告》（2019年第2号）。

环境保护税税源明细表

纳税人识别号（统一社会信用代码）：□□□□□□□□□□□□□□□□□□

纳税人名称：　　　　　　　　　　　　　　　金额单位：人民币元（列至角分）

1. 按次申报□	2. 从事海洋工程□			
3. 城乡污水集中处理场所□	4. 生活垃圾集中处理场所□			
*5. 污染物类别	大气污染物 □　　水污染物 □　　固体废物 □　　噪声 □			
6. 排污许可证编号				
*7. 生产经营所在区划				
*8. 生态环境主管部门				
税源基础采集信息				
新增 □　　变更□　　删除 □				
* 税源编号	（1）			
排放口编号	（2）			
* 排放口名称或噪声源名称	（3）			
* 生产经营所在街乡	（4）			

* 有效期起止		（5）			
* 污染物类别		（6）			
水污染物种类		（7）			
* 污染物名称		（8）			
危险废物污染物子类		（9）			
* 污染物排放量计算方法		（10）			
大气、水污染物标准排放限值	* 执行标准	（11）			
	* 标准浓度值（毫克／升或毫克／标立方米）	（12）			
产（排）污系数	* 计税基数单位	（13）			
	* 污染物单位	（14）			
	* 产污系数	（15）			
	* 排污系数	（16）			
固体废物信息	储存情况	（17）			
	处置情况	（18）			
	综合利用情况	（19）			
噪声信息	* 是否昼夜产生	（20）			
	* 标准值——昼间（6时至22时）	（21）			
	* 标准值——夜间（22时至次日6时）	（22）			
申报计算及减免信息					
* 税源编号		（1）			
* 税款所属月份		（2）			
* 排放口名称或噪声源名称		（3）			
* 污染物类别		（4）			
* 水污染物种类		（5）			
* 污染物名称		（6）			
危险废物污染物子类		（7）			
* 污染物排放量计算方法		（8）			
大气、水污染物监测计算	* 废气（废水）排放量（万标立方米、吨）	（9）			
	* 实测浓度值（毫克／标立方米、毫克／升）	（10）			
	* 月均浓度（毫克／标立方米、毫克／升）	（11）			
	* 最高浓度（毫克／标立方米、毫克／升）	（12）			

产（排）污系数计算	*计算基数	（13）			
	*产污系数	（14）			
	*排污系数	（15）			
固体废物计算	*本月固体废物的产生量（吨）	（16）			
	*本月固体废物的储存量（吨）	（17）			
	*本月固体废物的处置量（吨）	（18）			
	*本月固体废物的综合利用量（吨）	（19）			
噪声计算	*噪声时段	（20）			
	*监测分贝数	（21）			
	*超标不足15天	（22）			
	*两处以上噪声超标	（23）			
抽样测算计算	特征指标	（24）			
	特征单位	（25）			
	特征指标数量	（26）			
	特征系数	（27）			
污染物排放量（千克或吨）		大气、水污染物监测计算：（28）=（9）×（10）÷100（1 000）大气、水污染物产（排）污系数计算：（28）=（13）×（14）×M（28）=（13）×（15）×MpH值、大肠菌群数、余氯量等水污染物计算：（28）=（9）色度污染物计算：（28）=（9）×色度超标倍数固体废物排放量（含综合利用量）：（28）=（16）-（17）-（18）			
*污染当量值（特征值）（千克或吨）		（29）			
*污染当量数		大气、水污染物污染当量数计算：（30）=（28）÷（29）			
减免性质代码和项目名称		（31）			
*单位税额		（32）			

* 本期应纳税额	大气、水污染物应纳税额计算： （33）=（30）×（32） 固体废物应纳税额计算： （33）=（28）×（32） 噪声应纳税额计算： （33）=0.5 或 1 [（22）为是的用 0.5；为否的用 1]×2 或 1 [（23）为是的用 2，为否的用 1]×（32） 按照税法所附表二中畜禽养殖业等水污染物当量值表计算：（33）=（26）÷（29）×（32） 采用特征系数计算： （33）=（26）×（27）÷（29）×（32） 采用特征值计算： （33）=（26）×（29）×（32）		
本期减免税额	大气、水污染物减免税额计算： （34）=（30）×（32）×N 固体废物减免税额计算： （34）=（19）×（32）		
本期已缴税额	（35）		
* 本期应补（退）税额	（36）=（33）-（34）-（35）		

第十六章　耕地占用税

耕地占用税是对中国境内占用耕地建设建筑物、构筑物或者从事非农业建设的单位和个人所征收的一种税。占用用于种植农作物的土地建设农田水利设施，以及占用农用地建设直接为农业生产服务的生产设施，《中华人民共和国耕地占用税法》（以下简称耕地占用税法）第二条、第十二条明确，不缴纳耕地占用税。

一、税额标准

《耕地占用税法》第三条规定："耕地占用税以纳税人实际占用的耕地面积为计税依据，按照规定的适用税额一次性征收，应纳税额为纳税人实际占用的耕地面积（平方米）乘以适用税额。"第四条规定：其税额规定如下表。各地区耕地占用税的适用税额，由省、自治区、直辖市人民政府在前款规定的税额幅度内提出，报同级人民代表大会常务委员会决定。2019年7月26日，《福建省人民代表大会常务委员会关于批准耕地占用税我省适用税额方案的决议》规定，该省按地域耕地占用税适用税额标准分为25、30、35元/平方米。

税额规定

县级行政区域人均耕地	每平方米税额	备 注
不超过1亩	10～50元	在人均耕地低于0.5亩的地区，适用税额适当提高，但提高的部分不超过各省（自治区、直辖市）平均税额的50%
超过1亩，但不超过2亩	8～40元	占用基本农田，适用税额在当地适用税额的基础上提高50%
超过2亩，但不超过3亩	6～30元	铁路线路、公路线路、飞机场跑道、停机坪、港口、航道占用耕地，减按每平方米2元的税额征收耕地占用税
超过3亩	5～25元	

二、税收优惠

《耕地占用税法》第七条规定：军事设施、学校、幼儿园、社会福利机构、医疗机构占用耕地；农村烈士遗属、因公牺牲军人遗属、残疾军人以及符合农村最低生活保障条件的农村居民，在规定用地标准以内新建自用住宅，免征耕地占用税。农村居民在规定用地标准以内占用耕地新建自用住宅，按照当地适用税额减半征收耕地占用税；其中农村居民经批准搬迁，新建自用住宅占用耕地不超过原宅基地面积的部分，免征耕地占用税。

《中华人民共和国耕地占用税法实施办法》（财政部公告2019年第81号）对耕地占用税作出更加细化的规定。2019年至2021年，《福建省财政厅 福建省税务局关于落实小微企业普惠性税收减免政策的通知》（闽财税〔2019〕5号）规定：对增值税小规模纳税人减按50%征收耕地占用税。《福建省财政厅 税务局关于明确耕地占用税我省适用税额等有关问题的通知》（闽财税〔2019〕24号）第一条第（四）规定，占用林地、草地、农田水利用地、养殖水面、渔业水域滩涂以及其他农用地建设建筑物、构筑物或者从事非农业建设的，适用税额按照当地占用耕地适用税额的50%确定。

三、税收管理

《耕地占用税法》第十条规定："耕地占用税的纳税义务发生时间为纳税人收到自然资源主管部门办理占用耕地手续的书面通知的当日。纳税人应当自纳税义务发生之日起三十日内申报缴纳耕地占用税。"耕地占用税直接计入有关成本费用之中。借记"在建工程"科目，贷记"银行存款""库存现金"等科目。

例如，2021年10月，经批准南平市延平区某企业，增值税小规模纳税人，占用园地50亩建设建筑物、构筑物，占用林地20亩从事非农业建设。（1亩＝666.667平方米）。适用税额标准每平方米为30元。企业占用园地的耕地占用税＝50×666.67×30＝1 000 005（元）。占用林地的耕地占用税＝20×666.67×30×50%＝200 001（元）。相关数据填入下表。

耕地占用税税源明细表

纳税人识别号（统一社会信用代码）：□□□□□□□□□□□□□□□□□□

纳税人名称： 面积单位：平方米； 金额单位：人民币元（列至角分）

占地方式	1. 经批准按批次转用□	项目（批次）名称		批准占地文号	
		批准占地部门		经批准占地面积	70
	2. 经批准单独选址转用□ 3. 经批准临时占用□	收到书面通知日期（或收到经批准改变原占地用途日期）	年 月 日	批准时间	2021 年 9 月 10 日
	4. 未批先占□	认定的实际占地日期（或认定的未经批准改变原占地用途日期）	年 月 日	认定的实际占地面积	

损毁耕地	挖损□ 采矿塌陷□ 压占□ 污染□	认定的损毁耕地日期	年 月 日	认定的损毁耕地面积	

税源编号	占地位置	占地用途	征收品目	适用税额	计税面积	减免性质代码和项目名称	减免税面积
	南平市延平区	建设建筑物、构筑物	园地	30			
	南平市延平区	从事非农业建设	林地	15			

第十七章　城镇土地使用税

城镇土地使用税是以征收范围内的土地为征税对象，以实际占用的土地面积为计税依据，按规定税额对拥有土地使用权的单位和个人征收的一种税。

一、纳税人

城镇土地使用税纳税人有4种类型。

（一）在城市、县城、建制镇、工矿区范围内使用土地的单位和个人。《中华人民共和国城镇土地使用税暂行条例》（以下简称城镇土地使用税暂行条例）第二条规定：在城市、县城、建制镇、工矿区范围内使用土地的单位和个人，为城镇土地使用税的纳税人。单位包括国有企业、集体企业、私营企业、股份制企业、外商投资企业、外国企业以及其他企业和事业单位、社会团体、国家机关、军队以及其他单位；个人包括个体工商户以及其他个人。

（二）从集体经济组织承租建设用地的单位和个人。《财政部 国家税务总局关于承租集体土地城镇土地使用税有关政策的通知》（财税〔2017〕29号）规定，承租集体所有建设用地，由直接从集体经济组织承租土地的单位和个人，缴纳城镇土地使用税。例如，在海南省昌江县地方税务局、昌江县地方税务局第一税务分局与乐东黎族自治县农村信用合作联社（以下简称乐东县农信社）税务行政征收及行政强制一案，昌江黎族自治县人民法院（2015）昌行初字第11号行政判决乐东县农信社不是本案纳税人，二审法院维持原判，①值得商榷。笔者认为，乐东县农信社名下《国有土地使用证》（昌国用〔2010〕第0182号），拥有涉案土地使用权面积564.61亩，为本案纳税人。

（三）拥有土地使用权的单位或个人。《国家税务局关于发布〈关于土地使用税若干具体问题的解释和暂行规定〉的通知》（国税地字〔1988〕第15号）第四条规定：城镇土地使用税由拥有土地使用权的单位或个人缴纳。如前例，乐东县农信社凭着涉案土地获得央行票据兑付、土地使用纳税人减免，其实际使用了涉案土地，享受其带来的利益，为涉案土地实际使用人。

（四）土地代管人或实际使用人。国税地字〔1988〕第15号文第四条规定：拥有土地使用权的纳税人不在土地所在地，由代管人或实际使用人纳税；土地使用权未确定或权属纠纷未解决，由实际使用人纳税；土地使用权共有，由共有各方分别纳税。

---

① 案件资料来源：《海南省昌江县地方税务局、海南省昌江县地方税务局第一税务分局因与乐东黎族自治县农村信用合作联社税务行政征收及行政强制案的行政判决书》，中国裁判文书网，2016年3月8日。

二、应纳税额

全年应纳税额＝实际占用的应税土地面积×适用税额

（一）实际占用的应税土地面积。国税地字〔1988〕第15号文第六条规定："纳税人实际占用的土地面积，是指由省、自治区、直辖市人民政府确定的单位组织测定的土地面积。尚未组织测量，但纳税人持有政府部门核发的土地使用证书的，以证书确认的土地面积为准；尚未核发土地使用证书的，应由纳税人据实申报土地面积。"

（二）税额标准。城镇土地使用税的税额标准根据城市规模而异。《城镇土地使用税暂行条例》第四条规定土地使用税每平方米年税额：大城市1.5～30元，中等城市1.2～24元，小城市0.9～18元，县城、建制镇和工矿区0.6～12元。《城市规划条例》第二款规定：大城市是指市区和郊区的非农业人口50万人以上的城市。中等城市是指人口20万人以上不足50万人的城市。小城市是指人口不足20万人的城市。

各地对税额标准都有作出规定。比如，《南平市人民政府关于调整延平区、建阳区、武夷新区城镇土地使用税等级范围的通知》（南政综〔2018〕75号）规定，2018年4月1日起，延平区一至四等地段城镇土地使用税税额标准，每平方米分别为12元、8元、6元、3元等。《中共福建省委 福建省人民政府关于加快民营企业发展的若干意见》（闽委发〔2018〕21号）第（六）项规定："城镇土地使用税按税额标准下调20%计算缴纳，但最低不得低于国家规定的税额标准下限。"从2019年1月1日起，每平方米分别调整为9.6元、6.4元、4.8元、2.4元等。

三、税收优惠

城镇土地使用税的税收优惠主要包括免税、减税。

（一）免税。《城镇土地使用税暂行条例》第六条规定免征的情形。自2019年1月1日至2021年12月31日，对自有和承租农产品批发市场、农贸市场直接为农产品交易提供服务的土地（不包括行政办公区、生活区，以及商业餐饮娱乐用地），《财政部 税务总局关于继续实行农产品批发市场、农贸市场房产税、城镇土地使用税优惠政策的通知》（财税〔2019〕12号）规定，暂免征收城镇土地使用税。对同时经营其他产品的农产品批发市场和农贸市场使用的土地，按其他产品与农产品交易场地面积的比例确定征免城镇土地使用税。例如，某同时经营其他产品的农产品批发市场，城镇土地使用税适用税额标准每平方米10元。2020年经营农产品的土地面积5 000平方米，农产品批发市场交易场地总面积50 000平方米。

免征城镇土地使用税比例＝5 000÷50 000＝10%

应缴城镇土地使用税＝1 000×10×（1－10%）＝9 000（元）

自2019年1月1日至2020年12月31日，《财政部 税务总局关于延续供热企业增值税、房产税、城镇土地使用税优惠政策的通知》（财税〔2019〕38号）第二条规定，对专业供热企业按其向居民供热取得的采暖费收入占全部采暖费收入的比例，计算免征的城镇土地使用税。对兼营供热企业视其供热所使用的土地与其他生产经营活动所使用的土地可以区分的，对其供热所使用土地，按向居民供热取得的采暖费收入占全部采暖费收入的比例，计算免征的城镇土地使用税。难以区分的，对其全部土地按向居民供热取得的采暖费收入占其营业收入的比例，计算免征城镇土地使用税。自供热单位按向居民供热建筑面积占总供热建筑面积的比例，计算免征供热所使用的土地的城镇土地使用税。

免征城镇土地使用税比例＝实际从居民取得的采暖费收入÷采暖费总收入（营业收入）

例如，某专业供热企业实际占用的土地面积1 000平方米，城镇土地使用税适用税额标准每平方米10元。2021年实际从居民取得的采暖费收入5 000万元，采暖费总收入10 000万元。

免征城镇土地使用税比例＝5 000÷10 000＝50%

应缴城镇土地使用税＝1 000×10×50%＝5 000（元）

再如，自供热单位实际占用的土地面积1 000平方米，城镇土地使用税适用税额标准每平方米10元。2020年向居民供热建筑面积5 000平方米，总供热建筑面积50 000平方米。

免征城镇土地使用税比例＝向居民供热建筑面积÷总供热建筑面积＝5 000÷50 000＝10%

应缴城镇土地使用税＝1 000×10×（1－10%）＝9 000（元）

（二）减税。2019年全国大幅度减税。比如，《中共福建省委 福建省人民政府关于加快民营企业发展的若干意见》（闽委发〔2018〕21号）第（六）项规定："城镇土地使用税按税额标准下调20%计算缴纳，但最低不得低于国家规定的税额标准下限。"《福建省财政厅 福建省税务局关于落实小微企业普惠性税收减免政策的通知》（闽财税〔2019〕5号）规定：2019年至2021年，对增值税小规模纳税人减按50%征收税城镇土地使用税。

自2020年1月1日至2022年12月31日，对物流企业自有（包括自用和出租）或承租的大宗商品仓储设施用地，《财政部 税务总局关于继续实施物流企业大宗商品仓储设施用地城镇土地使用税优惠政策的公告》（2020年第16号）明确，减按所属土地等级适用税额标准的50%计征城镇土地使用税。

四、会计处理

《财政部关于印发〈增值税会计处理规定〉的通知》（财会〔2016〕

22号）第二条第（二）项明确，全面试行营业税改征增值税后，核算城镇土地使用税的"营业税金及附加"科目名称调整为"税金及附加"科目。此前规定除投资性房地产相关的城镇土地使用税在"税金及附加"科目核算外，企业按规定计算应交城镇土地使用税，借记"管理费用"科目。营业税改征增值税后，都在"税金及附加"科目核算。贷记"应交税费——应交城镇土地使用税"科目。交纳时，借记"应交税费——应交城镇土地使用税"科目，贷记"银行存款"等科目。

例如，2021年，福建某企业在某城市使用应税土地面积8 000平方米，税务机关核定应税土地的每平方米年税额4元。同时，减按50%征收税城镇土地使用税。其会计处理：

借：税金及附加　　　　　　　　　　　　　　　32 000

　　贷：应交税费——城镇土地使用税　　　32 000（＝8 000×4）

实际交纳时：

借：应交税费——城镇土地使用税　　　　　　　32 000

　　贷：银行存款　　　　　　　　　　　　　　16 000

　　　　其他收益　　　　　　　　　　　　　　16 000

结转其他收益：

借：其他收益　　　　　　　　　　　　　　　　16 000

　　贷：本年利润　　　　　　　　　　　　　　16 000

五、征收管理

《城镇土地使用税暂行条例》第八条规定："城镇土地使用税按年计算、分期缴纳。缴纳期限由省、自治区、直辖市人民政府确定。"比如《福建省人民政府关于印发福建省城镇土地使用税实施办法的通知》（闽政〔2007〕25号）第七条规定：土地使用税按年征收，申报缴纳期限由市、县税务局确定。县市税务局通常规定，房地产企业按月申报，其他企业按季申报，未达到增值税起征点的企业按年申报。

城镇土地使用税纳税义务发生时间。通过招标、拍卖、挂牌方式取得的建设用地，不属于新征用的耕地，《国家税务总局关于通过招拍挂方式取得土地缴纳城镇土地使用税问题的公告》（2014年第74号）规定："从合同约定交付土地时间的次月起缴纳城镇土地使用税；合同未约定交付土地时间的，从合同签订的次月起缴纳城镇土地使用税。"《国家税务总局关于房产税、城镇土地使用税有关政策规定的通知》（国税发〔2003〕89号）第二条规定，购置新建商品房自房屋交付使用之次月起计征城镇土地使用税。购置存量房自办理房屋权属转移、变更登记手续，房地产权属登记机关签发房屋权属证书之次月起计征城镇土地使用税。出租、出借房产自交付出租、出借房产之次月起计征城镇土地使用税。

土地使用权共有的各方，国税地字〔1988〕第15号第五条规定：应按其实际使用的土地面积占总面积的比例，分别计算缴纳城镇土地使用税。

从2021年6月1日起，新增税源或税源变化时，需先填报《城镇土地使用税、房产税减免税明细申报表》。

第十八章　城市维护建设税

城市维护建设税是以纳税人依法实际缴纳的增值税、消费税税额为计税依据而计算征收的一种税。《中华人民共和国城市维护建设税法》（以下简称城市维护建设税法）第一条规定："在中华人民共和国境内缴纳增值税、消费税的单位和个人，为城市维护建设税的纳税人。"2021年8月1日起，申报缴纳时，填写《增值税及附加税费申报表》、《消费税及附加税费申报表》。

一、计税依据

《城市维护建设税法》第二条规定："城市维护建设税以纳税人依法实际缴纳的增值税、消费税税额为计税依据。城市维护建设税的计税依据应当按照规定扣除期末留抵退税退还的增值税税额。"依法实际缴纳的两税税额，《财政部 税务总局关于城市维护建设税计税依据确定办法等事项的公告》（2021年第28号）第一条补充规定，不含因进口货物或境外单位和个人向境内销售劳务、服务、无形资产缴纳的两税税额和扣除直接减免的两税税额，但应加上增值税免抵税额。

用公式表示：

城市维护建设税计税依据 = 依法实际缴纳的两税税额 − 进口货物或境外单位和个人向境内销售劳务、服务、无形资产缴纳的两税税额 − 直接减免的两税税额 − 期末留抵退税退还的增值税税额 + 增值税免抵税额

式中，直接减免的两税税额是指依照增值税、消费税相关法律法规和税收政策规定直接减征或免征的两税税额，不包括实行先征后返、先征后退、即征即退办法退还的两税税额。

例如，2021年10月，位于市区的某企业实际缴纳增值税100万元，同时，期末留抵退税退还的增值税税额20万元，应缴城市维护建设税5.6万元［＝（100−20）×7%］。

中外合作油（气）田开采的原油、天然气，《国家税务总局关于中外合作开采石油资源适用城市维护建设税教育费附加有关事宜的公告》（2010年第31号）第一条规定："按5%税率缴纳实物增值税后，以合作油（气）田实际缴纳的增值税税额为计税依据，缴纳城市维护建设税。"需要注意，作为制作国家税务总局公告2010年第31号的依据之一的《国务院关于外商投资企业和外国企业适用增值税、消费税、营业税等税收暂行条例有关问题的通

知》（国发〔1994〕10号）第三条第二款的提法是："按实物征收增值税，征收率为5%。"二者说法不同，前者为"税率"，后者为"征收率"，应该以后者为准。从国家税务总局公告2010年第31号规定可以看出"实际缴纳的增值税税额"是货币，因而城市维护建设税征收也是货币。

纳税人跨地区提供建筑服务、销售和出租不动产的，《财政部 国家税务总局关于纳税人异地预缴增值税有关城市维护建设税和教育费附加政策问题的通知》（财税〔2016〕74号）规定：以预缴增值税税额为计税依据，并按适用税率就地计算缴纳城市维护建设税。在其机构所在地以其实际缴纳的增值税税额为计税依据，并按适用税率计算缴纳城市维护建设税。

二、税率

《城市维护建设税法》第四条规定：城市维护建设税税率，纳税人所在地在市区税率7%，在县城、镇税率5%，不在市区、县城或镇税率1%。第31号公告规定：开采海洋石油资源的中外合作油（气）田、中国海洋石油总公司海上自营油（气）田适用1%税率。撤县建市的，《国家税务总局关于撤县建市城市维护建设税具体适用税率的批复》（税总函〔2016〕280号）规定："纳税人所在地在市区的，城市维护建设税适用税率为7%；纳税人所在地在市区以外其他镇的，城市维护建设税适用税率仍为5%。"注意本规定，比同名文件（税总函〔2015〕511号）更加细化和明确。

三、税收优惠

《城市维护建设税法》第六条规定："国务院对重大公共基础设施建设、特殊产业和群体以及重大突发事件应对等情形可以规定减征或者免征城市维护建设税。"

减征城市维护建设税。比如，《财政部 税务总局关于实施小微企业普惠性税收减免政策的通知》（财税〔2019〕13号）第三条规定，由省、自治区、直辖市人民政府根据本地区实际情况，以及宏观调控需要确定，对增值税小规模纳税人可以在50%的税额幅度内减征城市维护建设税。相应地，《福建省财政厅 福建省税务局关于落实小微企业普惠性税收减免政策的通知》（闽财税〔2019〕5号）规定：2019年至2021年，对增值税小规模纳税人减按50%征收城市维护建设税。

免征城市维护建设税。比如，《财政部 国家税务总局关于免征国家重大水利工程建设基金的城市维护建设税和教育费附加的通知》（财税〔2010〕44号）明确：对国家重大水利工程建设基金免征城市维护建设税。自2016年2月1日起，《财政部 国家税务总局关于扩大有关政府性基金免征范围的通知》（财税〔2016〕12号）规定：按月纳税的月销售额或营业额不超过10万元（按季度纳税的季度销售额或营业额不超过30万元）的缴纳义务人，免征城市维护建设税。此前分别3万元、9万元。

四、会计处理

《财政部关于印发〈增值税会计处理规定〉的通知》（财会〔2016〕22号）第二条第（二）项明确，全面试行营业税改征增值税后，核算城市维护建设税的"营业税金及附加"科目名称调整为"税金及附加"科目。

当计算出应纳城市维护建设税税额时，借记"税金及附加"科目，贷记"应交税费——应交城市维护建设税"科目；实际缴纳税款时，借记"应交税费——应交城市维护建设税"科目，贷记"银行存款"科目。通常不需要计提的过程。

例如，2021年10月，位于市区的某企业实际缴纳增值税100万元、消费税10万元。其会计处理：

借：税金及附加   77 000

    贷：应交税费——应交城市维护建设税   77 000

                              [=（1 000 000 + 100 000）× 7%]

实际缴纳税款时：

借：应交税费——应交城市维护建设税   77 000

    贷：银行存款   77 000

五、征收管理

《城市维护建设税法》第七条规定："城市维护建设税的纳税义务发生时间与增值税、消费税的纳税义务发生时间一致，分别与增值税、消费税同时缴纳。"

扣缴义务人依法履行扣缴义务。《税收征收管理法》第四条第二款规定：扣缴义务人必须依照法律、行政法规的规定代扣代缴、代收代缴税款。《城市维护建设税法》第八条规定："城市维护建设税的扣缴义务人在扣缴增值税、消费税的同时扣缴城市维护建设税。"

扣缴城市维护建设税的情形比较少，往往跟随代扣代缴增值税或者消费税的业务走。比如，向境外单位支付购买在境内发生"研发和技术服务"时，按常理代扣代交增值税的同时扣缴城市维护建设税，但注意《城市维护建设税法》第三条规定："对进口货物或者境外单位和个人向境内销售劳务、服务、无形资产缴纳的增值税、消费税税额，不征收城市维护建设税。"对这两种情形，不需要扣缴城市维护建设税。

按规定时间进行纳税申报。

第五篇

社会保险费

　　社会保险费是指在社会保险基金的筹集过程当中，雇主和雇员按照规定的数额和期限向社会保险管理机构缴纳的费用，它是社会保险基金的最主要来源。包括医疗保险费、养老保险费、失业保险费、工伤保险费、生育保险费等。从2020年1月1日起，在内地（大陆）依法注册或者登记的企业、事业单位、社会组织、有雇工的个体经济组织等用人单位依法聘用、招用的港澳台居民，《香港澳门台湾居民在内地（大陆）参加社会保险暂行办法》（中华人民共和国人力资源和社会保障部、国家医疗保障局令第41号）第二条规定：依法参加"五险"，由用人单位和本人按照规定缴纳社会保险费。社会保险费征收的主要依据《中华人民共和国社会保险法》（以下简称社会保险法）、《社会保险费征缴暂行条例》等。

第十九章 医疗保险费

医疗保险费是指为满足职工患病医疗需要而征集的费用。它由职工、单位和国家按一定的缴费比例三方共同出资而形成。《社会保险费征缴暂行条例》（国务院令第259号）第十二条规定："缴费单位和缴费个人应当以货币形式全额缴纳社会保险费。缴费个人应当缴纳的社会保险费，由所在单位从其本人工资中代扣代缴。"医疗保险费包括基本医疗保险费和补充医疗保险费。

一、基本医疗保险费

基本医疗保险费是为补偿劳动者因疾病造成的经济损失而提供大体上保障的费用。《社会保险费征缴暂行条例》第三条规定，基本医疗保险费的征缴范围：国有企业、城镇集体企业、外商投资企业、城镇私营企业和其他城镇企业及其职工，国家机关及其工作人员，事业单位及其职工，民办非企业单位及其职工，社会团体及其专职人员。省、自治区、直辖市人民政府根据当地实际情况，可以规定将城镇个体工商户纳入基本医疗保险的范围。

按人群日常管理中分为企业基本医疗保险、机关事业单位基本医疗保险、城镇居民基本医疗保险、灵活就业人员基本医疗保险4类。

（一）企业基本医疗保险。《社会保险法》第二十三条第一款规定："职工应当参加职工基本医疗保险，由用人单位和职工按照国家规定共同缴纳基本医疗保险费。"职工工资总额的界定，以及社会保险缴费基数，参见《中华人民共和国劳动和社会保障部社会事业管理中心关于规范社会保险缴费基数有关问题的通知》（劳社险中心函〔2006〕60号）。

国有企业下岗职工的基本医疗保险费，包括单位缴费和个人缴费，国发〔1998〕44号文第六条第五款规定："均由再就业服务中心按照当地上半年职工平均工资的60%为基数缴纳。"

退役士兵被招入企业，其职工基本医疗保险缴费工资基数，《中共中央办公厅 国务院办公厅关于解决部分退役士兵社会保险问题的意见》第二条规定：由参保地按照补缴时上年度职工平均工资的60%予以确定，单位和个人缴费费率按参保地规定执行。比如，福建省2019年退役士兵基数缴纳，月标准3 833.55元。

2019实施大规模的降费，各地有所调整。《福建省医疗保障局关于调整职工医保缴费上下限基数的通知》（闽医保〔2019〕33号）第一条规定：单位缴纳城镇职工基本医疗保险基金，仍然由单位和个人按工资总额为基数计算缴纳。职工基本医疗保险基金缴费上限和下限的计算基数，各地暂按全省全口径城镇单位就业人员的年平均工资计算确定。2018年该标准为64 671元。比如，福建某企业160人，2020年3月工资总额100万元，缴纳职工基本医疗保险费10万元（个人部分由单位代扣代缴）。如果这家单位申报3月工资总额80万元，人均工资低于全省平均工资标准5 389.25（＝64 671÷12），则按全省平均工资标准征收86 228元（＝5 389.25×160×10%）。相关数据填入《社会保险费申报表》第13行、第14行。

从2020年7月1日起，《福建省医疗保障局关于调整2020年职工医保缴费上下限基数的通知》（闽医保〔2020〕57号）规定，按省统计局提供的2019年全省全口径城镇单位就业人员年平均工资69 768元，2020年我省职工医保月缴费基数上限17 442元，下限3 488.4元。

受新冠肺炎疫情影响，《国家医保局 财政部 税务总局关于阶段性减征职工基本医疗保险费的指导意见》（医保发〔2020〕6号）规定，2020年2月至6月，各省、自治区、直辖市及新疆生产建设兵团可指导统筹地区根据基金运行情况和实际工作需要，对职工医保单位缴费部分实行减半征收。缓缴政策可继续执行，缓缴期限原则上不超过6个月，缓缴期间免收滞纳金。《福建省医疗保障局 财政厅 税务局关于阶段性减征职工基本医疗保险费的实施意见》（闽医保〔2020〕13号）规定，企业缴纳的省本级职工基本医疗保险（含合并实施的生育保险）单位缴费费率降至4.35%；其余统筹地区，2019年底职工医保统筹基金累计结余可支付月数大于6个月的，其费率可降至不低于4.35%。缓缴期限不超过疫情解除后3个月。

（二）机关事业单位基本医疗保险。国发〔1998〕44号文第二条第一款规定，城镇所有用人单位，包括机关、事业单位及其职工都要参加基本医疗保险。闽政〔1999〕15号文第三条第（二）项第2目规定："省属、中央属驻榕机关、事业单位及其职工的基本医疗保险，原则上执行福州市城镇职工基本医疗保险的统一政策，由省劳动保障部门所属的医疗保险经办机构直接管理。"《福州市职工基本医疗保险实施细则》第七条规定："用人单位按其职工月工资总额的8%缴纳基本医疗保险费。职工按其月工资总额的2%缴纳基本医疗保险费，由用人单位从其工资中代扣代缴，职工缴纳基本医疗保险费的基数，不得低于福州市上年度城镇单位在岗职工月平均工资的70%，最高不超过福州市上年度城镇单位在岗职工月平均工资的300%。"这一缴纳比例与企业同。例如，某行政机关30人，2021年3月工资总额180 000元。缴纳基本医疗保险18 000元（＝180 000×10%），其中，从个人工资中代扣代缴金额3 600元（＝180 000×2%）。

（三）城乡居民基本医疗保险。《国务院关于整合城乡居民基本医疗保险制度的意见》（国发〔2016〕3号）整合城镇居民基本医疗保险和新型农村合作医疗两项制度，建立统一的城乡居民基本医疗保险制度。此前，基本医疗保险包括职工基本医疗保险、新型农村合作医疗和城镇居民基本医疗保险。

对于退役士兵投保年限、缴费年限的特别规定。《中共中央办公厅 国务院办公厅关于解决部分退役士兵社会保险问题的意见》第二条规定：退役士兵入伍时未参加基本医疗保险的，入伍时间视为首次参保时间；2012年7月1日《中华人民共和国军人保险法》（以下简称军人保险法）实施前退役的，军龄视同为基本医疗保险缴费年限；在《军人保险法》实施后退役、国家给予军人退役基本养老保险补助的，军龄与参加基本医疗保险的缴费年限合并计算。达到法定退休年龄、城镇职工基本医疗保险累计缴费年限（含军龄）未达到国家规定年限的，可以缴费至国家规定年限。

个人缴费标准时有调整。比如，《国家医保局 财政部 国家税务总局关于做好2021年城乡居民基本医疗保障工作的通知》（医保发〔2021〕32号）第一条规定，2021年继续提高居民医保筹资标准。居民医保人均财政补助标准新增30元，达到每人每年不低于580元。同步提高居民医保个人缴费标准40元，达到每人每年320元。

城乡居民基本医疗保险费一般定额全年一次性征收。

（四）灵活就业人员基本医疗保险。灵活就业人员是指以非全日制、临时性和弹性工作等灵活形式就业的人员。包括在各级档案寄存机构寄存档案的与用人单位解除或终止劳动关系的失业人员、辞职人员、自谋职业人员，档案寄存期间经劳动人事部门批准退休人员，已办理就业失业登记的未就业人员，从事个体劳动的人员，没有雇工的个体经济组织及其从业人员。所谓个体工商户，《个体工商户条例》（国务院令第596号）第二条规定：有经营能力的公民，依照本条例规定经市场管理部门登记，从事工商业经营的，为个体工商户。

失业人员在领取失业保险金期间，《社会保险法》第四十八条规定：

参加职工基本医疗保险，享受基本医疗保险待遇。失业人员应当缴纳的基本医疗保险费从失业保险基金中支付，个人不缴纳基本医疗保险费。

灵活就业人员基本医疗保险可选择企业职工基本医疗保险或者城乡居民医疗保险。

从2019年5月1日起，无雇工个体工商户和灵活就业人员参加企业职工基本养老保险，《福建省人力资源和社会保障厅 福建省财政厅 国家税务总局福建省税务局关于做好以全口径城镇单位就业人员平均工资核定城镇职工基本养老保险缴费基数上下限工作的通知》（闽人社文〔2019〕100号）规定：月缴费基数由本人在3 234元至16 168元之间自行选择。补缴2019年4月30日之前养老保险费的，按原规定执行。例如，福建省某灵活就业人员，选择参照企业职工基本医疗保险，月缴费基数3 234元，全年一次性缴费3 880.8元（＝3 234×10%×12）。相关数据填入《社会保险费申报表》第17行。在实际操作中，办税大厅简化为缴费人不需要填报，带上身份证，在前台直接办理。

二、补充医疗保险费

补充医疗保险费是指为满足基本医疗保障参保人员基本医疗保障范围之外的医疗保障需求，而收取的费用。为了不降低一些特定行业职工现有的医疗消费水平，在参加基本医疗保险的基础上，作为过渡措施，国发〔1998〕44号文第六条第四款规定：允许建立企业补充医疗保险。企业补充医疗保险费在工资总额4%以内的部分，从职工福利费中列支，福利费不足列支的部分，经同级财政部门核准后列入成本。例如，某企业2018年建立了企业补充医疗保险。2019年月工资总额100万元，可列支的补充医疗保险4万元。

注意有的地方还有制定《社会医疗保险意外伤害保障管理办法》，不称"基本医疗保险意外伤害保障管理办法"。依据是《社会保险法》，属于地方自行设立。比如，《青岛市人力资源和社会保障局社会医疗保险意外伤害保障管理办法》（青人社字〔2014〕83号）。基本医疗保险、社会医疗保险都属于社会保险的范围。前者国家强制推行，而后者没有。

第二十章　养老保险费

养老保险费是指按当期企业职工工资总额的一定比例向社会保险机构缴纳的用于养老保险的款项。《〈企业会计准则第9号——职工薪酬〉应用指南》第一条第（三）项规定："养老保险费，包括根据国家规定的标准向社会保险经办机构缴纳的基本养老保险费，以及根据企业年金计划向企业年金基金相关管理人缴纳的补充养老保险费。"计提养老保险费，借记："管理费用"等科目，贷记"应付职工薪酬"等科目。

一、基本养老保险费

基本养老保险费是指劳动者达到国家规定的退休年龄或因其他原因退出劳动岗位后，社会保险经办机构依法向其支付养老金等待遇，从而保障其大体上生活的款项。

基本养老保险统筹基金和个人账户分别核算。《社会保险法》第十二条规定："用人单位应当按照国家规定的本单位职工工资总额的比例缴纳基本养老保险费，记入基本养老保险统筹基金。职工应当按照国家规定的本人工资的比例缴纳基本养老保险费，记入个人账户。无雇工的个体工商户、未在用人单位参加基本养老保险的非全日制从业人员以及其他灵活就业人员参加基本养老保险的，应当按照国家规定缴纳基本养老保险费，分别记入基本养老保险统筹基金和个人账户。"

《社会保险费征缴暂行条例》第三条规定，基本养老保险费的征缴范围包括国有企业、城镇集体企业、外商投资企业、城镇私营企业和其他城镇企业及其职工，实行企业化管理的事业单位及其职工。省、自治区、直辖市人民政府根据当地实际情况，可以规定将城镇个体工商户纳入基本养老保险范围。《社会保险法》第十六条规定：参加基本养老保险的个人，达到法定退休年龄时累计缴费满十五年的，按月领取基本养老金。参加基本养老保险的个人，达到法定退休年龄时累计缴费不足十五年的，可以缴费至满十五年，按月领取基本养老金；也可以转入城乡居民社会养老保险，按照国务院规定享受相应的养老保险待遇。

按人群日常管理中分为企业基本养老保险、机关事业单位基本养老保险、城乡居民基本养老保险、灵活就业人员基本养老保险4类。

（一）企业基本养老保险。《社会保险法》第十条第一款规定："职工应当参加基本养老保险，由用人单位和职工共同缴纳基本养老保险费。"《国务院关于建立统一的企业职工基本养老保险制度的决定》（国发〔1997〕26号）第三条规定："企业缴纳基本养老保险费的比例，一般不得超过企业工资总额的20%（包括划入个人账户的部分），具体比例由省、自治区、直辖市人民政府确定。"各地对基本养老保险费企业缴纳标准作出规定。比如，《福建省社会保险费征缴办法》（政府令第58号）第四条规定："从2002年起缴费单位按其全部职工月工资总额18%缴纳。其基数不得低于省人民政府公布的当地职工最低工资标准，达到省上一年度职工月平均工资300%以上的按300%为基数，超过部分不缴纳。"

从2016年5月1日起，《人力资源社会保障部 财政部关于阶段性降低社会保险费率的通知》（人社部发〔2016〕36号）第一条规定：企业职工基本养老保险单位缴费比例超过20%的省，将比例降至20%；单位缴费比例为20%且2015年底企业职工基本养老保险基金累计结余可支付月数高于9个月的省，可将单位缴费比例降低至19%，期限暂按两年执行。自2018年5月

1日起，企业职工基本养老保险单位缴费比例超过19%的省（区、市），以及按照人社部发〔2016〕36号文单位缴费比例降至19%的省（区、市），基金累计结余可支付月数（截至2017年底）高于9个月的，《人力资源社会保障部 财政部关于继续阶段性降低社会保险费率的通知》（人社部发〔2018〕25号）第一条规定：可执行19%的单位缴费比例至2019年4月30日。

招录退役士兵的职工基本养老保险缴费工资基数，《中共中央办公厅 国务院办公厅关于解决部分退役士兵社会保险问题的意见》第二条规定：由安置地按照补缴时上年度职工平均工资的60%予以确定，单位和个人缴费费率按补缴时安置地规定执行，相应记录个人权益。

自2019年5月1日起，《国务院办公厅关于印发降低社会保险费率综合方案的通知》（国办发〔2019〕13号）第一条规定，降低企业基本养老保险单位缴费比例。各省、自治区、直辖市及新疆生产建设兵团养老保险单位缴费比例高于16%的，可降至16%；目前低于16%的，要研究提出过渡办法。各地研究具体办法，如《福建省人民政府办公厅关于印发福建省降低社会保险费率综合工作方案的通知》（闽政办〔2019〕29号）第一条规定：我省企业职工基本养老保险单位缴费费率从18%降至16%。补缴2019年4月30日之前养老保险费的，按原规定执行。厦门市企业职工基本养老保险单位缴费费率，按国家规定制订省级统筹过渡办法。

例如，福建省某企业，1 000名员工，人均月工资4 000元。2021年10月缴纳年度职工养老医疗保险基金，个人按缴费工资的8%缴纳，人均缴费320元（＝4 000×8%），由单位代扣代缴总额320 000元（＝320×1 000）。用人单位按缴费工资总额的16%缴纳，缴纳640 000元（＝4 000×16%×1 000）。共缴纳960 000元。相关数据填入《社会保险费申报表》第1行、第2行。

有雇工的个体工商户缴纳基本养老保险缴费有两种方式：一是按企业方式缴费，即按照发放给雇主、雇工的工资额计算缴纳。其缴费比例，《国务院关于完善企业职工基本养老保险制度的决定》（国发〔2005〕38号）第三条规定：城镇个体工商户参加基本养老保险的缴费基数，为当地上年度在岗职工平均工资，缴费比例为20%，其中8%记入个人账户，退休后按企业职工基本养老金计发办法计发基本养老金。第六条规定："从2006年1月1日起，个人账户的规模统一由本人缴费工资的11%调整为8%，全部由个人缴费形成，单位缴费不再划入个人账户。"各地对单位缴费标准有调整。比如，福建省2002年起按18%，2019年5月1日起按16%。例如，福建南平市某有雇2名工人的个体工商户，雇主、雇工月工资分别8 000元、4 000元，月工资总额16 000（＝8 000＋4 000×2）。2019年10月个体工商户一次性缴纳基本养老保险费32 000元（＝16 000×18%×4＋16 000×16%×8）。雇主、雇工个人缴费数15 360元（＝16 000×8%×12）。二是可以选择按灵活就业人员的方式缴纳。

受新冠肺炎疫情影响，《人力资源和社会保障部 财政部 税务总局关于阶段性减免企业社会保险费的通知》（人社部发〔2020〕11号）、《人力资源和社会保障部 财政部 税务总局关于延长阶段性减免企业社会保险费政策实施期限等问题的通知（人社部发〔2020〕49号）规定，2020年2月至12月免征全国中小微企业基本养老保险单位缴费部分。对大型企业，除湖北外各省2020年2月至6月减半征收，而湖北省免征。严重困难的企业，在2020年12月底前可申请缓缴，缓缴期间免收滞纳金。

（二）机关事业单位基本养老保险。机关事业单位基本养老保险，《国务院关于机关事业单位工作人员养老保险制度改革的决定》（国发〔2015〕2号）第二条规定："适用于按照公务员法管理的单位、参照公务员法管理的机关（单位）、事业单位及其编制内的工作人员。"事业单位是指公益一、二类单位，即《中共中央 国务院关于分类推进事业单位改革的指导意见》第三条第（九）项所明确：承担义务教育、基础性科研、公共文化、公共卫生及基层的基本医疗服务等基本公益服务，不能或不宜由市场配置资源的单位；承担高等教育、非营利医疗等公益服务，可部分由市场配置资源的单位。

机关事业单位工作人员基本养老保险始于2014年10月1日，其缴费比例，国发〔2015〕2号第三条规定："基本养老保险费由单位和个人共同负担。单位缴纳基本养老保险费的比例为本单位工资总额的20%，个人缴纳基本养老保险费的比例为本人缴费工资的8%，由单位代扣。按本人缴费工资8%的数额建立基本养老保险个人账户，全部由个人缴费形成。个人工资超过当地上年度在岗职工平均工资300%以上的部分，不计入个人缴费工资基数；低于当地上年度在岗职工平均工资60%的，按当地在岗职工平均工资的60%计算个人缴费工资基数。"

自2019年5月1日起，《国务院办公厅关于印发降低社会保险费率综合方案的通知》（国办发〔2019〕13号）第一条规定，降低机关事业单位基本养老保险单位缴费比例。《福建省人民政府办公厅关于印发福建省降低社会保险费率综合工作方案的通知》（闽政办〔2019〕29号）第一条规定：我省机关事业单位养老保险单位缴费费率从20%同步降至16%。

从2019年5月1日起，各地缴费基数进行调整。比如，《福建省人力资源和社会保障厅 福建省财政厅 国家税务总局福建省税务局关于做好以全口径城镇单位就业人员平均工资核定城镇职工基本养老保险缴费基数上下限工作的通知》（闽人社文〔2019〕100号）规定：全省机关事业单位养老保险参保职工月缴费基数上下限分别按3 234元、16 168元执行。

鉴于2019年5月起，缴费基数进行调整，各地可能进行缴费基数调整结算。比如，从2019年7月1日起，福建省开展机关事业单位基本养老保险年度缴费基数结算工作。《国家税务总局福建省税务局关于做好机关事业单位基本养老保险费缴费基数管理工作的通知》（闽税函〔2019〕159号）第三条规定：2019年1月至4月，按2018年全省城镇非私营单位在岗职工平均工资标准确实的上下限分别为3 813元、19 067元。属期为2019年5月（含）以后的，按2018年全省全口径城镇单位就业人员平均工资确实上下限分别3 234元、16 168元。例如，福建省南平市某机关事业单位2020年3月有50名工作人员，本单位工资总额25 000元，人均5 000元。单位缴纳基本养老保险费4 000元（＝25 000×16%）。个人缴纳2 000元（＝25 000×8%），由单位从个人工资中代扣。

（三）城乡居民基本养老保险。《国务院关于建立统一的城乡居民基本养老保险制度的意见》（国发〔2014〕8号）第三条规定："年满16周岁（不含在校学生），非国家机关和事业单位工作人员及不属于职工基本养老保险制度覆盖范围的城乡居民，可以在户籍地参加城乡居民养老保险。"第四条规定，城乡居民养老保险基金由个人缴费、集体补助、政府补贴构成。其中，个人缴费标准目前设为每年100元、200元、300元、400元、500元、600元、700元、800元、900元、1 000元、1 500元、2 000元12个档次，省（区、市）人民政府可以根据实际情况增设缴费档次，最高缴费档次标准原则上不超过当地灵活就业人员参加职工基本养老保险的年缴费额。

缴费标准各地时有调整。比如《福建省人力资源社会保障厅 财政厅关于建立城乡居民基本养老保险待遇确定和基础养老金正常调整机制的实施意见》（闽人社文〔2018〕281号）第二条第（四）项规定，自2019年1月起，全省城乡居民基本养老保险缴费档次调整为200元、300元、400元、500元、600元、700元、800元、1 000元、1 500元、2 000元、2 500元、3 000元。

《人力资源社会保障部关于印发〈城乡居民基本养老保险经办规程〉的通知》（人社部发〔2019〕84号）第三条规定："城乡居民养老保险实

行属地化管理，社保机构、乡镇（街道）事务所具体经办，村（居）协办员协助办理。"第十一条规定："城乡居民养老保险费按年度缴纳，参保人员可自主选择缴费档次，确定缴费金额。"

城乡居民基本养老保险费一般定额全年一次性征收。比如，福州市2022年城乡居民基本养老保险每人年缴费350元，缴纳时间为2021年9月1日至2022年2月28日。

（四）灵活就业人员基本养老保险。《社会保险法》第十条第二款规定："无雇工的个体工商户、未在用人单位参加基本养老保险的非全日制从业人员以及其他灵活就业人员可以参加基本养老保险，由个人缴纳基本养老保险费。"无雇工个体工商户归入此类。《国务院关于完善企业职工基本养老保险制度的决定》（国发〔2005〕38号）第三条规定："城镇个体工商户和灵活就业人员参加基本养老保险的缴费基数，为当地上年度在岗职工平均工资，缴费比例为20%，其中8%记入个人账户，退休后按企业职工基本养老金计发办法计发基本养老金。"从2006年1月1日起，国发〔2005〕38号文第六条规定："个人账户的规模统一由本人缴费工资的11%调整为8%，全部由个人缴费形成，单位缴费不再划入个人账户。"从2018年1月1日起，福建省最低缴费基数为3 100元。《福建省人力资源和社会保障厅 福建省财政厅 福建省地方税务局关于2021年无雇工个体工商户和灵活就业人员参加企业职工基本养老保险缴费基数范围的通知》（闽人社文〔2020〕158号）规定："从2021年1月1日起，全省无雇工个体工商户和灵活就业人员月缴费基数在3 488元至17 442元之间自行选择。"例如，2021年福建某灵活就业人员张三，选择月缴基数为最低档，年缴纳基本养老保险缴费8 371.2元（＝3 488×20%×12）。

从2019年5月1日起，《福建省人力资源和社会保障厅 福建省财政厅 国家税务总局福建省税务局关于做好以全口径城镇单位就业人员平均工资核定城镇职工基本养老保险缴费基数上下限工作的通知》（闽人社文

〔2019〕100号）规定：全省企业职工、机关事业单位养老保险参保职工月缴费基数下限按3 234元执行、上限按16 168元执行。补缴纳2019年4月30日前按规定执行。无雇工个体工商户和灵活就业人员在此标准内自行选择。同一征缴年度提高缴费基数下限标准如有困难，按原缴费基数标准过渡执行至2019年底。缴费比例24%（＝单位缴费16%＋个人缴费8%）。南平市延平区某无雇工个体工商户张三，2020年5月城镇职工基本养老保险缴费基数4 000元，年缴费11 520元（＝4 000×24%×12）。

《人力资源社会保障部 财政部 税务总局关于延长阶段性减免企业社会保险费政策实施期限等问题的通知》（人社部发〔2020〕49号）第四条、第五条规定，有雇工的个体工商户以单位方式参加基本养老保险，继续参照企业办法享受单位缴费减免和缓缴政策。以个人身份参加企业职工基本养老保险的个体工商户和各类灵活就业人员，2020年缴纳基本养老保险费确有困难，可自愿暂缓缴费。2021年可继续缴费，缴费年限累计计算；对2020年未缴费月度可在2021年补缴，缴费基数在2021年当地个人缴费基数上下限范围内自主选择。

二、补充养老保险费

企业补充养老保险费是指企业按规定缴纳基本养老保险费后，为本单位职工提供的基本养老金之外的补充养老金。补充养老金表现为企业年金基金。《〈企业会计准则第10号——企业年金基金〉应用指南》第一条第二款规定："企业年金基金由企业缴费、职工个人缴费和企业年金基金投资运营收益组成，实行完全积累，采用个人账户方式进行管理。企业缴费属于职工薪酬的范围。"《企业年金试行办法》（劳动和社会保障部令第20号）第八条规定："企业缴费每年不超过本企业上年度职工工资总额的十二分之一。"即不超过工资总额8.33%。

第二十一章　工伤保险费

工伤保险费是根据《社会保险法》及其实施细则、《工伤保险条例》等规定对境内各类企业、有雇工的个体工商户按单位职工工资总额的一定比例征收的一种社会统筹保险费。《工伤保险条例》第十四条、第十五条规定了认定为工伤和视同工伤的情形。职工因工作原因受到事故伤害或者患职业病，且经工伤认定，《社会保险法》第三十六条规定："享受工伤保险待遇；其中，经劳动能力鉴定丧失劳动能力的，享受伤残待遇。"职工故意犯罪、醉酒或者吸毒、自残或者自杀以及法律、行政法规规定的其他情形，导致本人在工作中伤亡，《社会保险法》第三十七条规定："不认定为工伤。"

用人单位缴纳工伤保险费。《社会保险法》第三十三条规定："职工应当参加工伤保险，由用人单位缴纳工伤保险费，职工不缴纳工伤保险费。"《工伤保险条例》第二条规定："中华人民共和国境内的企业、事业单位、社会团体、民办非企业单位、基金会、律师事务所、会计师事务所等组织和有雇工的个体工商户应当依照本条例规定参加工伤保险，为本单位全部职工或者雇工缴纳工伤保险费。"

工伤保险费 = 单位职工工资总额 × 费率

《社会保险法》第三十五条规定："用人单位应当按照本单位职工工资总额，根据社会保险经办机构确定的费率缴纳工伤保险费。"

《社会保险法》第三十四条规定："国家根据不同行业的工伤风险程度确定行业的差别费率，并根据使用工伤保险基金、工伤发生率等情况在每个行业内确定费率档次。行业差别费率和行业内费率档次由国务院社会保险行政部门制定，报国务院批准后公布施行。"《劳动和社会保障部 财政部 卫生部 国家安全生产监督管理局关于工伤保险费率问题的通知》（劳社部发〔2003〕29号）规定：工伤保险费平均缴费率控制在职工工资总额1%左右。各统筹地区三类行业的基准费率分别控制在用人单位职工工资总额0.5%、1%、2%左右。用人单位属二、三类行业可上浮120%或150%，下浮80%或50%。

从2016年5月1日起，《人力资源社会保障部 财政部关于阶段性降低社会保险费率的通知》（人社部发〔2016〕36号）第三条规定："各地要继续贯彻落实国务院2015年关于降低工伤保险平均费率0.25个百分点的决定。"自2018年5月1日起，《人力资源社会保障部 财政部关于继续阶段性降低社会保险费率的通知》（人社部发〔2018〕25号）第三条规定：在保持八类费率总体稳定的基础上，工伤保险基金累计结余可支付月数在18（含）至23个月的统筹地区，可以现行费率为基础下调20%；累计结余可支付月数在24个月（含）以上的统筹地区，可以现行费率为基础下调50%。降低费率的期限暂执行至2019年4月30日。下调费率期间，统筹地区工伤保险基金累计结余达到合理支付月数范围的，停止下调。

自2019年5月1日起，《国务院办公厅关于印发降低社会保险费率综合方案的通知》（国办发〔2019〕13号）第二条规定："延长阶段性降低工伤保险费率的期限至2020年4月30日，工伤保险基金累计结余可支付月数在18至23个月的统筹地区可以现行费率为基础下调20%，累计结余可支付月数在24个月以上的统筹地区可以现行费率为基础下调50%。"各地研究具体办法，如《福建省人民政府办公厅关于印发福建省降低社会保险费率综合工作方案的通知》（闽政办〔2019〕29号）第二条规定：至2020年4月30日，具体费率按《福建省人力资源和社会保障厅福建省财政厅国家税务总局福建省税务局关于继续阶段性降低失业保险和工伤保险费率的通知》（闽人社文〔2018〕171号）规定执行，即工伤保险基金累计结余可支付月数在24个月（含）以上的统筹地区，在现行省定行业基准费率（详见人社部发〔2015〕71号，一类至八类分别控制在该行业用人单位职工工资总额的0.2%、0.4%、0.7%、0.9%、1.1%、1.3%、1.6%、1.9%左右，八大类的划分见该文附件）的基础上下调50%，下调后一至八类行业费率为行业用人单位职工工资总额的0.1%、0.2%、0.35%、0.45%、0.55%、0.65%、0.8%、0.95%。工伤保险基金累计结余可支付月数在18（含）至23个月的统筹地区，在现行省定行业基准费率的基础上下调20%。工伤保险基金累计结余可支付月数不足18个月的统筹地区，不下调费率。

受新冠肺炎疫情影响，《人力资源和社会保障部 财政部 税务总局关于阶段性减免企业社会保险费的通知》（人社部发〔2020〕11号）、《人力资源和社会保障部 财政部 税务总局关于延长阶段性减免企业社会保险费政策实施期限等问题的通知》（人社部发〔2020〕49号）规定，2020年2月至12月免征全国中小微企业工伤保险费单位缴费部分。对大型企业，除湖北外各省2020年2月至6月减半征收，而湖北省免征。严重困难的企业，在2020年12月底前可申请缓缴，缓缴期间免收滞纳金。

《人力资源社会保障部 财政部 税务总局关于延长阶段性减免企业社会保险费政策实施期限等问题的通知》（人社部发〔2020〕49号）第四条规定，有雇工的个体工商户以单位方式参加工伤保险，继续参照企业办法享受单位缴费减免和缓缴政策。

工伤保险费可以在多个单位申报，其征收有特定的流程。比如《福建省人力资源和社会保障厅 福建省地方税务局 福建省财政厅关于印发〈福建省医疗工伤生育保险费征缴管理业务规程（试行）〉的通知》（闽人社文〔2010〕306号）。

例一，福建某煤炭开采和洗选业企业100人，年工资总额500万元。企业位于工伤保险基金累计结余可支付月数在25个月的统筹地区，适用费率1.90%。2022年3月缴纳一次性缴纳工伤生育保险费。

工伤保险费＝职工工资总额×费率＝500×1.9%＝9.5（万元）

相关数据填入《社会保险费申报表》第18行。

例二，福建某从事住宿业个体工商户，雇工4个，包括雇主共5人年工资总额20万元。企业位于工伤保险基金累计结余可支付月数在25个月的统筹地区，适用费率0.4%。2022年3月缴纳一次性缴纳工伤保险费。

工伤保险费＝职工工资总额×费率＝20×0.4%＝0.08（万元）

相关数据填入《社会保险费申报表》第19行。

第二十二章　失业保险费

失业保险费是指参加失业保险的用人单位和职工个人按时依失业保险缴费比例缴纳的费用。《社会保险法》第四十四条规定："职工应当参加失业保险，由用人单位和职工按照国家规定共同缴纳失业保险费。"凡按照规定参加失业保险，所在单位和本人已按照规定履行缴费义务满1年；非因本人意愿中断就业；已办理失业登记，并有求职要求者，按《失业保险条例》第十四条规定，可以领取失业保险金。

《社会保险费征缴暂行条例》第三条规定，失业保险费的征缴范围：国有企业、城镇集体企业、外商投资企业、城镇私营企业和其他城镇企业及其职工，事业单位及其职工。省、自治区、直辖市人民政府根据当地实际情况，可以规定将社会团体及其专职人员、民办非企业单位及其职工以及有雇工的城镇个体工商户及其雇工纳入失业保险的范围。

《失业保险条例》第六条规定："城镇企业事业单位按本单位工资总额的2%缴纳。城镇企业事业单位职工按照本人工资的百分之一缴纳失业保险费。城镇企业事业单位招用的农民合同制工人本人不缴纳失业保险费。"《福建省失业保险条例》第八条规定："单位招用的农民合同制工人本人不缴纳失业保险费。但本人自愿缴纳的除外。"从2016年5月1日起，《人力资源社会保障部 财政部关于阶段性降低社会保险费率的通知》（人社部发〔2016〕36号）第二条规定：失业保险总费率在2015年已降低1个百分点基础上可以阶段性降至1%～1.5%，其中个人费率不超过0.5%。为进一步降低实体经济企业成本，《国家税务总局关于进一步贯彻落实降低失业保险费率有关工作的通知》（税总函〔2017〕310号）规定：允许失业保险总费率为1.5%的省（区、市）将总费率阶段性降至1%。自2018年5月1日起，《人力资源社会保障部 财政部关于继续阶段性降低社会保险费率的通知》（人社部发〔2018〕25号）第二条规定：按照《人力资源社会保障部 财政部关于阶段性降低失业保险费率的通知》（人社部发〔2017〕14号）实施失业保险总费率1%的省（区、市），延长阶段性降低费率的期限至2019年4月30日。

自2019年5月1日起，《国务院办公厅关于印发降低社会保险费率综合方案的通知》（国办发〔2019〕13号）第二条规定："实施失业保险总费率1%的省，延长阶段性降低失业保险费率的期限至2020年4月30日。"各地研究具体办法，如《福建省人民政府办公厅关于印发福建省降低社会保险费率综合工作方案的通知》（闽政办〔2019〕29号）第二条规定，具体按《福建省人力资源和社会保障厅 福建省财政厅 国家税务总局福建省税务局关于继续阶段性降低失业保险和工伤保险费率的通知》（闽人社文〔2018〕171号）办理。即按照《福建省人力资源和社会保障厅 福建省财政厅 福建省地方税务局关于阶段性调低福建省失业保险费率有关问题的通知》（闽人社发〔2017〕2号）规定全省失业保险总费率为1%。用人单位按照与之建立劳动合同关系职工的月工资总额的0.5%、职工按照其月工资总额的0.5%缴纳失业保险费。2020年5月1日起恢复原费率。例如，福建某企业有员工400人，2022年5月工资总额100万元，单位缴纳失业保险费1万元，职工个人缴纳失业保险费1万元。个人缴纳部分，由单位统一代扣代缴。相关数据填入《社会保险费申报表》第7行、第8行。

有雇工个体户参照企业方式缴纳。《人力资源社会保障部 财政部 税务总局关于延长阶段性减免企业社会保险费政策实施期限等问题的通知》（人社部发〔2020〕49号）第四条规定，有雇工的个体工商户以单位方式参加失业保险，继续参照企业办法享受单位缴费减免和缓缴政策。

失业前用人单位和本人已经缴纳失业保险费满一年、非因本人意愿中断就业、已经进行失业登记并有求职要求，《社会保险法》第四十五条规定：失业人员从失业保险基金中领取失业保险金。《社会保险法》第四十六条规定："失业人员失业前用人单位和本人累计缴费满一年不足五年的，领取失业保险金的期限最长为十二个月；累计缴费满五年不足十年的，领取失业保险金的期限最长为十八个月；累计缴费十年以上的，领取失业保险金的期限最长为二十四个月。重新就业后，再次失业的，缴费时间重新计算，领取失业保险金的期限与前次失业应当领取而尚未领取的失业保险金的期限合并计算，最长不超过二十四个月。"

受新冠肺炎疫情影响，《人力资源和社会保障部 财政部 税务总局关于阶段性减免企业社会保险费的通知》（人社部发〔2020〕11号）、《人力资源和社会保障部 财政部 税务总局关于延长阶段性减免企业社会保险费政策实施期限等问题的通知（人社部发〔2020〕49号）规定，2020年2月至12月免征全国中小微企业失业保险费单位缴费部分。对大型企业，除湖北外各省2020年2月至6月减半征收，而湖北省免征。严重困难的企业，在2020年12月底前可申请缓缴，缓缴期间免收滞纳金。

第二十三章　生育保险费

生育保险费是指参加生育保险的用人单位，依照生育保险规定的缴费比例缴纳的费用。《社会保险法》第五十三条规定："当参加生育保险，由用人单位按照国家规定缴纳生育保险费，职工不缴纳生育保险费。"

生育保险和职工基本医疗保险合并实施。《国务院办公厅关于全面推进生育保险和职工基本医疗保险合并实施的意见》（国办发〔2019〕10号）明确，统一参保登记、统一基金征缴和管理、统一医疗服务管理、统一经办和信息服务、确保职工生育期间的生育保险待遇不变和确保制度可持续等。确保2019年底前，生育保险和职工基本医疗保险合并到位。

生育保险费缴纳比例时有调整。《劳动部关于发布〈企业职工生育保险试行办法〉的通知》（劳部发〔1994〕504号）第四条规定：生育保险费的提取比例由当地人民政府根据计划内生育人数和生育津贴、生育医疗费等项费用确定，并可根据费用支出情况适时调整，但最高不得超过工资总额的1%。各省规定不同，例如，《福建省企业职工生育保险规定》第五条规定：企业应按其工资总额（外商投资企业按中方职工工资总额）0.7%按月缴纳生育保险费。从2016年5月1日起，《人力资源社会保障部 财政部关于阶段性降低社会保险费率的通知》（人社部发〔2016〕36号）第三条规定：各地要继续贯彻落实国务院2015年关于降低生育保险费率0.5个百分点的决定。

例如，福建某企业100名员工，月工资总额250 000元，月缴生育保险费1 250元（＝250 000×0.5%）。相关数据填入《社会保险费申报表》第21行。

第二十四章　社会保险的管理征收

社会保险费的管征涉及多个单位，各有分工。用工单位负责申请办理社会保险登记，社会保险经办机构负责办理社会保险登记或者核定应当缴纳的社会保险费，税务机关仅负责"收"。

一、办理社会保险登记

办理社会保险登记是征收社会保险费的前提。《社会保险法》第五十七条第一款规定："用人单位应当自成立之日起三十日内凭营业执照、登记证书或者单位印章，向当地社会保险经办机构申请办理社会保险登记。"第五十八条规定："用人单位应当自用工之日起三十日内为其职工向社会保险经办机构申请办理社会保险登记。未办理社会保险登记的，由社会保险经办机构核定其应当缴纳的社会保险费。自愿参加社会保险的无雇工的个体工商户、未在用人单位参加社会保险的非全日制从业人员以及其他灵活就业人员，应当向社会保险经办机构申请办理社会保险登记。"如果用工单位没有为职工申请办理社会保险登记，社会保险经办机构也没有对其核定，职工无法缴纳社会保险费，税务部门也无法征收。

例如，原告李某峰要求撤销被告国家税务总局沈阳高新技术产业开发区税务局作出的"关于对沈阳国家大学科技城管理委员会缴纳职工保费问题的回复"一案，向法院提起行政诉讼。税务局经核实"李某峰是该单位非正式编人员，该单位未给其办理社保登记"。进而根据《辽宁省社会保险费征收管理工作规程（试行）》（辽地税发〔2003〕72号）第三条规定："社会保险登记是主管地方税务机关征收社会保险费的唯一合法依据，没有办理社会保险登记的，主管地方税务机关不得对其征收社会保险费。"无法征收社会保险费。受理法院认为税务机关认定事实清楚，法律依据正确，程序合法。2019年10月23日，《沈阳市大东区人民法院行政判决书》（〔2019〕辽0104行初125号）判决："驳回原告李某峰的诉讼请求。"[①]

二、税务局仅承担"收"的职责

社会保险费的管征各程序一个都不能少，前面环节没有完成，税务机关无法收，也不承担责任。例如，2017年5月2日，原国营福建省安溪茶厂临时工林某花等人以原安溪县地方税务局（以下简称县税务局）没有依法

---

① 案件资料来源：《李某峰与国家税务总局沈阳高新技术产业开发区税务局税务行政管理（税务）一审行政判决书》，中国裁判文书网，2019年12月13日。

征收申请人的社会保险费，不履行法定职责，请求安溪县人民政府（以下简称县政府）依法确认其不履行法定职责的行为违法。

县政府认为，劳动保障行政部门作为负责社会保险登记等工作，用人单位应当在代扣代缴社会保险费前向劳动保障部门进行社会保险登记，地税机关根据用人单位向劳动保障部门登记的情况征收社会保险费，县地税局在未收到劳动保障部门所登记的关于林某花等人申请办理社会保险登记材料的前提下，无法进行社会保险费征收。因此，县地税局不存在不履行法定职责的行政不作为，驳回行政复议申请。林某花等人不服，提起行政诉讼。

一审法院驳回林某花等人的诉讼请求。二审法院驳回上诉，维持原判。林某花等人申请再审，被申请人县政府辩称："因再审申请人林某花不是参保对象，用人单位没有为其进行社会保险登记，税务部门无法征收社会保险费。"被申请人安溪县人保局辩称："再审申请人林某花等人是临时工，不享受劳动保险待遇。"再审法院认为，林某花的再审申请不符合《中华人民共和国行政诉讼法》（以下简称行政诉讼法）第九十一条规定的情形。依照《最高人民法院关于适用〈行政诉讼法〉的解释》第一百一十六条第二款之规定，《中华人民共和国最高人民法院行政裁定书》（〔2019〕最高法行申2290号）裁定："驳回再审申请人林某花的再审申请。"①

三、申报缴纳

单位缴纳社会保险费要填报相关报表。《国家税务总局关于印发税务机关征收社会保险费表证单书（样式）的通知》（国税函〔2005〕891号）

---

① 案件资料来源：《林某花、黄某明税务行政管理（税务）再审审查与审判监督行政裁定书》，中国裁判文书网，2019年10月24日。

对报表进行规范。《国家税务总局关于发布〈社会保险费及其他基金规费文书式样〉的公告》（2015年第98号）对《社会保险费单位缴费登记表》等报表加以修改。此后出台《社会保险费种登记表》、《社会保险费申报表》、《社会保险费明细申报表》等报表。

职工基本养老保险费、职工基本医疗保险费、工伤保险费、失业保险费和生育保险费的申报缴纳按《社会保险费申报缴纳管理规定》（人力资源和社会保障部令第20号）之规定。用人单位不按规定缴纳的，《社会保险法》第八十六条规定："用人单位未按时足额缴纳社会保险费的，由社会保险费征收机构责令限期缴纳或者补足，并自欠缴之日起，按日加收万分之五的滞纳金；逾期仍不缴纳的，由有关行政部门处欠缴数额一倍以上三倍以下的罚款。"

企业为职工缴纳的医疗保险费、工伤保险费、生育保险费，《企业会计准则第9号——职工薪酬（2014）》第七条规定：在职工为其提供服务的会计期间，根据规定的计提基础和计提比例计算确定相应的职工薪酬金额，并确认相应负债，计入当期损益或相关资产成本。单位承担部分应计入"应付职工薪酬——社会保险费"科目。计提时，借：生产成本、管理费用、研发支出。贷：应付职工薪酬——社会保险费。

劳动者以用人单位未为其办理社会保险手续，且社会保险经办机构不能补办导致其无法享受社会保险待遇为由，要求用人单位赔偿损失而发生争议的，《最高人民法院关于审理劳动争议案件适用法律若干问题的解释（三）》（法释〔2010〕12号）第一条规定："人民法院应予受理。"反之，已经办理了社会保险手续，但用人单位欠缴、拒缴社会保险费或者劳动者对缴费年限、缴费基数等发生的争议，应由社会保险管理部门解决。

社会保险费进入企业成本，社会保险费缴纳时，在《职工薪酬支出及纳税调整明细表》（A105050）第8行、第10行、第11行填报。

社会保险费申报表

参保单位名称（盖章）：　　　　　　　　　　　　　　　　　　　　　　　　　　单位：元、人

参保单位识别号或统一社会信用代码			参保单位社保编码		

费款所属日期　　年　月　日　至　年　月　日

申报类型　□正常申报　□补充申报　□查补申报　□年度结算　□特殊申报　□职工医保特殊缴费

序号	缴费费种		缴费对象		缴费人数	缴费情况			利息
						缴费基数	费率%	缴费金额	
1	基本养老保险费		单　位		1 000	48 000 000	16%	7 680 000	
2			职工个人		1 000	48 000 000	8%	380 000	
3			有雇工个体户	雇主	3	64 000	18%	11 520	
4				雇工	3	64 000	8%	5 120	
5			无雇工个体户	本人	1	37 200	20%	7 440	
6			灵活就业人员		1	37 200	20%	7 440	
7	失业保险费		单　位				0.5%		
8			职工个人				0.5%		
9			农民工	缴费			0.5%		
10				不缴费			0		
11			个体工商户	雇主			0.5%		
12				雇工			0.5%		
13	医疗保险费	基本医疗保险费	单　位		1 000	5 389 250	8%	431 140	
14			职工个人		1 000	5 389 500	2%	107 790	
15		外来工（农民工）住院险	单　位						
16		公务员补助	单　位						
17		灵活就业人员	个　人		1			38 808	
18	工伤保险费	工伤保险费	单　位		100	5 000 000	1.9%	95 000	
19			个体工商户		3	200 000	0.4%	800	
20		工伤医疗费统筹	单　位						
21	生育保险费	生育保险费	单　位		100	2 500 000	0.5%	12 500	
22		生育医疗费统筹	单　位						
23	合　计								

金额合计（人民币）大写：　　仟　佰　拾　万　仟　佰　拾　元　角　分

参保单位负责人：　　　　　经办人：　　　　　　　　　　　　申报时间：　年　月　日

社会保险费申报明细表

单位：人、元

参保单位名称：（盖章）
参保单位识别号或统一社会信用代码：
参保单位社保编码：
费款所属日期： 年 月 日 至 年 月 日　申报时间： 年 月 日
申报类型： □正常申报 □查补申报 □年度结算 □特殊申报 □职工医保特殊缴费　□补充申报

缴费人身份证号码	参保人员姓名	缴费对象（供选择）	缴费月数	缴费情况													
				基本养老保险费			失业保险费			医疗保险费					工伤保险费	生育保险费	缴费金额合计
										基本医疗保险费			外来工（农民工）住院费	公务员医疗补助			
				缴费基数	费率	缴费金额	缴费基数	费率	缴费金额	缴费基数	费率	缴费金额	缴费基数	缴费基数	缴费基数	缴费基数	
金额合计																	
分险种合计																	
分缴费对象人数合计																	

职工个人_人、个体户本人_人、个体户雇工_人、农民工（缴费）_人、农民工（不缴费）_人、灵活就业人员_人。

单位负责人：　　　　经办人：

社会保险费申报表

（适用机关事业单位）

参保单位名称（盖章）： 单位：元、人

参保单位识别号或统一社会信用代码			参保单位社保编码		
费款所属日期	年 月 日至 年 月 日				
申报类型	□正常申报 □补充申报 □查补申报 □年度结算 □特殊缴费				

序号	缴费费种		缴费对象		缴费人数	缴费情况			利息
						缴费基数	费率 %	缴费金额	
1	基本养老保险费		单 位						
2			职工个人				8%		
3	职业年金		单 位	财政全额供款			0	0	
4				非财政全额供款			8%		
5			职工个人				4%		
6	自谋职业人员	基本养老保险费	单 位						
7			职工个人				8%		
8		职业年金	单 位				8%		
9			职工个人				4%		
10	失业保险费		单 位				0.5%		
11			职工个人				0.5%		
12	医疗保险费	基本医疗保险费	单 位						
13			职工个人						
14		公务员补助	单 位						
15	工伤保险费	工伤保险费	单 位						
16		工伤医疗费统筹	单 位						
17	生育保险费	生育保险费	单 位						
18		生育医疗费统筹	单 位						
19	合 计								

金额合计（人民币）大写： 仟 佰 拾 万 仟 佰 拾 元 角 分

参保单位负责人： 经办人： 申报时间： 年 月 日

社会保险费申报明细表

（适用机关事业单位）

参保单位名称：（盖章）

参保单位识别号或统一社会信用代码：

参保单位社保编码：

申报时间： 年 月 日

单位：人、元

费款所属日期： 年 月 日至 年 月 日

申报类型：□正常申报 □补充申报 □查补申报 □年度结算 □特殊申报 □职工医保特殊缴费

缴费人身份证号码	参保人员姓名	缴费对象（供选择）	缴费月数	基本养老保险费			职业年金			失业保险费			医疗保险费					工伤保险费		生育保险费		缴费金额合计
													基本医疗保险费			公务员医疗补助						
				缴费基数	费率	缴费金额	缴费基数	费率	缴费金额	缴费基数	费率	缴费金额	缴费基数	费率	缴费金额	缴费基数	费率	缴费基数	缴费费	缴费基数	缴费费	
金额合计																						—
分险种人数合计																						

单位负责人：

经办人：

社会保险费申报表

(适用建安工程项目工伤保险)

参保单位名称：（盖章）　　　　　　申报时间：　年　月　日　　　　　　　　单位：元

参保单位电脑编码		参保单位社会信用代码 （纳税人识别号）			

费款所属日期：　年　月　日至　年　月　日

参保项目名称	参保项目在地址	缴费情况			
		缴费对象	参保项目合同金额	费率	缴费金额
金额合计					

单位负责人：　　　　　　　　经办人：　　　　　　　　　　　　联系电话：

社会保险费申报表

(适用城乡居民两险汇总申报)

参保单位名称（虚拟户名称）（盖章）：　　　　　　　　　　　　单位：元、人

电脑编码		缴费人识别号	

地址：＿＿＿县（市、区）＿＿＿镇（乡、街道）＿＿＿村（社区）＿＿＿组（或＿＿＿＿＿学校）

费款所属日期：　年　月　日至　年　月　日

城 乡 居 民 基 本 养 老 保 险 费

费款性质	缴费类型	缴费情况	
		缴费人数	缴费金额
正常申报	一次申报		
	二次申报		
	集体补助		
查补申报	中断补缴		
	一次性补缴		
特殊缴费	特殊缴费		
合　计			

城 乡 居 民 基 本 医 疗 保 险 费

费款性质	缴费情况	
	缴费人数	缴费金额
正常申报		
补充申报		
合　计		

金额合计（人民币）大写：　　仟　佰　拾　万　仟　佰　拾　元　角　分

参保单位负责人：　　　　　　经办人：　　　　　　　　申报时间：　年月日

社会保险费申报明细表

(适用城乡居民两险明细申报)

参保单位名称(虚拟户名称)(盖章):　　　　　申报时间:　年　月　日　　　单位:人、元

电脑编码			缴费人识别号		
费款性质	正常申报□　查补申报□		缴费类型	一次申报□　二次申报□　集体补助□ 中断补缴□　一次性补缴□	

费款所属日期:　年　月　日至　年　月　日

社会保险号码 (身份证号码)	缴费人姓名	城乡居民基本养老保险费			城乡居民基本 医疗保险费
		缴费情况			缴费金额
		缴费档次	一次申报已缴费金额 (二次申报时填写)	缴费金额	
人数合计		金额合计			

单位负责人:　　　　　　　　　　　经办人:

城乡居民社会养老保险费变更缴费档次申请表

电　脑　编　码		缴费人识别号	

地址:　___县(市、区)___镇(乡、街道)___村(社区)___组

缴费人姓名	社会保险号码 (身份证号码)	缴费档次情况		
		原缴费档次	变更档次	变更年度
				年
				年
				年
				年
				年
				年

申请人确认(签名):　　　　　联系电话: 　　　　　　　　　　　　　　年　月　日	受理人:
受托人(签名): 身份证号码: 联系电话: 　　　　　　年　月　日	年　月　日

申请暂停批扣方式缴纳城乡居民基本养老保险费声明书

本人姓名_____ 居民身份证号码_____，

地址：____县（市、区）____镇（乡、街道）____村（社区）____组（组别选填），现因_____，本人申请从____年起暂停通过银行批扣方式缴纳城乡居民基本养老保险费，恢复缴费时间另行申请，因该行为而产生的后果由本人承担。（附缴费人本人身份证件复印件）

声明人（签字）：

联系电话：

年 月 日

申请恢复批扣方式缴纳城乡居民基本养老保险费声明书

本人姓名_____ 居民身份证号码_____，

地址：____县（市、区）____镇（乡、街道）____村（社区）____组（组别选填），因_____，于____年申请暂停缴费，现因_____，故申请从____年起恢复缴纳城乡居民基本养老保险费，并同意从_____（开户行），银行账号_____扣缴应缴费款。（附缴费人本人身份证件复印件）

声明人（签字）：

联系电话：

年 月 日

四、社会保险领域严重失信行为处置方法

近几年，不断出现社会保险领域严重失信的单位和个人，从2019年10

月28日起，用人单位不依法办理社会保险登记，经行政处罚后仍不改正；以欺诈、伪造证明材料或者其他手段违规参加社会保险，违规办理社会保险业务超过20人次或从中牟利超过2万元；以欺诈、伪造证明材料或者其他手段骗取社会保险待遇或社会保险基金支出，数额超过1万元，或虽未达到1万元但经责令退回仍拒不退回；社会保险待遇领取人丧失待遇领取资格后，本人或他人冒领、多领社会保险待遇超过6个月或者数额超过1万元，经责令退回仍拒不退回或签订还款协议后未按时履约；恶意将社会保险个人权益记录用于与社会保险经办机构约定以外用途，或者造成社会保险个人权益信息泄露；社会保险服务机构不按服务协议提供服务，造成基金损失超过10万元；用人单位及其法定代表人或第三人依法应偿还社会保险基金已先行支付的工伤保险待遇，有能力偿还而拒不偿还超过1万元者，《人力资源社会保障部关于印发〈社会保险领域严重失信人名单管理暂行办法〉的通知》（人社部规〔2019〕2号）第五条规定，县级以上地方人力资源社会保障部门将其列入社会保险严重失信人名单。

与此同时，按人社部规〔2019〕2号文第八条、第九条规定，在人力资源社会保障门户网站、"信用中国"等相关媒介上公示。相关部门依据《关于对社会保险领域严重失信企业及其有关人员实施联合惩戒的合作备忘录》（发改财经〔2018〕1704号）实施联合惩戒。

建设诚信社会，需要各单位和全体公民的积极参与。通过曝光、联合惩戒制度，让社会保险领域治理更加阳光。

第六篇

政府非税收入

《财政部关于印发〈政府非税收入管理办法〉的通知》（财税〔2016〕33号）第三条明确，政府非税收入是指除税收以外，由各级国家机关、事业单位、代行政府职能的社会团体及其他组织依法利用国家权力、政府信誉、国有资源（资产）所有者权益等取得的各项收入。包括行政事业性收费收入、政府性基金收入、罚没收入、国有资源（资产）有偿使用收入、国有资本收益、彩票公益金收入、特许经营收入、中央银行收入、以政府名义接受的捐赠收入、主管部门集中收入和政府收入的利息收入等11项收入。不包括社会保险费、住房公积金（指计入缴存人个人账户部分）。政府非税收入是国家一般公共预算收入的重要组成部分。

随着《财政部关于将国家重大水利工程建设基金等政府非税收入项目划转税务部门征收的通知》（财税〔2018〕147号）、《财政部关于水土保持补偿费等四项非税收入划转税务部门征收的通知》（财税〔2020〕58号）、《财政部 自然资源部 税务总局 人民银行关于将国有土地使用权出让收入、矿产资源专项收入、海域使用金、无居民海岛使用金四项政府非税收入划转税务部门征收有关问题的通知》（财综〔2021〕19号）将国家重大水利工程建设基金等19项划转税务部门负责征收。加上之前教育费附加、地方教育附加、残疾人就业保障金、文化事业建设费、废弃电器电子产品处理基金等5项，从2021年1月1日起，共26项（不包括各省自行划转）政府非税收入由税务部门征收。

第二十五章　政府性基金

《中华人民共和国企业所得税法实施条例》（以下简称企业所得税法实施条例）第二十六条第三款规定，政府性基金是指企业依照法律、行政法规等有关规定，代政府收取的具有专项用途的财政资金。从2021年起，由税务机关征收全国性政府性基金11大项13小项，即教育费附加、地方教育附加、残疾人就业保障金、文化事业建设费、国家重大水利工程建设基金、农网还贷资金、可再生能源发展基金、核电站乏燃料处理处置基金、中央水库移民扶持基金（含大中型水库移民后期扶持基金、三峡水库库区基金、跨省际大中型水库库区基金）、废弃电器电子产品处理基金、地方水库移民扶持基金等。

此外，部分省（直辖市、自治区）税务局还承担城市基础设施配套费、国家电影事业发展专项资金、国家重大水利工程建设基金（地方部分）等，因其不具有普遍性，本书不作介绍。

一、教育费附加

教育费附加是国家为扶持教育事业发展，计征用于教育的政府性基金。缴纳义务人为缴纳增值税、消费税的单位和个人。单位包括外商投资企业、外国企业，《国务院关于统一内外资企业和个人城市维护建设税和教育费附加制度的通知》（国发〔2010〕35号）规定：从2010年12月1日起，外商投资企业、外国企业纳入教育费附加征收范围。国务院令第448号第三条规定："教育费附加率为3%。"

（一）计征依据。从2005年10月1日起，《国务院关于修改〈征收教育费附加的暂行规定〉的决定》（国务院令第448号）规定：以各单位和个人实际缴纳的增值税、营业税、消费税的税额为计征依据。国家税务总局公告2010年第31号规定：中外合作油（气）田开采的原油、天然气按5%税率缴纳实物增值税后，以合作油（气）田实际缴纳的增值税税额为计税依据，缴纳教育费附加。中国海洋石油总公司海上自营油（气）田参照执行。纳税人跨地区提供建筑服务、销售和出租不动产的，《财政部 国家税务总局关于纳税人异地预缴增值税有关城市维护建设税和教育费附加政策问题的通知》（财税〔2016〕74号）规定：应在建筑服务发生地、不动产所在地预缴增值税时，以预缴增值税税额为计税依据，并按教育费附加征收率就地计算缴纳教育费附加。在其机构所在地申报缴纳增值税时，以其实际缴纳的增值税税额为计税依据，并按教育费附加征收率就地计算缴纳教育费附加。

经国家税务局正式审核批准的当期免抵的增值税税额，《财政部 国家税务总局关于生产企业出口货物实行免抵退税办法后有关城市维护建设税教育费附加政策的通知》（财税〔2005〕25号）第一条规定：纳入教育费附加的计征范围。

增值税的期末留抵退税额可以作为减数。享受增值税期末留抵退税政策的集成电路企业，其退还的增值税期末留抵税额，《财政部 税务总局关于集成电路企业增值税期末留抵退税有关城市维护建设税、教育费附加和地方教育附加政策的通知》（财税〔2017〕17号）规定：应在教育费附加的计税（征）依据中予以扣除。对实行增值税期末留抵退税的纳税人，《财政部 税务总局关于增值税期末留抵退税有关城市维护建设税教育费附加和地方教育附加政策的通知》（财税〔2018〕80号）规定：允许其从教育费附加的计税（征）依据中扣除退还的增值税税额。

例如，某企业2019年10月缴纳增值税1 600万元，增值税期末留抵退税100万元。同时，缴纳教育费附加45万元〔＝（1 600－100）×3%〕。

（二）征收优惠。比如，《财政部、国家税务总局关于免征国家重大水利工程建设基金的城市维护建设税和教育费附加的通知》（财税〔2010〕44号）明确：对国家重大水利工程建设基金免征教育费附加。国家重大水利工程建设基金符合《增值税暂行条例实施细则》第十二条第（三）项规定，不征收增值税，也就不征收教育费附加。但《财政部 国家发展改革委 水利部关于印发〈国家重大水利工程建设基金征收使用管理暂行办法〉的通知》（财综〔2009〕90号）第十六条规定："对重大水利基金征收增值税而减少的收入，由财政预算安排相应资金予以弥补。"可见，国家重大水利工程建设基金征收了增值税，相应征收了教育费附加。《财政部 国家税务总局关于扩大有关政府性基金免征范围的通知》（财税〔2016〕12号）规定：按月纳税的月销售额或营业额不超过10万元（按季度纳税的季度销售额或营业额不超过30万元）的缴纳义务人，免征教育费附加，此前分别3万元、9万元。

增值税小规模纳税人，《财政部 税务总局关于实施小微企业普惠性税收减免政策的通知》（财税〔2019〕13号）第三条规定，可以在50%的税额幅度内减教育费附加。各省相应出台了减征政策。比如，《福建省财政厅 福建省税务局关于落实小微企业普惠性税收减免政策的通知》（闽财税〔2019〕5号）规定：2019年至2021年，对增值税小规模纳税人减按50%征收教育费附加。

《财政部 税务总局 退役军人部关于进一步扶持自主就业退役士兵创业就业有关税收政策的通知》（财税〔2019〕21号）规定，自主就业退役士兵从事个体经营、企业招用自主就业退役士兵可扣减教育费附加。

自2019年1月1日起，纳入产教融合型企业建设培育范围的试点企业，当年实际发生的独立举办或参与举办职业教育的办学投资和办学经费支出，以及按照有关规定与职业院校稳定开展校企合作，对产教融合实训基地等国家规划布局的产教融合重大项目建设投资和基本运行费用的支出，《财政部关于调整部分政府性基金有关政策的通知》（财税〔2019〕46号）第三条规定：可按投资额的30％比例，抵免该企业当年应缴教育费附加。

（三）会计处理。《财政部关于印发〈增值税会计处理规定〉的通知》（财会〔2016〕22号）第二条第（二）项明确，全面试行营业税改征增值税后，核算教育费附加的"营业税金及附加"科目名称调整为"税金及附加"科目。计提教育费附加时，借记"税金及附加"科目，贷记"应交税费——教育费附加"；缴纳时，借记"应交税费——教育费附加"科目，贷记"银行存款"科目。

二、地方教育附加

地方教育附加是以实际缴纳的增值税、消费税为计征依据，根据一定比例而征收的专项资金。《教育法》（主席令第45号）第五十七条第二款规定："省、自治区、直辖市人民政府根据国务院的有关规定，可以决定开征用于教育的地方附加费，专款专用。"如内蒙古自治区1995年9月1日起开征，辽宁省1999年1月1日起开征，福建省2002年1月1日起开征。

地方教育附加征收率为2％。此前，上述省份地方教育附加征收率均为1％。《财政部关于统一地方教育附加政策有关问题的通知》（财综〔2010〕98号）要求：各地统一征收地方教育附加，征收率统一为2％。因此，《福建省人民政府关于调整地方教育附加征收标准等有关问题的通知》（闽政文〔2011〕230号）规定：从2011年1月1日起，福建省境内实际缴纳增值税、营业税、消费税的单位和个人（包括外商投资企业、外国企业和外籍个人），地方教育附加的征收率由1％调整为2％。

（一）计征依据。增值税的期末留抵退税额可以作为减数。享受增值税期末留抵退税政策的集成电路企业，其退还的增值税期末留抵税额，《财政

部 税务总局关于集成电路企业增值税期末留抵退税有关城市维护建设税、教育费附加和地方教育附加政策的通知》（财税〔2017〕17号）规定：应在地方教育附加的计税（征）依据中予以扣除。对实行增值税期末留抵退税的纳税人，《财政部 税务总局关于增值税期末留抵退税有关城市维护建设税教育费附加和地方教育附加政策的通知》（财税〔2018〕80号）规定：允许其从地方教育附加的计税（征）依据中扣除退还的增值税税额。

（二）征收优惠。《财政部 国家税务总局关于扩大有关政府性基金免征范围的通知》（财税〔2016〕12号）规定：按月纳税的月销售额或营业额不超过10万元（按季度纳税的季度销售额或营业额不超过30万元）的缴纳义务人，免征地方教育附加，此前分别3万元、9万元。

增值税小规模纳税人，《财政部 税务总局关于实施小微企业普惠性税收减免政策的通知》（财税〔2019〕13号）第三条规定，可以在50%的税额幅度内减地方教育附加。各省相应出台了减征政策。比如，《福建省财政厅 福建省税务局关于落实小微企业普惠性税收减免政策的通知》（闽财税〔2019〕5号）规定：2019年至2021年，对增值税小规模纳税人减按50%征收地方教育附加。

《财政部 税务总局 退役军人部关于进一步扶持自主就业退役士兵创业就业有关税收政策的通知》（财税〔2019〕21号）规定，自主就业退役士兵从事个体经营、企业招用自主就业退役士兵可扣减教育费附加。

（三）会计处理。财会〔2016〕22号文第二条明确：在"税金及附加"科目核算。

三、残疾人就业保障金

残疾人就业保障金是为了保障残疾人权益，由未按规定安排残疾人就业的机关、团体、企业、事业单位和民办非企业单位缴纳的资金。残疾人是指持有《中华人民共和国残疾人证》上注明属于视力残疾、听力残疾、言语残疾、肢体残疾、智力残疾、精神残疾和多重残疾的人员，或者持有《中华人民共和国残疾军人证》（1至8级）的人员。

（一）计算征收。残疾人就业保障金征收依据，2015年10月1日起执行《财政部 国家税务总局 中国残疾人联合会关于印发〈残疾人就业保障金征收使用管理办法〉的通知》（财税〔2015〕72号）。

保障金年缴纳额＝（上年用人单位在职职工人数×所在地省、自治区、直辖市人民政府规定的安排残疾人就业比例－上年用人单位实际安排的残疾人就业人数）×上年用人单位在职职工年平均工资

用人单位在职职工是指用人单位在编人员或依法与用人单位签订1年以上（含）劳动合同（服务协议）的人员。季节性用工折算为年平均用工人数。以劳务派遣用工的计入派遣单位在职职工人数。上年用人单位在职职工年平均工资按用人单位上年在职职工工资总额除以用人单位在职职工人数计算。

用人单位将残疾人录用为在编人员或依法与就业年龄段内的残疾人签订1年以上（含）劳动合同（服务协议），且实际支付的工资不低于当地最低工资标准，并足额缴纳社会保险费，方可计入用人单位所安排的残疾人就业人数。用人单位安排1名持有《中华人民共和国残疾人证》（1至2级）或《中华人民共和国残疾军人证》（1至3级）的人员就业，按照安排2名残疾人就业计算。

国家规定用人单位安排残疾人就业的比例不得低于本单位在职职工总数的1.5%，比这个比例高就不缴纳本金。各省、自治区、直辖市人民政府规定比例允许有所不同。

从2020年1月1日起，残疾人就业保障金分档征收。《国家发展改革委 财政部 民政部 人力资源社会保障部 税务总局 中国残联关于印发〈关于完善残疾人就业保障金制度更好促进残疾人就业的总体方案〉的通知》（发改价格规〔2019〕2015号）第二条规定，用人单位安排残疾人就业比例1%（含）以上但低于本省（区、市）规定比例，三年内按应缴费额50%征收；1%以下的，三年内按应缴费额90%征收。

2017年4月1日起，《财政部关于取消、调整部分政府性基金有关政策的通知》（财税〔2017〕18号）第二条第（二）项规定，用人单位在职职工年平均工资未超过当地社会平均工资（用人单位所在地统计部门公布的上年度城镇单位就业人员平均工资）3倍（含），按用人单位在职职工年平均工资计征；超过当地社会平均工资3倍以上，按当地社会平均工资3倍计征。自2018年4月1日起，残疾人就业保障金征收标准上限，《财政部关于降低部分政府性基金征收标准的通知》（财税〔2018〕39号）第一条规定，由当地社会平均工资的3倍降低至2倍。其中，用人单位在职职工平均工资未超过当地社会平均工资2倍（含）的按在职职工年平均工资计征，超过的按2倍计征。

（二）优惠政策。2020年至2022年，在职职工人数在30人（含）以下的企业，《财政部关于调整残疾人就业保障金征收政策的公告》（2019年第98号）第三条规定："暂免征收残疾人就业保障金。"此前，主要限定在小微企业。财税〔2017〕18号文第二条第（一）项规定，免征范围由自工商注册登记之日起3年内，在职职工总数20人（含）以下小微企业，调整为在职职工总数30人（含）以下的企业。调整免征范围后，工商注册登记未满3年、在职职工总数30人（含）以下的企业，可在剩余时期内按规定免征。

用人单位遇不可抗力自然灾害或其他突发事件遭受重大直接经济损失可申请减免或者缓缴保障金。《福建省财政厅 福建省地方税务局 福建省残疾人联合会 中国人民银行福州中心支行关于印发〈福建省残疾人就业保障金征收使用管理实施办法〉的通知》（闽财税〔2015〕41号）第十三条规定：用人单位申请减免保障金的最高限额不得超过1年的保障金应缴额，申请缓缴保障金的最长期限不得超过6个月。

（三）征收管理。财税〔2015〕72号第二十六条规定，用人单位未按规定缴纳保障金的，由保障金征收机关提交财政部门，由财政部门予以警告，责令限期缴纳；逾期仍不缴纳，除补缴欠缴数额外，还应当自欠缴之日起，按日加收5‰的滞纳金。闽财税〔2015〕41号文第九条、第六条、第十条规定：安排残疾人就业比例为1.6%。未达到该比例也缴纳残保金。用人单位存续不到一年的，按实际月份计算征收残保金；成立不到一个月的，不征残保金。残保金暂实行按年征收，次年5月份为残保金集中申报征缴期。

就福建省而言，2020至2022年，用人单位安排残疾人就业比例1%（含）至1.6%，按应缴费额50%征收；1%以下（包括没有安排）按应缴费额90%征收；1.6%（含）以上不征收。

例如，2022年福建某公司在职职工200人，实际安排残疾人就业人数3人，职工工资总额500万元。计算2022年应缴纳的残疾人就业保障金，以及逾期2个月缴纳产生滞纳金。

应纳残疾人就业保障金＝（上年用人单位在职职工人数×1.6%-上年用人单位实际安排的残疾人就业人数）×上年用人单位在职职工年平均工资×50%＝（200×1.6%-3）×5 000 000÷200×50%

$$=0.2×25 000×50\%=2 500（元）$$

其账务处理：

（1）计提残疾人就业保障金

借：管理费用——残疾人就业保障金   5 000

    贷：其他应付款——残疾人就业保障金   5 000

（2）缴纳残疾人就业保障金

借：其他应付款——残疾人就业保障金　　　　　　　　　　　5 000

　　贷：银行存款　　　　　　　　　　　　　　　　　　　　　5 000

（3）缴纳逾期缴纳产生滞纳金

借：营业外支出——滞纳金　　1 500（＝5 000×5‰×60）

　　贷：银行存款　　　　　　　　　　　　　　　　　　　　　1 500

　　申报时填写根据《国家税务总局关于修订〈残疾人就业保障金缴费申报表〉的公告》（2019年第49号）修订后和《残疾人就业保障金缴费申报表》。

　　承上例，如果企业没有安排残疾人，应纳残疾人就业保障金＝（200×1.6％－0）×25 000×90％＝3.2×22 500＝72 000（元）。

残疾人就业保障金缴费申报表

费款所属期：自 年 月 日至 年 月 日

缴费人识别号（统一社会信用代码）：□□□□□□□□□□□□□□□□□□

缴费人名称：　　　　　　　　　　　　　　　　　　　　　金额单位：元至角分

序号	上年在职职工工资总额	上年在职职工人数	应安排残疾人就业比例	上年实际安排残疾人就业人数	上年在职职工年平均工资（或当地社会平均工资的2倍）	本期应纳费额	本期减免费额	本期已缴费额	本期应补（退）费额
1	2	3	4	5	6=2÷3	7=（3×4-5）×6	8=7×100％或50％或10％	9	10=7-8-9
	5 000 000	200	1.6％	3	25 000	5 000	2 500	0	2 500

声明：此表是根据国家有关法律法规及相关规定填写的，本人（单位）对填报内容（及附带资料）的真实性、可靠性、完整性负责。

　　　　　　　　　　　　　　　　　　缴费人（签字或者加盖印章）：　　年 月 日

经办人： 经办人身份证号： 代理机构（签字或者加盖印章）： 代理机构统一社会信用代码：	受理人： 受理税务机关（印章）： 受理日期：　年 月 日

四、文化事业建设费

文化事业建设费是指对中华人民共和国境内提供广告服务、娱乐服务的单位和个人按规定征收的一种费。注意提供广告服务纳税人只限于单位，即广告媒介单位和户外广告经营单位。娱乐服务是指《财政部 国家税务总局关于全面推开营业税改征增值税试点的通知》（财税〔2016〕36号）的《销售服务、无形资产、不动产注释》中"娱乐服务"范围内的服务。

（一）计算征收。从2016年5月1日起，征收依据按《财政部 国家税务总局关于营业税改征增值税试点有关文化事业建设费政策及征收管理问题的通知》（财税〔2016〕25号）、《财政部 国家税务总局关于营业税改征增值税试点有关文化事业建设费政策及征收管理问题的补充通知》（财税〔2016〕60号）规定。

应缴费额 = 计费销售额 × 3%

计费销售额为缴纳义务人提供广告服务、娱乐服务取得的全部含税价款和价外费用，广告服务允许减除支付给其他广告公司或广告发布者的含税广告发布费。

（二）征收优惠。注意文化事业建设费娱乐服务和广告服务两者不达起征点免征的规定不同，分别为3万元、2万元。财税〔2016〕60号文第三条规定："未达到增值税起征点的缴纳义务人，免征文化事业建设费。"

自2019年7月1日至2024年12月31日，《财政部关于调整部分政府性基金有关政策的通知》（财税〔2019〕46号）第一条规定：对归属中央收入的文化事业建设费，按照缴纳义务人应缴费额的50%减征；对归属地方收入的文化事业建设费，各省（区、市）财政、党委宣传部门可以结合当地经济发展水平、宣传思想文化事业发展等因素，在应缴费额50%的幅度内减征。各省相应下文减免，比如《山西省财政厅关于减征文化事业建设费有关事项的通知》（晋财综〔2019〕44号）规定：自2019年7月1日至2024年12月31日，对归属地方收入的文化事业建设费，按照缴纳义务人应缴费额的50%减征。

（三）征收管理。《文化事业建设费申报表》一度按《国家税务总局关于营业税改征增值税试点有关文化事业建设费登记与申报事项的公告》（2013年第64号）附件2表样及填表说明填报。自2019年7月1日起，《国家税务总局关于调整部分政府性基金有关征管事项的公告》（2019年第24号）第一条对该表的计算公式和填表说明做了修改。

企业缴纳文化事业建设费，在"管理费用""应交税费——应交文化事业建设费"等科目核算。

例如，某提供广告服务的企业2021年第三季度，征、免文化事业建设费的广告服务收入分别1 005万元、100万元。减除项目期初金额、本期发生额各5万元。本期应征收入减除额5万元。本期预缴费额10万元。假定，归属中央、地方收入比例分别各为50%。

本期应补（退）费额＝应缴费额×归属中央收入比例×（1－50%）+应缴费额×归属地方收入比例×（1－归属地方收入减征比例）－本期预缴费额

应缴费额＝（销售额－减除额）×3%＝（1 005－5）×3%＝1 000×3%＝30（万元）

本期应补（退）费额＝30×50%×（1－50%）+30×50%×（1－50%）－10＝15×50%+15×50%－10＝7.5＋7.5－10＝5（万元）

相关数据填入下表。注意本例中有应征收入，则下表中自费2栏免征收入不填。通常第2栏免征收入有数字，则第1栏应征收入不填。

文化事业建设费申报表

缴纳人识别号：□□□□□□□□□□□□□□□□□□□□

缴纳人名称（公章）：

金额单位：元（列至角分）

费款所属期：2021 年 7 月 1 日至 2021 年 9 月 30 日

填表日期：2021 年 10 月 10 日

项 目		栏 次	本月（期）数	本年累计
计费收入	应征收入	1	10 050 000	
	免征收入	2		
费额计算	减除项目期初金额	3	50 000	—
	减除项目本期发生额	4	50 000	
	本期减除额 应征收入减除额	5	50 000	
	免征收入减除额	6		
	减除项目期末余额	7=3+4-5-6	50 000	
	计费销售额	8=1-5	10 000 000	
	费率	9	3%	—
	应缴费额	10=8×9	300 000	
费额缴纳	期初未缴费额（多缴为负）	11		—
	本期已缴费额	12=13+14+15	100 000	
	其中：本期预缴费额	13	100 000	
	本期缴纳上期费额	14		
	本期缴纳欠费额	15		
	期末未缴费额（多缴为负）	16=10+11-12	200 000	
	其中：欠缴费额（≥0）	17=11-14-15		—
	本期应补（退）费额	18=10×（1-减征比例）-13	50 000	—
	本期检查已补缴费额	19		

缴纳人或代理人声明： 此申报表是根据国家相关规定填报的，我确定填报内容是真实的、可靠的、完整的。	如缴纳人申报，由缴纳人填写以下各栏：	
	经办人员（签章）：	财务负责人（签章）：
	法定代表人（签章）：	联系电话：
	如委托代理人申报，由代理人填写以下各栏：	
	代理人名称：	经办人（签章）：
	代理人（公章）：	联系电话：

以下由税务机关填写：

收到日期：　　　　　　　　接收人：　　　　　　　　　　　主管税务机关盖章：

文化事业建设费代扣代缴报告表

扣缴人识别号：□□□□□□□□□□□□□□□□□□□□

扣缴人名称（公章）：　　　　　　　　　　　　　　　　　金额单位：　元（列至角分）

费款所属期：　年　月　日至　年　月　日　　　　　　　　填表日期：　年　月　日

项　目	栏　次	本月（期）数	本年累计
计费依据	1		
费　率	2		—
本期应扣缴费额	3=1×2×（1-减征比例）		

扣缴人或代理人声明：此表是根据国家相关规定填报的，我确定填报内容是真实的、可靠的、完整的。	如扣缴人申报，由扣缴人填写以下各栏： 经办人员（签章）：　　　财务负责人（签章）： 法定代表人（签章）：　　　联系电话： 如委托代理人申报，由代理人填写以下各栏： 代理人名称：　　　　　　经办人（签章）： 代理人（公章）：　　　　联系电话：

以下由税务机关填写：

收到日期：　　　　　　　接收人：　　　　　　　　　主管税务机关盖章：

应税服务减除项目清单

缴纳人识别号：□□□□□□□□□□□□□□□□□□□□

缴纳人名称（公章）：　　　　　　　　　　　　　　　　金额单位：元（列至角分）

费款所属期：　年　月　日至　年　月　日　　　　　　　填表日期：　年　月　日

开票方纳税人识别号	开票方单位名称	服务项目名称	凭证种类	凭证号码	金额
合　计	—	—	—	—	

五、国家重大水利工程建设基金

《财政部 国家发展改革委 水利部关于印发〈国家重大水利工程建设基金征收使用管理暂行办法〉的通知》（财综〔2009〕90号）第二条规定：国家重大水利工程建设基金是国家为支持南水北调工程建设、解决三峡工程后续问题以及加强中西部地区重大水利工程建设而设立的政府性基金。

（一）征收对象。征收对象为销售电量。财综〔2009〕90号文第五条规定：国家重大水利工程建设基金按各省、自治区（西藏除外）、直辖市扣除国家扶贫开发工作重点县农业排灌用电后的全部销售电量和规定征收标准计征。全部销售电量包括省级电网企业销售给电力用户的电量、省级电网企业扣除合理线损后的趸售电量（即实际销售给转供单位的电量）、省级电网企业销售给子公司的电量和对境外销售电量、企业自备电厂自发自用电量、地方独立电网销售电量（不含省级电网企业销售给地方独立电网企业的电量）。跨省（自治区、直辖市）电力交易计入受电省份销售电量。《财政部关于征收国家重大水利工程建设基金有关问题的通知》（财综〔2010〕97号）明确：资源综合利用（利用余热余压发电、煤矸石发电等）、热电联产的企业自备电厂纳入基金征收范围。对重庆市电力公司所属控股子公司和地方独立电网企业全部销售电量均应计征。

（二）征收优惠。《财政部关于降低国家重大水利工程建设基金和大中型水库移民后期扶持基金征收标准的通知》（财税〔2017〕51号）规定，自2017年7月1日起，将原有征收标准降低25%。自2018年7月1日起，《财政部关于降低部分政府性基金征收标准的通知》（财税〔2018〕39号）第二条规定，将征收标准按照财税〔2017〕51号文基础上，再降低25%。自2019年7月1日起，财税〔2019〕46号文第二条第一款规定将征收标准降低50%。附件1为调整后的《国家重大水利工程建设基金征收标准》（见下表）。

国家重大水利工程建设基金征收标准

单位：厘／千瓦时

省（市、自治区）	征收标准
江苏	4.193 437 5
浙江	4.038 75
上海	3.915
安徽	3.633 75
北京、天津、河北、山西、福建、广东、重庆、四川	1.968 75
内蒙古、辽宁、吉林、黑龙江、广西、海南、贵州、云南、陕西、甘肃、青海、宁夏、新疆	1.125
湖南	1.054 687 5
湖北	0

对分布式光伏发电自发自用电量，《财政部关于对分布式光伏发电自发自用电量免征政府性基金有关问题的通知》（财综〔2013〕103号）规定，免收国家重大水利工程建设基金。

（三）征收管理。征收时间原为2010年1月1日至2019年12月31日。《财政部关于调整部分政府性基金有关政策的通知》（财税〔2019〕46号）第二条第二款将征收时间延至2025年12月31日。

企业自备电厂自发自用电量和地方独立电网销售电量自行申报外，由省级电网企业在向电力用户收取电费时一并代征。缴纳时，使用《非税收入通用申报表》。

从2019年1月1日起征收机关为税务部门。《财政部关于将国家重大水利工程建设基金等政府非税收入项目划转税务部门征收的通知》（财税〔2018〕147号）明确：国家重大水利工程建设基金划转税务部门负责征收。以前年度应缴未缴的非税收入，由税务部门负责征缴入库。自2020年起，《财政部关于国家重大水利工程建设基金、水利建设基金划转税务部门征收的通知》（财况〔2020〕号）、《国家税务总局关于水利建设基金等政府非税收入项目征管职责划转有关事项的公告》（2020年第2号）均在第一条规定："地方政府及有关部门负责征收的国家重大水利工程建设基金，以及向企事业单位和个体经营者征收的水利建设基金，划转至税务部门征收。"

假设福建省电网企业2022年7月销售给电力用户的电量10亿千瓦时，国家重大水利工程建设基金征收标准1.968 75厘/千瓦时。应代征国家重大水利工程建设基金＝售给电力用户的电量×征收标准＝1 000 000 000×0.001 968 75＝1 968 750（元）。

非税收入通用申报表

金额单位：人民币元（列至角分）

缴费人名称				缴费人识别号 （统一社会信用代码）				
征收项目	征收品目	征收子目	费款所属期起	费款所属期止	应缴费基数	应缴费基数减除额	计费依据	征收标准
1	2	3	4	5	6	7	8=6-7	9
国家重大水利工程建设基金	销售电量		2022年7月1日	2022年7月31日	1 000 000 000	0	1 000 000 000	0.001 968 75
合计	—	—	—	—	—	—	—	—

扣除数	征收比例	本期应纳费额	减免费额	减免性质	本期已缴费额	本期应补（退）费额
10	11	12=（8×9-10）×11	13	14	15	16=12-13-15
	100%	1 968 750				1 968 750
—	—	—			—	—

主管单位名称		主管单位识别号（统一社会信用代码）		备注	

谨声明：本申报表是根据非税收入法律法规及相关规定填报的，内容是真实的、可靠的、完整的。

缴费人签章：

代理机构签章： 代理机构统一社会信用代码： 经办人签字： 经办人身份证件号码：	受理人： 受理税务机关（章）： 受理日期：　　年　月　日

六、农网还贷资金

《财政部关于农网还贷资金征收使用管理办法》（财企〔2001〕820号）第一条规定：农网还贷资金是省、自治区、直辖市的农网改造工程贷款由多个电力企业承贷的电力用户征收的政府性基金，专项用于农村电网改造贷款还本付息。第二条规定："农网还贷资金按社会用电量每千瓦时2分钱标准，并入电价收取。"

征收期间，财企〔2001〕820号文第十一条规定，从2001年至2005年。《财政部关于延续农网还贷资金等17项政府性基金政策问题的通知》（财综〔2007〕3号）明确：到期后继续保留。

优惠政策，财企〔2001〕820号文第三条规定：农业排灌、抗灾救灾及氮肥、磷肥、钾肥和原化工部颁发生产许可证的复合肥生产用电，自备电厂自用电量免征农网还贷资金。国有重点煤炭企业生产用电、核工业铀扩散厂和堆化工厂生产用电农网还贷资金暂按每千瓦时用电量三厘钱标准征收。对分布式光伏发电自发自用电量，《财政部关于对分布式光伏发电自发自用电量免征政府性基金有关问题的通知》（财综〔2013〕103号）规定，免收农网还贷资金。

例如，某电网企业2021年12月销售给社会用电量10亿千瓦时，应该申报缴纳的农网还贷资金＝售给社会用户用电量×征收标准＝100 000万千瓦时×0.02＝2 000（万元）。

企业缴纳时，使用《非税收入通用申报表》。

七、可再生能源发展基金

《财政部 国家发展和改革委员会 国家能源局关于印发〈可再生能源发展基金征收使用管理暂行办法〉的通知》（财综〔2011〕115号）第三条到第七条，对可再生能源发展基金征收相关事项作出明确。可再生能源发展基金包括国家财政公共预算安排的专项资金和依法向电力用户征收的可再生能源电价附加收入等。前者由中央财政从年度公共预算中予以安排（不含国务院投资主管部门安排的中央预算内基本建设专项资金）。后者在除西藏自治区以外的全国范围内，对各省、自治区、直辖市扣除农业生产用电（含农业排灌用电）后的销售电量征收。

各省、自治区、直辖市纳入可再生能源电价附加征收范围的销售电量包括省级电网企业（含各级子公司）销售给电力用户的电量；省级电网企业扣除合理线损后的趸售电量（即实际销售给转供单位的电量，不含趸售给各级子公司的电量）；省级电网企业对境外销售电量；企业自备电厂自发自用电量；地方独立电网（含地方供电企业）销售电量（不含省级电网企业销售给地方独立电网的电量）；大用户与发电企业直接交易的电量。

对分布式光伏发电自发自用电量，《财政部关于对分布式光伏发电自发自用电量免征政府性基金有关问题的通知》（财综〔2013〕103号）规定，免收可再生能源电价附加。

自2016年1月1日起，将各省、自治区（不含新疆、西藏）、直辖市居民生活和农业生产以外全部销售电量的基金征收标准，《财政部 国家发展改革委关于提高可再生能源发展基金征收标准等有关问题的通知》（财税〔2016〕4号）规定：由每千瓦时1.5分提高到1.9分。

假设福建省级电网企业2022年12月销售给电力用户的电量10亿千瓦时，应该申报缴纳的可再生能源电价附加收入＝售给电力用户的电量×征收标准＝100 000万千瓦时×0.019＝1 900（万元）。

企业缴纳时，使用《非税收入通用申报表》。

八、核电站乏燃料处理处置基金

乏燃料处理处置基金是国家对已投入商业运行五年以上压水堆核电机组的核电厂，按规定征收的政府性基金。《财政部 国家发展改革委 工业和信息化部关于印发〈核电站乏燃料处理处置基金征收使用管理暂行办法〉的通知》（财综〔2010〕58号）第五条规定：乏燃料处理处置基金按照核电厂已投入商业运行五年以上压水堆核电机组的实际上网销售电量征收，征收标准为0.026元/千瓦时。例如，截至2021年12月31日，某核电厂已投入商业运行7年，其压水堆核电机组2022年2月实际上网销售电量10亿千瓦时，应收乏燃料处理处置基金2 600万元（＝100 000×0.026）。

企业缴纳时，使用《非税收入通用申报表》。

九、中央水库移民扶持基金（含大中型水库移民后期扶持基金、三峡水库库区基金、跨省际大中型水库库区基金）

《财政部关于取消、停征和整合部分政府性基金项目等有关问题的通知》（财税〔2016〕11号）第五条规定，将大中型水库移民后期扶持基金、跨省（区、市）大中型水库库区基金、三峡水库库区基金合并为中央水库移民扶持基金。具体征收政策、收入划分、使用范围等仍按现行规定执行。

（一）大中型水库移民后期扶持基金。《财政部关于印发〈财政监察专员办事处大中型水库移民后期扶持基金征收管理操作规程〉的通知》（财监〔2006〕95号）第二条规定："后期扶持基金是指国家为扶持大中型水库农村移民解决生产生活问题而设立的政府性基金。"第六条规定，后期扶持基金的征收范围是省级电网企业在本省（区、市）区域内全部销售电量，但农业生产用电量、省级电网企业网间销售电量（由买入方在最终销售环节向用户收取）免征。

自2017年7月1日起，《财政部关于降低国家重大水利工程建设基金和大中型水库移民后期扶持基金征收标准的通知》（财税〔2017〕51号）明确：大中型水库移民后期扶持基金的征收标准降低25%。

对分布式光伏发电自发自用电量，《财政部关于对分布式光伏发电自发自用电量免征政府性基金有关问题的通知》（财综〔2013〕103号）规定，免收大中型水库移民后期扶持基金。

（二）三峡水库库区基金。三峡水库库区基金是指与三峡水库库区有关的基金，包括库区建设基金、库区维护基金、库区后期扶持基金等。《国务院关于完善大中型水库移民后期扶持政策的意见》（国发〔2006〕17号）第二条第（十）项规定："现行的库区建设基金并入完善后的水库移民后期扶持资金；现行的库区后期扶持基金并入库区维护基金。"《长江三峡工程建设移民条例》第四十五条规定："国家从三峡电站的电价收入中提取一定资金设立三峡库区移民后期扶持基金，分配给湖北省、重庆市和接收外迁移民的省、自治区、直辖市人民政府，用于移民的后期扶持。"

（三）大中型水库库区基金。《财政部关于印发〈大中型水库库区基金征收使用管理暂行办法〉的通知》（财综〔2007〕26号）第二条规定："国家将原库区维护基金、原库区后期扶持基金及经营性大中型水库承担的移民后期扶持资金进行整合，设立大中型水库库区基金。""根据水库实际上网销售电量，按不高于8厘／千瓦时的标准征收。"第十五条规定："大中型水库是指装机容量在2.5万千瓦及以上有发电收入的水库和水电站。"

《财政部关于征收跨省际大中型水库库区基金有关问题的通知》（财综〔2009〕59号）规定，跨省际大中型水库名单包括：桓仁水库、水丰水库、万家寨水利枢纽、丹江口水库、江垭水库、纳吉滩水电站、塘口、碗米坡电站、宝珠寺电站、炳灵水电站、张窝电站、大洪河水库、向家坝电站、溪洛渡电站、彭水电站、龙滩电站、鲁布革电站、天生桥一级水电站、天生桥二级水电站、洞巴水电站、百色水利枢纽、平班水电站等22个跨省际大中型水库，征收标准均为8厘/千瓦时。跨省际大中型水库为独立法人的，由水库（水电站）缴纳大中型水库库区基金；跨省际大中型水库为非独立法人的，由其归属企业缴纳大中型水库库区基金。例如，2022年1月、2月某大中型水库发电量分别1 370万千瓦时、1 410万千瓦时，征收标准为8厘/千瓦时。缴纳大中型水库库区基金分别10.96万元（＝1 370×0.008）、11.28万元（＝1 410×0.008）。

企业缴纳时，使用《非税收入通用申报表》。

十、废弃电器电子产品处理基金

《财政部 环境保护部 国家发展和改革委员会 工业和信息化部 海关总署 国家税务总局关于印发〈废弃电器电子产品处理基金征收使用管理办法〉的通知》（财综〔2012〕34号）第二条规定："废弃电器电子产品处理基金是国家为促进废弃电器电子产品回收处理而设立的政府性基金。"第五条规定："基金分别按照电器电子产品生产者销售、进口电器电子产品的收货人或者其代理人进口的电器电子产品数量定额征收。"第八条规定：电器电子产品生产者应缴纳的基金，由税务局负责征收。进口电器电子产品的收货人或者其代理人应缴纳的基金，由海关负责征收。第九条规定："电器电子产品生产者按季申报缴纳基金。"第十条规定："进口电器电子产品的收货人或者其代理人在货物申报进口时缴纳基金。"附件《对电器电子产品生产者征收基金的产品范围和征收标准》、《对进口电器电子产品征收基金适用的商品名称、海关税则号列和征收标准》（2012年版）电视机13元/台、电冰箱12元/台、微型计算机10元/台、洗衣机和房间空调器7元/台。

《国家税务总局关于修订〈废弃电器电子产品处理基金申报表〉的公告》（2015年第62号）明确修改后的《废弃电器电子产品处理基金申报表（2015年版）》从2016年3月1日起启用。例如，某电视机生产企业2021年第3季度销售液晶电视机10万台，缴纳废弃电器电子产品处理基金13万元。2021年11月15日，从海关进口彩色的液晶显示器的模拟电视接收机（税则号列85287221）10万台，征收废弃电器电子产品处理基金13万元。相关数据填入下表：

废弃电器电子产品处理基金申报表（2015 年版）

纳税人识别号（统一社会信用代码）：　　　　　　　　　　　　　　　　金额单位：元
纳税人名称（公章）：　　　　　　　　　　　　　　　　　　　　　　　数量单位：台
基金所属期：　　　　　　　　　　　　　　　　　　　　　　　　　　　填表日期：

| | 应征基金产品名称 | 征收标准 | 本期销售数量 | 其中 | | 本期应征金额 |
				应征销售数量	出口免征销售数量	
一、应征金额计算	1	2	3=4+5	4	5	6=4×2
	废弃电器电子产品处理基金	13	100 000	100 000		1 300 000
		—	—	—	—	1 300 000

| | 本期可扣除数量 | 其中 | | | | 本期可扣除金额 |
		进口数量	国内购进数量	委托加工收回数量	已征基金产品可抵退货数量	
二、扣除金额计算	7=8+9+10+11	8	9	10	11	12=7×2
	100 000	100 000	0	0	0	1 300 000
	合计	—	—	—	—	1 300 000

三、应缴金额计算	本期合计应征金额	13（第 6 项合计数）	1 300 000	如缴纳义务人填报，由缴纳义务人填写以下两栏：
	本期合计可扣除金额	14（第 12 项合计数）	1 300 000	经办人（签章）：
	本期减征金额	15	0	法定代表人（签章）：
	已预缴金额	16	1 300 000	如委托代理人填报，由代理人填写以下两栏：
	上期结转金额	17	0	
	本期应缴金额	18（若 13-14-15-16-17>0，为 13-14-15-16-17；否则为 0）	0	代理人名称（公章）： 授权人（签章）：
	本期结转下期金额	19（若 14+15+16+17-13>0，为 14+15+16+17-13；否则为 0）	0	代理经办人（签章）： 联系电话：

缴纳义务人或代理人声明：

　　本基金申报表是根据国家关于废弃电器电子产品处理基金的相关规定填报的，我确定它是真实的、可靠的、完整的。

受理日期：　　年　月　日　　　　　　受理税务机关：　　　　　　　　　受理人：

十一、地方水库移民扶持基金

地方水库移民扶持基金是省级大中型水库库区基金、小型水库移民扶助基金的总称。《财政部关于取消、停征和整合部分政府性基金项目等有关问题的通知》（财税〔2016〕11号）第五条规定："将省级大中型水库库区基金、小型水库移民扶助基金合并为地方水库移民扶持基金。"各省、自治区、直辖市行政区域内装机容量2.5万千瓦及以上的大中型水库和水电站缴纳省级大中型水库库区基金；2.5万千瓦以下的小型水库和水电站缴纳小型水库移民扶助基金。

征收标准按各地规定执行。《财政部关于印发〈大中型水库库区基金征收使用管理暂行办法〉的通知》（财综〔2007〕26号）第三条规定，库区基金从有发电收入的大中型水库发电收入中筹集，根据水库实际上网销售电量，按不高于8厘/千瓦时的标准征收。《浙江省财政厅 浙江省水库移民安置办公室关于印发浙江省小型水库移民扶助基金征收使用管理暂行办法的通知》（浙财综〔2010〕145号）第三条规定："扶助基金从本省区域内省级电网扣除农业生产用电以外的销售电量中按0.5厘/千瓦时征收。"例如，浙江省某小型水库2021年第1季度扣除农业生产用电以外的销售电量3 000万千瓦时。小型水库移民扶助基金＝3 000×0.000 5＝1.5（万元）。

第二十六章　行政事业性收费

《企业所得税法实施条例》第二十六条第二项款规定，行政事业性收费是指依照法律法规等有关规定，按照国务院规定程序批准，在实施社会公共管理，以及在向公民、法人或者其他组织提供特定公共服务过程中，向特定对象收取并纳入财政管理的费用。从2021年起，由税务机关征收全国性的行政事业性收费包括三峡电站水资源费、水土保持补偿费、防空地下室易地建设费、土地闲置费、城镇垃圾处理费等。

此外，有的省（直辖市、自治区）税务局还承担土地复垦费、彩票公益金、彩票发行和销售机构业务费、国有资本收益的征收任务，各省情况不同，本书不作介绍。

一、三峡电站水资源费

三峡电站水资源费是指按三峡水电站取水量和一定征收标准征收的水资源费。实务中按发电量征收。自2009年9月1日起，《财政部 国家发展和改革委员会 水利部 中国人民银行关于三峡电站水资源费征收使用管理有关问题的通知》（财综〔2011〕19号）第一条规定，中国长江电力股份有限公司按照三峡电站实际发电量和征收标准缴纳水资源费。

征收标准自2015年1月1日起，《国家发展改革委 财政部 水利部关于调整中央直属和跨省水力发电用水水资源费征收标准的通知》（发改价格〔2014〕1959号）明确：中央直属和跨省水电站水力发电用水水资源费，最低征收标准每千瓦时0.5分，现行征收标准更高的从高，最高不超过每千瓦时0.8分。例如，中国长江电力股份有限公司，全球最大的水电上市公司，拥有总装机容量4 549.5万千瓦时。2019年、2020年累计发电量分别2 104.63亿千瓦时、2 269.30亿千瓦时，其中三峡水电站发电量分别968.77亿千瓦时、1 118.02亿千瓦时。如若水资源费征收标准每千瓦时0.5分，应该缴纳的水资源费分别4.843 85亿元（＝968.77×0.005）、5.590 1亿元（＝1 118.02×0.005）。

企业缴纳水资源费时，使用《非税收入通用申报表》。

二、水土保持补偿费

《财政部 国家发展改革委 水利部 中国人民银行关于印发水土保持补

偿费征收使用管理办法的通知》（财综〔2014〕8号）第二条规定：水土保持补偿费是对损坏水土保持设施和地貌植被、不能恢复原有水土保持功能的生产建设单位和个人征收并专项用于水土流失预防治理的资金。

$$水土保持补偿费 = 占地面积（采集或者堆放体积）× 适用税额$$

水土保持补偿费收费标准，《国家发展改革委 财政部 水利部关于水土保持补偿费收费标准（试行）的通知》（发改价格〔2014〕886号）第二条规定，对一般性生产建设项目、开采矿产资源的建设期间，按照东部、中部、西部地区占用土地每平方米分别不超过2元、2.2元、2.5元一次性计征。矿产资源开采期间，石油、天然气以外的矿产资源按开采量（采掘、采剥总量）计征。石油、天然气根油、气生产井（不包括水井、勘探井）占地面积按年征收，每口油、气生产井占地面积按不超过2 000平方米计算；对丛式井每增加一口井，增加计征面积按不超过400平方米计算，每平方米每年收费不超过2元。取土、挖砂（河道采砂除外）、采石以及烧制砖、瓦、瓷、石灰根据取土、挖砂、采石量，排放废弃土石渣根据土石渣量，均按每立方米0.5至2元计征。

例如，2021年1月，某公司采石1 000立方米，适用每立方米1元计征水土保持补偿费收费。水土保持补偿费＝采石量×税额＝1 000×1＝1 000（元）。

三、防空地下室易地建设费

防空地下室易地建设费是指建设单位因地质、结构等原因无法同步配套修建防空地下室，依法向人防部门交纳规定面积的易地建设防空地室所需的工程费用。《国家国防动员委员会 国家发展计划委员会 建设部 财政部关于颁发〈人民防空工程建设管理规定〉的通知》（国人防办字〔2003〕第18号）第四十八条规定：按照规定应修建防空地下室的民用建筑，因地质、地形等原因不宜修建，或者规定应建面积小于民用建筑地面首层建筑面积，经人民防空主管部门批准，可以不修建，但必须按照应修建防空地下室面积所需造价缴纳易地建设费，由人民防空主管部门统一就近易地修建。其收取标准由省、自治区、直辖市人民政府价格主管部门会同财政、人民防空主管部门按当地防空地下室的造价制定。比如，《河北省发展和改革委员会 财政厅关于降低防空地下室易地建设费收费标准的通知》（冀发改价格〔2019〕1188号）第二条规定收费标准：防护等级6b级设区市每平方米300元，县（市）每平方米200元。防护等级6b级以外设区市每平方米1 500元，县（市）每平方米1 000元。

例如，2021年2月，河北省唐山市区某房地产开发公司兴建某商品房，因地质原因不宜修建防空地下室。人民防空主管部门规划就近易地修建，防护等级6b级的防空地下室，该房地产开发公司应建面积500平方米。防空地下室易地建设费150 000元（＝500×300）。

现行防空地下室等级划分见《中华人民共和国国家标准:人民防空地下室设计规范（GB50038—2005）》。

四、土地闲置费

土地闲置费是指向依法取得土地使用权但未按照规定动工建设满一年，不满二年的建设单位和个人征收闲置土地的费用。《中华人民共和国城市房地产管理法》第二十六条规定，以出让方式取得土地使用权进行房地产开发的，必须按照土地使用权出让合同约定的土地用途、动工开发期限开发土地。超过出让合同约定的动工开发日期满一年未动工开发的，可以征收相当于土地使用权出让金20%以下的土地闲置费。国土资源部令第53号第十四条第一款规定：除本办法第八条规定情形外，未动工开发满一年的，由市、县国土资源主管部门报经本级人民政府批准后，按照土地出让或者划拨价款的20%征缴土地闲置费。

五、城镇垃圾处理费

《国家发展计划委员会 财政部 建设部 国家环境保护总局关于实行城市生活垃圾处理收费制度促进垃圾处理产业化的通知》（计价格〔2002〕872号）第一条规定，城市生活垃圾是指城市人口在日常生活中产生或为城市日常生活提供服务的产生的固体废物，以及法律、行政法规规定，视为城市生活垃圾的固体废物（包括建筑垃圾和渣土，不包括工业固体废物和危险废物）。所有产生生活垃圾的国家机关、企事业单位（包括交通运输工具）、个体经营者、社会团体、城市居民和城市暂住人口等，均应按规定缴纳生活垃圾处理费。第二条规定，垃圾处理费收费标准，由城市人民政府价格主管部门会同建设（环境卫生）行政主管部门制定，报城市人民政府批准执行。

生活垃圾处理收费的定价基础是收费定价成本。比如，《福建省发展和改革委员会关于印发〈福建省生活垃圾处理收费定价成本监审办法〉的通知》（闽发改监审〔2020〕223号）第七条规定，生活垃圾处理收费定价成本，由生活垃圾收集成本、运输成本、处置成本、期间费用和税金及附加构成。

第二十七章　政府其他非税收入

政府其他非税收入是指除了全国性政府性基金、行政事业性收费以外由税务机关征收的政府非税收入。税务机关征收项目包括国有资源（资产）有偿使用收入、国有资本收益、特许经营收入等。此外，有的省（直辖市、自治区）税务局还承担陆上石油矿区使用费、海上石油矿区使用费等的征收任务。各省情况不同，本书不作介绍。

一、国有资源（资产）有偿使用收入

《陕西省财政厅关于印发〈国有资源（资产）有偿使用收入管理办法〉的通知》（陕财办综〔2017〕79号）第七条规定，国有资源（资产）有偿使用收入是指执收单位按照法律、法规和省级以上人民政府的规定，有偿出让土地、矿产、水资源、森林、无线电频率以及城市市政公共设施和公共空间等国有有形、无形资源的使用权、开发权、勘察权、开采权、特许经营权、广告权等取得的收入。税务机关征收项目包括国有土地使用权出让收入、矿产资源专项收入、海域使用金和无居民海岛使用金等。

（一）国有土地使用权出让收入。《财政部 国土资源部 中国人民银行关于印发〈国有土地使用权出让收支管理办法〉的通知》（财综〔2006〕68号）第二条明确，国有土地使用权出让收入是指政府以出让等方式配置国有土地使用权取得的全部土地价款。包括以招标、拍卖、挂牌和协议方式出让国有土地使用权所取得的总成交价款（不含代收代缴的税费），转让划拨国有土地使用权或依法利用原划拨土地进行经营性建设、处置抵押划拨国有土地使用权、转让房改房经济适用住房、改变出让国有土地使用权土地用途容积率等土地使用条件应当补缴的土地价款，以及其他和国有土地使用权出让或变更有关的收入等。

国土资源管理部门依法出租国有土地向承租者收取的土地租金收入；出租划拨土地上的房屋应当上缴的土地收益；土地使用者以划拨方式取得国有土地使用权，依法向市、县人民政府缴纳的土地补偿费、安置补助费、地上附着物和青苗补偿费、拆迁补偿费等费用（不含征地管理费），一并纳入国有土地使用权出让收入管理。

依法向国有土地使用权受让人收取的定金、保证金和预付款，在国有土地使用权出让合同生效后可以抵作土地价款。划拨土地的预付款也按上述要求管理。

2020—2021年，地方政府性基金预算本级收入分别为89 927、93 936亿元，其中，国有土地使用权出让收入分别为84 142、87 051亿元，占比各为93.57%、92.67%[①]。

（二）矿产资源专项收入。矿产资源专项收入是指中央分成（收取）的矿产资源补偿费、探矿权采矿权使用费和探矿权采矿权价款收入。

矿产资源补偿费征收按《矿产资源补偿费征收管理规定》（国务院令第150号）。

探矿权采矿权使用费的征收、减免按《财政部 国土资源部关于印发〈探矿权采矿权使用费和价款管理办法〉的通知》（财综字〔1999〕74号）、《财政部 国土资源部关于探矿权采矿权使用费和价款管理办法的补充通知》（财综字〔1999〕183号 ）、《国土资源部 财政部关于印发〈探矿权采矿权使用费减免办法〉的通知》（国土资发〔2000〕174号）等。

探矿权采矿权价款收入征收管理按《财政部 国土资源部关于印发〈探矿权采矿权使用费和价款管理办法〉的通知》（财综字〔1999〕74号）、《财政部 国土资源部 中国人民银行关于探矿权采矿权价款收入管理有关事项的通知》（财建〔2006〕394号）规定。

（三）海域使用金。海域使用金是指国家以海域所有者身份依法出让海域使用权，而向取得海域使用权的单位和个人收取的权利金。《中华人民共和国海域使用管理法》第三十三条规定："国家实行海域有偿使用制度。单位和个人使用海域，应当按照国务院的规定缴纳海域使用金。"

海域使用金征收管理，根据《中华人民共和国海域使用管理法》、《财政部 国家海洋局关于印发〈海域使用金减免管理办法〉的通知》（财综〔2006〕24号）、《财政部 国家海洋局关于加强海域使用金征收管理的通

---

① 数据资料来源：财政部网站，国库司《2020年财政收支情况》、《2021年财政收支情况》。

知》（财综〔2007〕10号）、《财政部 国家海洋局关于海域使用金减免管理等有关事项的通知》（财综〔2008〕71号）、《财政部 国家海洋局关于调整海域使用金免缴审批权限的通知》（财综〔2013〕66号）、《财政部 国家海洋局关于印发〈调整海域、无居民海岛使用金征收标准〉的通知》（财综〔2018〕15号），以及各省出台的《海域使用金征收管理办法》。

例如，假设2021年第3季度上海宝山区某工业基础设施以申请审批方式取得海域使用权的用海项目填海50公顷，海域使用金标准每公顷征收300万元，应该一次性缴纳海域使用金15 000万元（＝50×300），在办理不动产首次登记前一次性缴清。

（四）无居民海岛使用金。《财政部 国家海洋局关于印发〈无居民海岛使用金征收使用管理办法〉的通知》（财综〔2010〕44号）第二、第三款规定：“无居民海岛使用金，是指国家在一定年限内出让无居民海岛使用权，由无居民海岛使用者依法向国家缴纳的无居民海岛使用权价款，不包括无居民海岛使用者取得无居民海岛使用权应当依法缴纳的其他相关税费。”

《财政部 国家海洋局关于印发〈调整海域、无居民海岛使用金征收标准〉的通知》（财综〔2018〕15号）明确《无居民海岛使用金征收标准》。

例如，假设2021年第4季度上海浦东新区某公司旅游娱乐原生方式用岛50公顷，无居民海岛使用金标准每公顷征收0.95万元，应该一次性缴纳无居民海岛使用金47.5万元（＝50×0.95）。

二、国有资本收益

《财政部 国资委关于印发〈中央企业国有资本收益收取管理暂行办法〉的通知》（财企〔2007〕309号）第三条规定：“国有资本收益，是指国家以所有者身份依法取得的国有资本投资收益。”税务机关征收项目包括油价调控风险准备金、核事故应急准备专项收入、国家留成油收入和石油特别收益金等。

（一）油价调控风险准备金。风险准备金是当国际市场原油价格跌破"地板价"后，由成品油消费者在正常成品油价格之外支付形成的收入，与企业日常生产经营无关，是国家制度安排形成的政策性收入，属于政府收入。《国家发展改革委关于进一步完善成品油价格形成机制有关问题的通知》（发改价格〔2016〕64号）第一条第（二）规定："当国际市场原油价格低于40美元调控下限时，成品油价格未调金额全部纳入风险准备金，设立专项账户存储，经国家批准后使用，主要用于节能减排、提升油品质量及保障石油供应安全等方面。"所有成品油生产经营企业，包括中石油、中石化、中海油等三大石油企业以及地方成品油生产经营企业，均应将未调价金额全部纳入风险准备金，并设专项账户存储。风险准备金全额纳入一般公共预算，列"其他专项收入"。

《财政部 国家发展改革委关于印发〈油价调控风险准备金征收管理办法〉的通知》（财税〔2016〕137号）第四条至第七条规定，风险准备金的缴纳义务人为中华人民共和国境内生产、委托加工和进口汽、柴油的成品油生产经营企业。当国际市场原油价格低于国家规定的成品油价格调控下限时，缴纳义务人应按照汽油、柴油的销售数量和规定的征收标准缴纳风险准备金。汽油、柴油销售数量是指缴纳义务人于相邻两个调价窗口期之间实际销售数量。风险准备金征收标准按照成品油价格未调金额确定。汽油征收子目分为航空汽油、车用汽油、溶剂汽油等3类。柴油征收子目分为轻柴油和重柴油两大类。按凝点分级，轻柴油有5、0、-10、-20、-35、-50等6个牌号，重柴油有10、20、30等3个牌号。

财税〔2016〕137号文第十三条规定，缴纳义务人于每季度前15个工作日内或者每年1月20日前，如实填写《油价调控风险准备金申报表》（修改后报表如下），提交给征收机关审核。从2019年1月1日起，油价调控风险准备金征收机关为税务部门。

例如，某原油生产企业2021年符合缴纳油价调控风险准备金的汽油90#1月100吨、3月200吨，征收标准分别770元/吨、190元/吨；柴油0#2月200吨、3月300吨，征收标准分别540元/吨、180元/吨。应缴纳油价调控风险准备金：

应缴纳汽油90#油价调控风险准备金＝100×770＋200×190＝77 000＋38 000＝115 000（元）

应缴纳柴油0#油价调控风险准备金＝200×540＋300×180＝108 000＋54 000＝162 000（元）

合计＝115 000＋162 000＝277 000（元）

油价调控风险准备金申报表

费款所属期：自 2021 年 1 月 1 日至 2021 年 3 月 31 日　　　　　　金额单位：人民币元（列至角分）

缴费人名称						缴费人识别号（统一社会信用代码）				
所属成品油生产经营企业名称	所属成品油生产经营企业识别号	征收品目	征收子目	调价窗口期		销售吨数	征收标准	本期应纳费额	本期已缴费额	本期应补退费额
				起	止					
1	2	3	4	5	6	7	8	9=8×7	10	11=9-10
		汽油	车用汽油	1.26	2.15	100	770	77 000		77 000
			车用汽油	3.15	3.28	200	190	38 000		38 000
		轻柴	轻柴油	2.16	2.29	200	540	108 000		108 000
			轻柴油	3.15	3.28	300	180	54 000		54 000
合计	—		—	—	—					277 000

谨声明：
本申报表是根据非税收入法律法规及相关规定填报的，内容是真实的、可靠的、完整的。

缴费人签章：

代理机构签章：代理机构统一社会信用代码：经办人签字：经办人身份证件号码：	受理人：受理税务机关（章）：受理日期：　年　月　日

（二）核事故应急准备专项收入。核事故应急准备专项收入是指国家

筹集用于控制或者缓解核事故、减轻核事故后果而采取的不同于正常秩序和正常工作程序的紧急行动的专项收入。应急机构及其职责、应急准备、应急对策和应急防护措施、应急状态的终止和恢复措施等内容，在《核电厂核事故应急管理条例》得到明确。核电企业缴纳核事故应急准备专项收入的标准，《财政部 国防科工委关于印发〈核电厂核事故应急准备专项收入管理规定〉的通知》（财防〔2007〕181号）第七条规定：基建期、运行期分别按设计额定容量5元/千瓦时、年度上网销售电量0.2厘/千瓦时标准缴纳。例如，2021年某核电企业上网销售电量105亿千瓦时，缴纳核事故应急准备专项收入210万元（＝1 050 000×0.000 2）。

企业缴纳时，使用《非税收入通用申报表》。

（三）国家留成油收入。对外合作勘探开发石油的国有公司为国家留成油收入的缴纳义务人。这些石油公司在缴纳增值税和矿区使用费后，在余额油分配时根据合同约定比留给国家的实物。《财政部关于中国石油天然气公司和中国石油化工集团公司对外合作项目国家留成油收入（处理）政策的通知》（财企〔2008〕7号）规定，中国石油天然气公司和中国石油化工集团公司应于国家留成油收入实现的第二季度申报。

从2019年1月1日起征收机关为税务部门。企业缴纳时，使用《非税收入通用申报表》。

（四）石油特别收益金。《财政部关于印发〈石油特别收益金征收管理办法〉的通知》（财企〔2006〕72号）第二条规定："石油特别收益金，是指国家对石油开采企业销售国产原油因价格超过一定水平所获得的超额收入按比例征收的收益金。"

《财政部关于征收石油特别收益金有关问题的补充通知》（财企〔2006〕183号）规定：凡在中华人民共和国陆地领域和所辖海域开采的石油，无论其是否在中国境内销售，均应按规定缴纳石油特别收益金。中外合作油田按规定上缴国家的石油增值税、矿区使用费、国家留成油不征收石油特别收益金。合资合作企业应当缴纳的石油特别收益金，由合资合作的各方中拥有石油勘探和开采许可证的一方企业统一向财政机关申报。中外合作油田的合作各方企业，应以合作各方按期确定的分成价格为依据计算缴纳石油特别收益金。石油特别收益金以人民币缴纳。

从2019年1月1日起石油特别收益金征收机关为税务部门。企业缴纳时，使用《石油特别收益金申报表》。

财企〔2006〕72号第六条规定："石油特别收益金实行5级超额累进从价定率计征，按月计算、按季度缴纳。"自2006年3月26日起执行超额累进从价定率以来，2011年11月1日、2015年1月1日分别做了调整。起征点也从最初40美元/桶，分别调整为55美元/桶、65美元/桶。

计算石油特别收益金时，财企〔2006〕72号第八条规定："原油吨桶比按石油开采企业实际执行或挂靠油种的吨桶比计算；美元兑换人民币汇率以中国人民银行当月每日公布的中间价按月平均计算。"

例如，某石油开采企业2018年12月销售国产原油1 000桶，每桶价格72美元，当月美元兑换人民币汇率中间价月平均数为6.885 3。应缴纳石油特别收益金＝1 000×72×25%－1 000×0.25＝18 000－250＝17 750（美元）。17 750×6.885 3＝122 214.08（元）。

具体征收比率及速算扣除数表

（2015 年 1 月 1 日起适用）

原油价格（美元／桶）	征收比率	速算扣除数（美元／桶）
65～70（含）	20%	0
70～75（含）	25%	0.25
75～80（含）	30%	0.75
80～85（含）	35%	1.5
85 以上	40%	2.5

石油特别收益金申报表

费款所属期：自　年　月　日至　年　月　日　　　　　　　　　金额单位：人民币元（列至角分）

缴费人名称					缴费人识别号 （统一社会信用代码）					
被扣缴或下属企业名称	被扣缴或下属企业识别码	月份	当月加权平均销售价格（美元/桶）	征收标准	速算扣除数（美元/桶）	销售数量（桶数）	月平均美元汇率	本期应纳费额	本期已缴费额	本期应补（退）费额
1	2	3	4	5	6	7	8	9	10	11=9-10
合计	—	—	—	—	—					

谨声明：本申报表是根据非税收入法律法规及相关规定填报的，内容是真实的、可靠的、完整的。

缴费人签章：

代理机构签章： 代理机构统一社会信用代码： 经办人签字： 经办人身份证件号码：	受理人： 受理税务机关（章）： 受理日期：　年　月　日

三、特许经营收入

特许经营收入是指国家依法特许企业、组织或个人垄断经营某种产品或服务而获得的收入，属于政府非税收入的组成部分。税务机关征收项目包括排污权出让收入、免税商品特许经营费等。

（一）排污权出让收入。《财政部 国家发展改革委 环境保护部关于印发〈排污权出让收入管理暂行办法〉的通知》（财税〔2015〕61号）第五条规定，排污权出让收入是指政府以有偿出让方式配置排污权取得的收入，包括采取定额出让方式出让排污权收取的排污权使用费和通过公开拍卖等方式出让排污权取得的收入。

（1）采取定额出让方式出让排污权收取的排污权使用费。财税〔2015〕61号）第九条第二款规定，主要针对排污单位。第六条明确：

"现有排污单位，是指试点地区核定初始排污权以及排污权有效期满后重新核定排污权时，已建成投产或环境影响评价文件通过审批的排污单位。"

财税〔2015〕61号第十条规定："采取定额出让方式出让排污权的，排污单位应当按照排污许可证确认的污染物排放种类、数量和规定征收标准缴纳排污权使用费。"第十一条规定："排污权使用费的征收标准由试点地区省级价格、财政、环境保护部门根据当地环境资源稀缺程度、经济发展水平、污染治理成本等因素确定。"比如，《江苏省物价局 江苏省财政厅 江苏省生态环境厅关于明确排污权有偿使用与交易收费有关事项的通知》（苏价费〔2018〕168号）第二条规定，二氧化硫排放指标有偿使用在电力、钢铁、水泥、石化、玻璃行业收费标准为2 240元/年·吨。

例如，江苏省某水泥生产公司，2021年排放二氧化硫10吨，该公司需缴纳排污权使用费22 400元（＝2 240×10）。

（2）通过公开拍卖等方式出让排污权取得的收入。对新建项目排污权和改建、扩建项目新增排污权，以及现有排污单位为达到污染物排放总量控制要求新增排污权，财税〔2015〕61号第九条第三款规定，通过市场公开出让（包括拍卖、挂牌、协议等）方式。

财税〔2015〕61号第十六条规定："通过市场公开出让方式出让排污权的，出让底价由试点地区省级价格、财政、环境保护部门参照排污权使用费的征收标准确定。"比如，《青岛市物价局 青岛市财政局 青岛市环境保护局关于延长青价费〔2016〕27号文件执行期限的通知》（青价规〔2018〕2号）附件:《关于确定我市排污权有偿使用费征收标准等有关问题的通知》（青价费〔2016〕27号）第三条规定："试点期间，排污单位在我市排污权交易机构通过市场公开方式出让排污权指标的，出让底价参照上述排污权有偿使用费征收标准确定。"第三条规定，大气污染物二氧化硫排污权有偿使用费征收标准为3 600元/吨·年。

例如，青岛市某水泥生产公司，2020年有排放二氧化硫10吨，该公司需缴纳排污权使用费36 000元（＝3 600×10）。

（二）免税商品特许经营费。免税商品特许经营费是指对经营免征关税、进口环节税的进口商品和实行退（免）税（增值税、消费税）进入免税店销售的国产商品的企业，按年销售收入（额）的一定比例，向国家上缴特许经营费。该缴纳比例，《财政部关于印发〈免税商品特许经营费缴纳办法〉的补充通知》（财企〔2006〕70号）规定：按经营免税商品业务年销售收入的1％。《财政部 商务部 海关总署 税务总局关于印发〈海南离岛旅客免税购物商店管理暂行办法〉的通知》（财企〔2011〕429号）第三条规定，离岛免税店按经营免税商品业务年销售收入的4％。

征收免税商品特许经营费的企业范围。《财政部关于印发〈免税商品特许经营费缴纳办法〉的通知》（财企〔2004〕241号）第五条明确包括：中国免税品（集团）总公司、深圳市国有免税商品（集团）有限公司、珠海免税企业（集团）有限公司、中国中旅（集团）公司、中国出国人员服务总公司、上海浦东国际机场免税店以及其他经营免税商品或代理销售免税商品的企业。

缴纳免税商品特许经营费的商品范围。财企〔2004〕241号第八条规定，包括经营国产商品的免税企业享受出口退税政策的国产商品及从境外以免税方式进口经营的产品，不包括企业完税国产商品。从2019年1月1日起征收机关为税务部门。企业缴纳时，使用《非税收入通用申报表》。

假如，2022年2月某免税店免税商品销售收入2 018万元，应缴纳免税商品特许经营费20.18万元（＝2 018×1％）。

参 考 文 献

[1] 黄德荣. 涉税案件证据收集实务[M]. 哈尔滨：黑龙江人民出版社，2007.

[2] 黄德荣. 解读企业所得税[M]. 哈尔滨：黑龙江人民出版社，2013.

[3] 黄德荣. 税务稽查实操从新手到高手[M]. 北京：中国铁道出版社有限公司，2019.

[4] 黄德荣. 税务稽查实操从新手到高手（第2版）[M]. 北京：中国铁道出版社有限公司，2021.

[5] 黄德荣. 精准缴纳税费[M]. 北京：中国铁道出版社有限公司，2020.

[6] 编写组. 实用税务知识读本[M]. 北京：中国税务出版社，2019.

后　记

目前全国开征的18个税种，除关税、船舶吨税、进口环节的增值税和消费税由海关征收外，其余税种均由税务机关征收。此外，税务机关还承担了社会保险费5个、政府非税收入26项的征收任务，业务多而且复杂。加上国地税合并后，对原各方的业务不熟悉，苦于没有系统性的教材，无从学起。纳税人和缴费人面对繁杂且多变的税收和缴费政策，一头雾水。

作为一名税务人，觉得有必要对此作个梳理。一方面对社会有益，对他人有用。另一方面也是作为一个税务工作人员的使命和担当。2018年夏在北京，王佩女士对此十分支持，建议写通俗点，让非专业人士能读懂。

于是乎，紧锣密鼓地写作，2020年8月《精准缴纳税费》由中国铁道出版社有限公司出版。该书出版后，颇受读者青睐，2021年1月第2次印刷。此后政策、报表调整太多，于是着手第2版。由于时间仓促，作者水平有限，错漏在所难免，诚恳各位同仁、朋友提出宝贵意见。

作　者

2022年2月26日